旅と交流にみる近世社会

高橋陽一 編著

清文堂

序文　『旅と交流にみる近世社会』刊行によせて

平川　新

このたび、高橋陽一さん編著による論文集『旅と交流にみる近世社会』が刊行されることになりました。本書は、東北大学東北アジア研究センターに設置された上廣歴史資料学研究部門が進めてきた共同研究の成果です。この場をかりて、研究の推進に当たり格別のご理解とご支援を賜った公益財団法人上廣倫理財団に深甚なる謝意を表します。また、出版に際し助成を賜った東北アジア研究センターにも御礼申し上げます。

高橋さんから研究会へのお誘いを受けたのは、二〇一二年のことです。旅の視点から近世社会をとらえ、議論を重ねて旅行史研究の可能性を切り開きたいとの趣旨でした。高橋さんは私が取り組んでいた漂流民研究に意義を見出して、声をかけてくれたのです。漂流というのは天候に左右された偶発的な事件が多いのですが、一八・一九世紀の漂流民の行動が生み出した人的交流は日本の対外関係や海外認識の変容に大きな影響を与えました（拙著『全集日本の歴史一二　開国への道』小学館、二〇〇八年）。高橋さんはそこに注目されて、漂流がもたらした異例の移動＝旅が歴史の新たな潮流を醸成していく重要なインパクトになると評価してくれたのです。

面白そうだなと興味を引かれて研究会に参加したのですが、当時は東日本大震災後に発足した東北大学災害科学国際研究所の運営に追われ、なかなか研究会に参加することができませんでした。その後は宮城学院女子大学に転出しましたので、研究会への出席がなおさら困難な状態になってしまいました。しかし若手を中心にした共同研究の成果が、こうして一つの論文集に結実したことを大変喜ばしく思います。

本書の構成と各論の内容を改めて眺めてみると、近世における人の移動をめぐるとらえ方もずいぶんと様変わりした印象を受けます。かつて交通史研究と言えば、幕藩制国家における宿駅・助郷や関所の制度的変遷を解明する作業が中心でした。しかし本書では、旅行者の通行や出入国が領国の国益思想や地域社会の展開、さらには境界認識との関わりで論じられています。旅行者に関して、以前は道中日記の分析が盛んに行われていましたが、本書では個人の日常生活にまで踏み込むことで、旅の内実がより豊かに描き出されています。名所に関する研究も環境史の問題などを取り込んで展開されるようになり、奥行きが着実に広がっているように感じられます。

歴史研究は今やドグマチックな定型化した解釈の枠から解放され、自由な発想にもとづく興味深い研究が出されています。そうしたなかで、ここに多士済々の人材が集い、旅という統一テーマを論じることで、これまで注目されてこなかった近世社会の人々の能動的な営みが新たに浮かび上がってきました。旅という観点が新たな近世社会像を浮かび上がらせつつあると言ってもよいでしょう。旅が歴史の新たな潮流を生み出す重要なインパクトになる、という見方はこれからも大切に維持・発展させていってもらいたいものです。気鋭の研究者による果敢なチャレンジにこれからも期待したいと思います。

最後になりましたが、出版情勢の厳しいなか、本書の出版をお引き受けいただいた清文堂出版の前田博雄社長と、編集を担当してくださった松田良弘さん、トビアスの齋藤伸成さんに心より御礼申し上げます。

二〇一六年三月

旅と交流にみる近世社会

目次

旅と交流にみる近世社会

第二部　人・地域・交流　147

装幀／柴田精一

序章　旅と交流にみる近世社会—本書のねらい—

高橋　陽一

一　旅をみる視点と課題

本書は、東北大学東北アジア研究センター上廣歴史資料学研究部門において平成二五年(二〇一三)に立ち上げられた、共同研究「旅と交流にみる近世社会」(歴史資料学の調査と研究プロジェクト第三班)の成果である。出版に際しては、同センターより助成を受け、「東北アジア研究専書」シリーズの一冊として刊行される。共同研究の推進、および成果の出版にご支援を賜った公益財団法人上廣倫理財団と東北アジア研究センターに深甚なる謝意を表したい。また、本書の出版にご協力をいただいた清文堂出版株式会社にも心より御礼申し上げる。以下に、本共同研究を企画したねらいと本書の内容について述べたい。

平成二七年(二〇一五)の訪日外国人客数は、約一九七四万人となった。[1]前年を六〇〇万人以上上回る過去最高の数字である。一九七〇年以来四五年ぶりに、訪日外国人が出国日本人の数を上回った。政府による円安誘導やビザの大幅緩和、訪日プロモーション活動が実を結んだ成果といえよう。旅もまた、いわゆるグローバル化の時代を迎えているのである。

平成三二年(二〇二〇)の東京オリンピックを見据え、今日の日本では訪日外国人誘致(インバウンド戦略)による観光立国や国内文化遺産の世界遺産登録の推進など、グローバルな旅行市場が生み出す果実を、国益として取り込もうとする施策が国策化されつつある。もっとも、オリンピックという「万能薬」が効力を失った後の観光立国のビジョンがみえない、国家同士の政略摩擦と地域間紛争が生み出した大量の国際移民が、深刻な政治問題として各国に跳ね返り、新たな政治勢力の台頭を促しつつある、というように旅をめぐる情勢は決して楽観視はできない。ただ、いずれにしても現代の旅という文化的行為が、政治・経済・外交といった国家の枢要な領域と密接に絡んで展開していることは明らかである。いやむしろ、旅がそうした領域に多大な波及効果をもたらしていると換言した方が適切かもしれない。こうした動向については、社会学・人類学・観光学系の学問領域で盛んに議論が交わされており、学術的に脚光を浴びている。「旅」は、今後の日本の行く末を占う重要なキータームになっているといっても過言ではない。

旅に注目が集まる根本的な背景には、そもそもそれが代表的な文化的営みとして世間一般に定着している点を挙げることもできよう。ただし、日本において旅が大衆文化として民衆の間に浸透したのは現代に入ってからでもなければ、古代の昔からでもない。それは近世(江戸時代)にみられた現象であった。旅の発展は、近世文化史上において重要視されている(2)。現代的な旅、ひいては今日の代表的文化の源流をたどる意味で、近世旅行史は重要な研究テーマである。本書が近世を対象年代としている最大の理由はここにある。

旅において行先での人との交流はつきものであり、それが旅の醍醐味の一つでもあるが、徒歩での長距離移動を伴う近世の旅の場合、日々利用する宿場で住民と触れ合う機会も多く、近代には消滅している各地の関所や番所では現地の役人と接触し、改めを受けた。旅先での交流から得られた情報が郷里にもたらされ、人々の暮らしに作用する一方、信仰組織である講や俳諧等の文芸サークルでの活動など、居住地での日常的な人との交流が旅先での行動に影響を与えることもあっただろう。近世は、旅とそれをめぐる交流が著しく発達した時代であった。ただし、先述した現在の旅に関する研究領域の盛況ぶりに比して、歴史研究に目を向けた場合、旅の近世的特質を解明するに当たって取り組むべき課題は、現状数多く残されている。それは、旅を構成する旅先・旅行者・出立地・道中・領主権力の各要素について指摘できる。

まず旅先について。具体的な近世旅行史研究は、新城常三『新稿　社寺参詣の社会経済史的研究』[3]を実質的な嚆矢とする。その後、旅行者側・旅先側双方に関する分析が進められ、旅の性格や旅先の名所化・観光地化などをめぐって議論が深められてきた。しかし、そうした研究は基本的に寺社参詣や山岳信仰を対象に行われている[4]。これは、江戸時代の旅先の代表が寺社であったこと、今日において宗教史研究が活況を呈していることなどに起因していると思われる。これらの成果をさらに掘り下げていくことも大切であろう。ただ、実際には、当時の旅先は景勝地・史跡・温泉など多彩であった。分析の対象を拡大し、旅の全体像解明につなげていかなければならないだろう。

また、旅行者と出立地の動向に関しても、新たな研究視点を取り入れる余地が残っている。従来、道中日記や紀行文といった旅の記録を素材に研究に着手する際、旅行者は「庶民」「知識人」といったようにマス的に把握され、分析される傾向があった。これは大局的な旅の趨勢を見極める上では悪い方法ではない。ただ、身分はもちろん、階層・属性・居住地によって日常の生活習慣や交流関係が大きく異なるのが近世社会の特徴であり、それによって旅の内容も当然異なってくる。極端な個人史に陥らない範囲で旅行者の個性に着目し、さまざまな階層・地域の人々の日常の営みと旅における心性の関係を丹念に読み解く作業を積み重ねることで、旅の内実をより豊かに描き出さなければならないだろう。

道中、すなわち街道上の宿場や番所といった諸施設に対する研究上の目配りも不可欠である。徒歩で移動する旅行者が日々利用する重要な施設といえば宿場であり、幕藩制社会にあっては、各々の領域を通過する際には関所や番所で改めを受ける必要があった。これら諸施設については、制度史的・政治史的研究が積み上げられている。[5]次に求められるのは社会史的な観点を盛り込み、旅行者と諸施設との関係をより実態的・動態的に見通す試みであり、例えば労働力の供給動向を踏まえて宿場社会を描出する、近世社会の身分・階層構造を踏まえて番所の実態的な機能を検討するといった作業により、当時の旅の社会的な位置に迫れるだろう。

一方、旅の展開が国家の枢要な領域と関係を有するのは、現代に限ったことではない。例えば、近年の近世対外関係史では、海外の探検家や日本の漂流民の動向が近世政治史の展開のカギを握る存在としてクローズアップされている。一八世紀末、ヨーロッパの探検家の日本来航は江戸幕府に北方警備の重要性を認識させ、警備兵や探検隊派遣による国防体制強化の引き金になり、さらに派兵に伴って、蝦夷地経路上の沿道住民には宿営地や人馬その他の必要物資の調達が課せられることとなった。[6]また、近世は「漂流の時代」であり、日本から漂流した庶民がロシアをはじめとする諸外国の国家元首に謁見し、外交交渉を円滑化させる上で重要な役割を果たすと共に、帰国時に貴重な海外情報をもたらした。[7]探検旅行が契機となって派兵という新たな公的旅行が発生し、さらにその影響が地域社会に負担となって波及すること。偶然とはいえ、漂流の旅によって外交交渉のテーブルが用意され、日本と他国との新たな局面が切り開かれたこと。こうした事例からは、旅が従来の政治・社会秩序に大きなインパクトを与え、新たな歴史の潮流を生み出す楔となっていることが読み取れる。ここからは、歴史研究のさまざまな分野の成果を取り込みつつ旅と領主政治・領国経営の関連を跡づけることで、歴史のダイナミズムを浮かび上がらせることができるという見通しが得られるだろう。[8]

二　共同研究と本書の内容

高橋を代表として立ち上げられた共同研究「旅と交流にみる近世社会」では、以上のような現状認識を念頭に活発な議論を重ねてきた。メンバーは、岩淵令治・佐藤顕・菅原美咲・鈴木理恵・高橋陽一・武林弘恵・西聡子・原淳一郎・平川新の各氏で、それぞれが必ずしも旅行史に限らない日本近世史に関する何らかの業績を残している（プロフィールは巻末を参照）。共同研究立ち上げ以来、年に二回のペースで報告会を開催し、各々が専門的見地から先述の課題に取り組んできた。各回の報告タイトルは次の通りである。

第一回　平成二五年（二〇一三）二月二三日　会場：東北大学
原淳一郎「近世旅行史の到達点と課題」

第二回　平成二五年（二〇一三）八月三一日　会場：東北大学
鈴木理恵「メディアとしての名所―旅と文化常識《リテラシー》―」
西聡子「阿波商人酒井弥蔵の旅・俳諧石門心学―近世後期の遍路文化をめぐって―」

第三回　平成二六年（二〇一四）二月二三日　会場：東北大学東京分室
岩淵令治「江戸勤番武士と意識・表象」
高橋陽一「石碑のある風景―近世の旅行者と松島―」

第四回　平成二六年（二〇一四）八月二四日　会場：和歌山市立博物館

佐藤顕「高野山麓地域の日常生活と信仰・寺社参詣―高野山地士中橋英元を事例に―」

武林弘恵「他所流入者と飯盛女―奥州郡山宿と越後との関係を中心に―」

第五回　平成二七年（二〇一五）二月二八日　会場：東北大学

菅原美咲「藩境と街道―境を守る・境を抜ける」

原淳一郎「近世幕藩制社会と寺社参詣―米沢藩の宗教・旅人統制を中心に―」

第六回　平成二七年（二〇一五）九月一日　会場：広島市合人社ウェンディひと・まちプラザ

論文執筆者全員によるミニ報告（本書各章の内容）

本書刊行の目的は、共同研究の成果をまとまりとして広く公表することにより、旅行史研究の深化の様と可能性を明示することにある。具体的には、前掲の課題を念頭に、「領域・境界・道中・権力」「人・地域・交流」の二つの柱で構成されている。以下にその内容を紹介しよう。

第一部「領域・境界・道中・権力」では、研究蓄積が手薄であった旅をめぐる領主政策、および社会史的観点を踏まえた道中諸施設の動向に焦点を当て、議論の深化を目指した。

第一章「幕藩制社会と寺社参詣―米沢藩の旅人統制と国益思想―」（原淳一郎）

近世において、旅が非日常的性格を備えた大衆文化として定着した背景はさまざまに指摘されるが、その一つに石高制と宗門人別改の成立による小農自立と百姓の定住化が挙げられる。この基本理解に立脚すれば、幕藩領主にとって領民の領外移出、すなわち旅は統治の根幹を揺るがしかねない重要な政治問題にもなってくるが、従来の研究では、旅人の統制はもっぱら交通史・寺社参詣史上の制度的な問題として扱われてきた。これに対し、原氏は「政治権力と旅の大衆化の関係性を見極める」という大きな目的を掲げ、旅人統制令を頻繁に出したとされる米沢藩を対象に、出入国者に対する藩側の対応を、藩政全体を視野に入れて意義づけようとした。一八世紀後半以降の法令を網羅的に検証した結果、藩の政策は旅人の「統制」として一貫して把握できるものではなく、正式な手続きさえ踏めば領民の参詣は許されていた。また、領外からの入国者に対しても、往来宿での一宿滞在、正統な街道の通行などの決まりを遵守すれば、往来が問題視されることはなかった。米沢藩の政策において旅人自身への規制はほとんどなかったといってよく、むしろ藩の対応は、積極的な人の移動と商品流通、さらには領内居住者の増加によって国を富ませようとする経済政策にもとづくものであったと考えられるのである。本稿は、旅人に対する諸法令を再検討し、その本義を一八世紀以降に勃興してくる国益思想とそれに基づく経済政策の中に見い出した。領主権力と旅との関係を幕藩政治史上で立論しようとした意欲作である。

第二章「藩境と街道―境を守る・境を抜ける―」（菅原美咲）

旅を近世社会の多様な歴史像へとつなげていくという目的のもと、旅人を迎える境界の地域社会と、境界を管轄する幕藩領主のありかたを検討したのが本稿である。菅原氏は境界を権力間の紛争・交易・物流規制・ケガレの祓除など様々な事象が交錯する場、つまりは「歴史が集約的に表出する」場であると捉えることで、この目的に迫ろうとした。具体的には、仙台藩の境目番所を取り上げ、従来検討されることが少なかった通行人と番所の関係をテーマに、諸規定や願書類を分析した。そして、番所によって構成員が異なっていること、警備を担当するのが足軽のみではなく、地域の実情に通じた百姓らも警備の一翼を担い、領内の安定化に寄与していたこと、番所に備えられている兵具にみせかけの飾りのものがあったこと、番所の治安維持機能が旅人の安全な領内通行を確保する意味を持っていたと考えられること、他領者移入および領内欠落者移出の制限が十全には機能していなかったとみられること、などを指摘した。こうした検証からは、領国防衛や他領監視といった緊迫感のある空間とは異なる境界の実態的側面が浮かび上がってくる。出入国者への対応が比較的緩やかであったことが示唆される点は原論文での指摘と同様で、領主権力と旅との関係を考える上で興味深い。本稿は、今後新たな境界イメージを構築していく上で参照されるべき論考であろう。

第三章「流入する他所者と飯盛女—奥州郡山宿と越後との関係を中心に—」（武林弘恵）

近世の旅行者が日々の行脚の中で最も頻繁に利用する施設が宿場であり、宿屋である。宿場社会については交通史研究等の分野で研究が進められてきたが、宿場存立の基盤となる労働力供給の実態に関しては未解明な部分が多い。そこで、以前より遊郭社会を研究対象としている武林氏は、奥州道中郡山宿（二本松藩領）における越後国からの飯盛女供給がどのような形態でなされていたのかを探った。領内の人口減少・手余り地拡大を危惧した藩は他所者引き入れに積極的に取り組んでおり、越後からの下女奉公人は一八世紀初頭には郡山宿に流入していた。一九世紀に入ると、生活困窮を理由にさらに多数の越後者が逗留・引越などの形式で南奥州地域に居住するようになり、そうした家から娘が飯盛奉公に出されることも少なくなかった。また、移住者が同郷の誼みで飯盛奉公の取り次ぎを行い、礼金を得る例もあった。越後から郡山宿周辺地域へ移動・移住する人々の増加により、越後を身元とする飯盛女の流入が連鎖的に拡大していったとみられるのである。本稿は宿場の労働力供給の実態を、領主政策にも目配りしつつ、仲介人などに着目する社会史的な観点から綿密に検証した。旅行者相手の商いを中心に存立を維持する地域の成り立ちは、旅行者の動向（数的増減）に左右されると認識されがちだが、本稿のような下女奉公人の受け皿となっている地域においては、人口減少や貧困増加といった社会環境の変容が、地域の展開に少なからぬ影響を及ぼす要因となっていることが指摘できるだろう。

第四章「景勝地と生業―出羽国象潟の開田をめぐって―」（高橋陽一）

山・森・島・海・河川・湖といった自然が織りなす美的景観、すなわち景勝地と称される名所の近世的展開は、寺社参詣の事例に比べると研究蓄積が少なく、旅行者の動向や領主主導の政策との関連を軸に検証されてきた。ただし、現実には近世の景勝地とその周囲は、狩猟・採集・農耕といった地域住民の生業の場でもあった。高橋はこの点に着目し、名所とされる景勝地の近世的展開を周辺に暮らす人々の生業に比重を置いて論じ、その意味を問い直そうと試みた。すなわち、これは景勝地の歴史的変遷を環境史的な視座を取り入れて明らかにする作業である。対象とした本荘藩領の出羽国象潟は松島と並び称される景勝地であったが、文化元年（一八〇四）の地震で土地が隆起したことを理由に藩によって開田が進められ、従来の景観が損なわれたとされてきた。しかし、実際には地震後も潟は広範囲に残存しており、開田は潟の周辺に暮らす住民の働きかけにより、潟を侵食する形で遂行されていた。地震前から潟の周囲にはせり出すように耕地が点在しており、地域住民は耕地拡大の動きをみせていた。本荘藩は住民の意向を汲み、地震後に開田を承認したのであった。これは景勝地を維持して旅行者を誘致し、その経済効果を期待するのではなく、開田によって領民の生計を確実に保障しようとする現実的判断のあらわれであった。本稿は、象潟周辺住民の動向から本荘藩の政策を捉え返すことにより、近世領主が観光産業の振興によって地域経済の底上げや安定化を図ろうとする発想を基本的に持ち合わせていないという、旅をめぐる領主権力の特徴的な政策スタンスを展望した。寺社以外への分析対象の拡大という課題に対応する意味も有した論考である。

第二部「人・地域・交流」では、主に旅行者の個性をめぐる問題に焦点を当て、居住地での日々の活動や交流、および旅先でのふるまいから、個人の内面を掘り下げ、行動や地域の特性に迫ることを目指した。

第五章「江戸勤番武士と地域」(岩淵令治)

近世には大名およびその家族の定期的な江戸滞在が義務づけられたことに伴い、家臣である藩士が全国各地から江戸に集まり、役務にあたった。国元を離れての長期滞在中、勤番武士の江戸での行動にはどのような特徴が見い出せるのだろうか。岩淵氏が主張する通り、「「旅行史」、あるいは人の移動と社会の関係という視点からすれば、藩士たちが繰り返し移動して一年以上滞在する江戸において、どのように生活し、都市社会との関係を築いていたか、という点も看過できない論点」なのである。この点について、本稿は、豊後国臼杵藩士国枝外右馬の日記(『国枝外右馬江戸日記』)を素材に、従来検討されることのなかった居住地近郊への外出行動を詳細に分析した。外右馬が外出するのは週に二・三日で、その範囲は居住していた愛宕下上屋敷からおよそ二キロメートル以内が中心であった。外出の目的は、買物(日用品から武具まで)・食事・参詣(芝神明社など)・見物(愛宕山など)・文人との交流・入湯・芸能鑑賞・髪結など実に多様である。日用品の調達や見物、参詣といった江戸滞在中の営みはほぼ居住地近郊での行動で完結していたのであり、来訪先の選択は、各藩の勤番武士の中で蓄積されていった情報などによっていたと考えられる。旅行史研究における旅先での行動は、例えば江戸に関しては、伊勢参宮の途上で一時滞在する旅行者の分析が行われてきたが、長期滞在中の行動は、研究の射程に入ってこなかった。一時滞在と長期滞在の旅行者の行動との比較によって双方の特徴がより鮮明になり、近世旅行の豊かで多様な内実が描出されることも期待されよう。

第六章「民衆の旅と地域文化―阿波商人酒井弥蔵の俳諧と石門心学・信心―」（西聡子）

仕事・他者との交流・趣味といった普段の営みが旅の内容を規定する部分は非常に大きい。これは現代に限らず近世でも同じであろう。しかし、近世社会に暮らす人々のライフサイクルと旅との関係はこれまで十分に検討されてこなかった。西氏はこの課題に関して、人々の日頃の交流と文化活動に焦点を当て、具体的には阿波国半田村の商人酒井弥蔵を取り上げ、俳諧を通じた交友関係、交友と石門心学活動の関係、俳諧・石門心学活動と信仰との関係、そしてそれらがいかに作用し合って寺社参詣の思想的背景をなしていたのかを検証した。弥蔵は地域の俳諧での交友を基盤にしつつ石門心学活動に出精した。一方で、弥蔵は地域の宗教行事にも積極的に関わっていたが、世話人をつとめていた百味講の構成員には俳諧・石門心学活動の交友者と重なりがみられた。日々の信仰の営みは他の文化活動を通じて築かれた交友関係と不可分に結びついていたのであり、神仏への信心は石門心学における通俗道徳実践の一環として意識されていた。そして、こうした思想的背景のもとで、弥蔵の信心が強く表現される機会が寺社参詣であった。行楽性が強いとされる近世の寺社参詣であるが、実際には行楽とは一見相容れない通俗道徳の実践という意味合いを持って寺社参詣が行われていた場合があったと見通すことができるのである。本稿は旅立ちの背景となる地域の人的交流や文化活動の実相を丹念に掘り起こしており、神仏への信仰と俳諧・心学といった文化活動が密接に連関し合っているという指摘は、旅行史・思想史双方の研究において傾注すべきであろう。

第七章「高野山麓地域の日常生活と信仰・旅—地士中橋英元を事例に—」(佐藤顕)

「みずからの意思で旅に出る場合、日常の仕事や人づきあい、趣味、興味・関心などと関係なしに旅に出ることはほとんどない…日常生活と旅の関係を具体的事例に即して検討することが必要である」、という本稿の課題意識は西氏と通底するところがある。人間の日々の営為と旅との関係を究明するというこの検討課題に対し、佐藤氏は人生という長いスパンで個人の営みを俯瞰している。具体的には、紀伊国高野山麓にある慈尊院村の郷士中橋英元の日記をもとに、同人の日常生活と寺社参詣の関係を検証した。自身を武士に近い存在と認識し、軍書の読書や武術に傾倒した三〇代半ばまで、英元の旅に熱心な信仰性はうかがえない。英元は三〇代から四〇代にかけて最勝王経の読誦に力を注ぎ、四〇代以降は謡や和歌など文化的教養にも興味を持つようになり、五〇代には光明真言や般若心経への傾倒が顕著となった。英元は各地の寺社へ頻繁に参詣していたが、人生行路に相応するように四〇代以降の参詣では信仰心を前面に示すようになった。一人の人物の生涯が詳細に跡づけられ、日々の営みと参詣が相互に関係し合うこと、とりわけ同じ人物でも年代によって信仰心に濃淡があり、参詣時の行動にそれが表出することが明快に論じられている。これは当然といえば当然のことだが、これまで未検討であっただけに旅行史研究においては大きな意義を持つ。また、対象とした地域は真言宗が圧倒的多数を占めており、そうした地域における近世の顕密主義の実態を明らかにした点で、本稿は宗教史研究の課題にも対応したものといえよう。

第八章「宮島の名所化と平清盛伝説」（鈴木理恵）

本稿は、近世に瀬戸内海を通行する旅行者が平清盛という歴史上の一個人をいかなる存在として認識していたのか、また旅行者を受け入れる側の名所、日本三景の一つ宮島の住民が清盛をいかに受容していたのかを検証した。清盛が兵庫築島や音戸瀬戸の難工事を遂行したという伝説は、彼の豪胆なイメージと相俟って、実際に現場を通行する旅行者にはリアルなものとして受け止められ、悪行ではなく善行者としての清盛像が構築されていった。一方、宮島では功績者としての清盛像が旅行者に喧伝されることはなかった。宮島は近隣からの来訪者にとっては富くじや祭礼が催される遊興の地であったが、遠隔地からの来訪者にとっては神慮の宿る信仰の地であり、清浄さを保持するために禁忌も定められていた。遊興地的性格を維持するにあたり、清盛の歴史や物語を持ち出す必要はなく、信仰地的性格を維持するにあたっては禁忌によって旅行者の行動に制約を加えることがまず重要であった。遊興性・信仰性の両面（表裏一体性）を併存させる上で、他の寺社の名所化の過程でみられる歴史的フィクションを創出する必要はなかったのである。教育史を専門とする鈴木氏は、これまで名所が旅行者に対してメディア的機能を果たすことを明らかにしてきた。本稿は平清盛伝説という視点を取り入れて名所宮島の性格を考察しようと試みた点に特徴があり、名所ゆかりの人物であってもメディアとして利用されるとは限らず、付与したいイメージを念頭に情報を操作する柔軟さを備えた名所の実像を新たに浮かび上がらせている。

以上のように、本書では各論者が実証的検証によって既出の課題について考究し、旅行史研究の深化を目指した。「近世」「旅」をテーマに議論を重ね、八名の論考を結集して一書にまとめられたこと自体にも、研究を深めていく上での意義があろう。各論考には内容的に相互連関する要素もあるので、詳しくは各章を参照されたい。

ただ、今後の研究上の射程に考えを及ぼした場合、本書の意義は単なる議論の深化にとどまるものではなくなるだろう。国益との関連を視野に旅行者の出入国体制を扱う原論文、および境目番所の多様な実像を暴いた菅原論文は藩国家論や境界論、飯盛女の供給実態を検証する武林論文は女性史、景勝地の展開を周辺住民の生業に比重を置いて明らかにする高橋論文は環境史、勤番武士の江戸での日常行動の特性に迫った岩淵論文は武家社会史、日常の信仰生活や文化活動と旅との関連性を検討する佐藤論文・西論文、さらには名所の持つ遊興地・信仰地という性格的両面性を主張する鈴木論文は宗教史や思想史、というように、各論考は旅をテーマにしながらも他の歴史研究の分野と密接に関連させつつ議論を進めている。それぞれの問題の探究が自ずと隣接分野への話題提供にもつながっており、人の移動や人的交流の観点から近世社会を通観する、ひいては旅をモチーフにした新たな歴史像を構築できる可能性を浮上させているのである。旅行史研究の学際化に結びつくような可能性を示し得たことも本書の大きな成果だといえるだろう。

共同研究によって達成された、いわば縦と横、双方向に向けての旅行史研究の進展をしっかりと定置すること、それが本書『旅と交流にみる近世社会』に課せられた役割である。

［註］

（1）日本政府観光局（ＪＮＴＯ）報道発表資料（二〇一六年一月一九日、http://www.jnto.go.jp/jpn/news/press_releases/pdf/20160119_1.pdf）。なお、同局二〇一六年一一月二日の発表によると、二〇一六年は一〇月末時点で二〇〇〇万人を突破している。

（2）西山松之助「江戸の町名主斎藤月岑」（『江戸町人の研究四』吉川弘文館、一九七五年）、白幡洋三郎編『日文研

叢書四三　旅と日本発見―移動と交通の文化形成力』（国際日本文化研究センター、二〇〇九年）、青木美智男『全集日本の歴史別巻　日本文化の原型』（小学館、二〇〇九年）。また、近年は歴史研究全体を俯瞰する講座物でも、近世の旅に関する言及がみられる（深井甚三「水運と陸運」〈大津透ほか編『岩波講座日本歴史一一　近世三』岩波書店、二〇一四年〉）。

（3）塙書房、一九八三年。

（4）青柳周一『富嶽旅百景　観光地域史の試み』（角川書店、二〇〇二年）、原淳一郎『近世寺社参詣の研究』（思文閣出版、二〇〇七年）、幡鎌一弘編『近世民衆宗教と旅』（法藏館、二〇一〇年）、島薗進ほか編『シリーズ日本人と宗教―近世から近代へ　四　勧進・参詣・祝祭』（春秋社、二〇一五年）。

（5）丸山雍成『日本近世交通史の研究』（吉川弘文館、一九八九年）、渡辺和敏『近世交通制度の研究』（吉川弘文館、一九九一年）、深井甚三『幕藩制下陸上交通の研究』（吉川弘文館、一九九四年）など。

（6）平川新「キャプテン・クックの太平洋探検と東北史」（『交通史研究』七三、二〇一一年）。

（7）平川新『全集日本の歴史一二　開国への道』（小学館、二〇〇八年）。

（8）このほか、近世旅行史の課題と論点については、高橋陽一『近世旅行史の研究―信仰・観光の旅と旅先地域・温泉―』（清文堂出版、二〇一六年）を参照のこと。

（9）なお、本共同研究の進行中に、細田典明編『旅と交流　旅からみる世界と歴史』（北海道大学出版会、二〇一五年）が刊行された。人文系の研究者がそれぞれの視点で仏典や聖書における旅の叙述、イラン（ペルシア）国王のヨーロッパ旅行、日本人漂流記からみたベトナム史といった話題を提供しており、各々の専門分野から旅を繙くことを試みる点は、本書とも共通している。

第一部　領域・境界・道中・権力

第一章　幕藩制社会と寺社参詣——米沢藩の旅人統制と国益思想——

原　淳一郎

はじめに

戦後、安良城盛昭氏によって、太閤検地は複雑な年貢収取体制（中間搾取）の解消と土地緊縛（定住）の開始と評価され[1]、小農（民）自立と土地所有の視点から「近世史」が独自の時代として広く認識されるようになった。またこの背景には豊富な近世文書に裏打ちされた地方史研究の活況もある[2]。

一方朝尾直弘氏は、安良城氏の太閤検地論に対峙して、畿内を事例に、中近世移行期の小領主と小農から成る農村社会構造の変容について、生産力の問題を持ち込んで兵農分離と近世小農民経営の成立までの道筋を示した[3]。「宗門人別改帳」「検地帳」等の作成によって把握される一方、幕藩領主による灌排水設備や新田開発、種籾貸与などを通じて行われた小農自立化政策は石高制に規定されたものであったが、生産力の安定化をもたらした。

こうして近世人の多くは定住化し、旅は非日常のものとなり、文化としての「旅」を発見した。また定住化によって先祖供養がより広く行き渡り、檀家制度が制度としても浸透することによって、祈祷寺院への参詣が盛んとなった[4]。これにより非日常の旅が近世史の題材として取り上げられるに足る社会状況が生み出されてきた。[5]

一九八〇年代から、自治体史の編纂、地方史・地域史の高まりと共に旅行史の実態解明が進んできたが、[6]近世史への位置づけは今後の課題である。その鍵となるのは旅の大衆化の社会的背景とその社会的機能である。[7]近年では、旅が地域社会に与える影響、[8]旅の教育的効果、[9]出版文化との相互連関性[10]などさまざまな視角から研究がなされている。また非日常の旅は日常的旅行（公用、商品流通）や旅行者対応（宿駅制度、関所・番所、川渡、習俗）の研究と相俟って進められるべきであることは言うまでもない。

本稿の目的は、端的に言えば政治権力と旅の大衆化の関係性を見極めることである。何故この視点が必要かと言えば、石高制の根幹である小農の定住[11]と安定的な耕作を揺るがしかねない民衆の私的な旅を、政治権力がどのように扱うのか、は近世史の王道的な問いであるからである。

すでに新城常三氏がこのことに触れていて、全国各地の事例を収集し文章に引用している。[12]また近年では、北方史と海防の観点から菊池勇夫、浪川健治両氏が旅人統制を取り上げ、[13]あるいは行き倒れた旅人の取り扱いや四国遍路における接待文化、あるいは遍路人に対する各藩の統制について研究が蓄積されている。

しかしこれらは近世における弱者への視点（ジェンダー論）であり、あるいは外交史との関わりからの論及である。また四国遍路については、各藩が厳しい態度を示していたという従来の見解ではなく、正統な巡礼を行っている限り統制の対象にはならなかったという見解が有力になりつつある。[14]だが近世史特有の問題として捉えるなら、入り来る人も重要ではあるが、出て行く人も重要であろう。

何故なら、法令上では領民が領外に出ることを禁止する触が全国的に漏れなく出されているからである。一方で「信仰」「参詣」を目的としていれば旅が許可されたとか、信心三分で遊山七分といった非科学的記述が今でも目立つ。後者については筆者がこれまで明確に否定してきた。しかし前者については、きちんと議論したのは管見の限り新城氏だけである。旅人統制については、藩の意図と絡めて論じられたものに、化政期の国家意識の形成について論じた横山俊夫氏の論考がある。[15]さらに松江藩を事例に、国益政策と旅の統制について述べた小林准士氏の論考もある。[16]

前者については林屋辰三郎氏の化政文化の基調が「藩」国家の形成にあるとした議論をもとに演繹的に岡山・鳥取・盛岡・熊本・金沢の各藩の史料を集めた印象が強く、本章とは問題意識が異なる。また小林氏の論考は、藩の政策と旅人統制の関連性が意識されて論じられ、参考になる部分が多い。しかしながら、貞享四年（一六八七）・享保四年（一七一九）・文化二年（一八〇五）の政策が並べられており、実はあまり藩の政策との関連性が浮かび上がらない。よって本章では先に示した問題をより時期を絞り、旅人統制令を頻繁に出したことで有名な米沢藩を事例に、政治と人の移動の問題を考察したい。

一　出国者への対応

それではまず米沢領における出国手続きについて概要を述べておきたい。米沢藩では独自の出入国体制が取られていた。九代藩主上杉治憲（のちの鷹山）期の前期藩政改革を主導した竹俣当綱は『国政談』のなかで、箱根関所は格別だが「此外入判出判を以て往来の國々多くハ不相聞候」「御當領ハ國々とかハり入判出判を以て相通し候御國法の事ニ候」と述べていて、自領の制度が珍しいと認識していた。[17]

米沢領の住民は、領外へ出る場合、基本的には一度米沢城下へ来なければならない。当初城内三の丸奉行邸内にあった「判所」において手続きをおこなわなくてはならなかったが、安永四年（一七七五）以降、三の丸外の大町上ノ口に「判所」が移転して旅人の便が図られた。町人・百姓の場合、検断・肝煎が判所へ願書を提出

【図】　近世初期の米沢藩の役屋と主な宿駅・街道

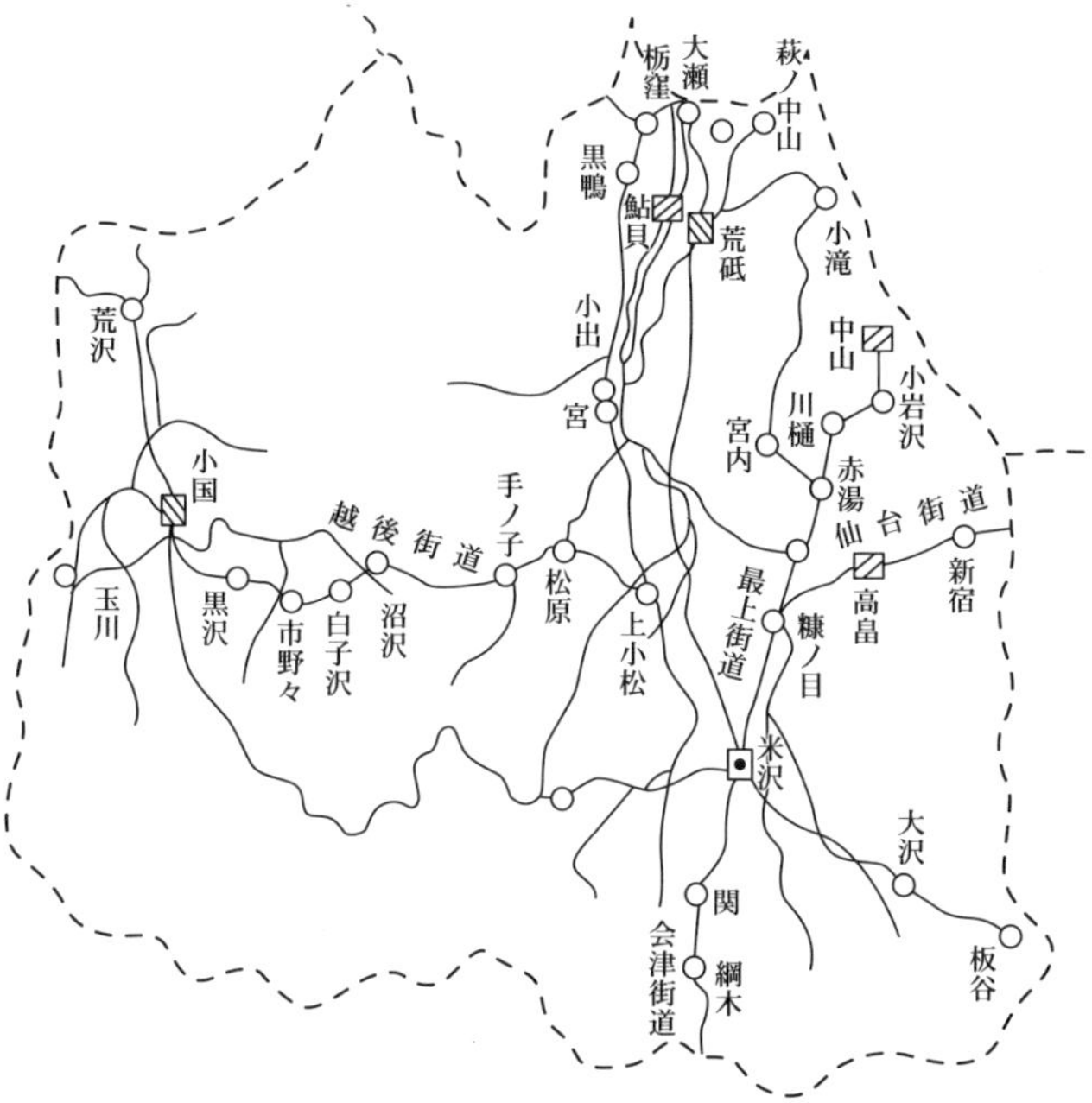

註 1）横山昭男『近世地域史の諸相』上（中央書院、1993 年）図 4-4 より
註 2）▨は 5 役屋（支城）。寛文の領地削減後は、高畠から西の糠ノ目へ移行した。

し、判所は通行する番所に宛てて出判を発行した。領内の旅人はこの出判を持ち、それぞれ国境に設置された「番所」に提出して通行した。これに加えて、検断、肝煎もしくは檀那寺に書いてもらった往来手形を所持し、領外の旅に突入していった。

寛政二年（一七九〇）七月一五日に米沢城下を訪れて、莅戸義政や数多くの儒者と毎夜飲み明かした高山彦九郎は、同月二三日に北へ向けて出立した。高山はその際の出判を書き留めている。

　上州の高山彦九郎壱人刀大小鬃髪に
　て　着替包可通板谷口有入判以上
戌七月二十三日　　判所
　　中山口番所

福島領との境にある板谷口番所で「関所へ至りて切手を取りて立つ」とあって入判を受け取って米沢領に入り、それを判所へ提出し、判所から中山口番所への出判を受け取り「(中山)宿の出口左リ番所手形を渡す」とあって米沢領を抜けていることが分かる。さらに「小川を渡りて右に大なる岩有り爰を掛石と號す。是より村山郡上山領米澤分壱里杭有、中山より二十八丁にして川口宿入口右に上の山番所あり。出る者をは判なくては通さず、入るには構はず[18]」とあって、藩境を越えた次の宿場に上山藩の番所が設置されていた。

こうした手続きが基本である。しかし文化四年(一八〇七)の岩倉口(大沢口)の番所役人宅に残る史料によれば[19]、通行者の村役人が直接番所役人宛で通行願を書いている例がほとんどであり、判所宛に書かれたものは僅かである。

此度当村清太郎(中略)〆八人、右之者共　地蔵参詣ニ罷越度と願出申ニ付而、右口御通シ可被下置候以上
文化四　八月　東江俣村肝煎　安藤七郎次右衛門
岩倉御番所

これは米沢領内東江俣村から飯豊参詣のため岩倉口から出国しようとした事例で、米沢城下とは真逆の方向への旅である。このような場合は、判所への届出の省略が許されていた。これに対して、他の番所から岩倉番所へ出されたものもある。

武井之七太郎〆十六人、無刀着替包飯豊山参詣之由入判、以上
卯八月六日　花沢口御番所
岩倉口留　伊藤藤右衛門殿

とあって、東に接する幕府領の竹井村の住人が花沢口の番所を通り、判所には寄らず、直接岩倉番所まで来たことが分かる。このことは元禄期の藩の触からも証明することができる[20]。

一、綱木口・板谷口より湯殿行人如毎年（亀岡）文殊参詣仕、直に狙柳罷通度と以町宿申出候ハヽ、花沢口・狙柳通・中山口と宛所三ヶ所にして通判出之、花沢口・狙柳番所共に致裏判、中山口にて見届可通事、附和田・新宿より他国之者不存根子、狙柳番所江参懸り候時、糠野目迄相返し候者、旅人の痛ニ罷成候間、狙柳番人両判にて中山庄屋江遣、松木内匠[21]裏判を請、同口判所無相違可通事

この史料から分かる通り、会津または中通りからの湯殿参詣者のように南の他領から来る旅人は城下の町宿を通して「御判所」へ届け、米沢領から他領へ抜けるための出判を受け取らなくてはならない。しかし寛文まで米沢領であった和田、新宿（二井宿）から一端米沢領内に入りすぐさま北へ抜けようという旅人に対しては「旅人の痛ニ」なるので、その入り口となる狙柳番所から、中山番所へ宛てた出判を直接作成して渡し、国境を守る役目である「役屋将」の裏判をもらい、それを番所に提出して通行させるようにしている。次の文化七年（一八一〇）の「覚」からは、特定の時期に取られた措置であったことも分かる。[22]

覚

岩倉村口留　伊藤応吉

一、右ハ飯豊山参詣之旅人近年会津ゟ掛越最上越後等江通度旨申聞候者多く有之候処、御城下往来宿江下書差出御判所ゟ出判申請候事ニ而者旅人相泥候、八月の節斗諸国御番所同様口々江入判差出候様被仰付度旨申立候処、右両国江通行之旅人ハ以後荒砥・鮎貝・中山・小国最寄之判所宛ニ〆下書差出候様相済候右下書調方左之通

黒鴨内上野之平兵衛〆三人小斗着替包ニ而飯豊山掛を当口罷通申候、依之出御判可被下置候、以上

午ノ八月　日　岩倉村口留　伊藤応吉

鮎貝　御判所

近年飯豊山参詣者がそのまま最上・越後へ掛け越す者が増えており、城下の判所で出判を取るのは旅人の手間になるため、参詣者が集中する八月には「諸国御番所同様」に、その旅人が出る方面にある「役屋」宛に下書きを出し、おそらくは「役屋将」が裏判をすることで、番所を通行させる措置を取ることになった、という内容である。五支城(役屋)のうち最上・越後両地方に接する荒砥・鮎貝・中山・小国の四役屋の将が事実上城下の判所の役目を果たしていた。これに幕府領(屋代郷)と接する糠野目役屋と、近くに役屋が置かれていない番所、すなわち屋代郷との境にある花沢口番所、福島との境にある板谷口番所、会津との国境にある岩倉番所と綱木番所には、短期的にあるいは恒常的にこうした権限が与えられることがあったと言えよう。

つまり「番所」と「役屋将」に「御判所」の代行をさせることによって、他国の旅人は城下へ足を運ぶ必要がなくなり、煩雑さが回避されている。特別領内に用がなく留まる気配がない場合は、このような柔軟な措置が施されていた。したがって、領内の村民が城下とは別の方向の番所から出国する場合、もしくは湯殿や飯豊の参詣時期などに、領外者がある番所から入国し速やかに別の番所から出国する場合は、城下の判所への届け出を省略しても問題はなかったのである。

また寛文六年(一六六六)まで米沢領であった屋代郷の亀岡文殊や長手村天神については、祭礼時などには特別に手続きが免除され、出判がなくとも幕府領との境に接する番所の通行が開放されていた。この慣例は幕末まで続いていたものと考えられる(23)。吉田松陰の「東北遊日記」によれば、嘉永五年(一八五二)三月二五日に白石領から七ヶ宿を越えて、当時再び米沢藩の預地となっていた屋代郷から米沢領に入った際に、「過花澤関渡橋入市即米澤也(24)」となっていた。預地と本領の間にも番所は設けられていた。

二　寺社参詣統制令の経過

米沢藩では寛政七年（一七九五）以降、度重なる伊勢参宮ほかの統制をおこなっていたとされる。このことは新城常三氏の著作[25]や『米沢市史』[26]にも見られる。しかしこれらはすべての法令を一括して旅人統制として紹介している。とくに新城氏は、氏の一連の旅に関する著作において、マルクス主義の影響が強く見て取れる。遠山茂樹氏[27]や井上清氏[28]がお陰参りとええじゃないかにおいて、鬱積した封建制の矛盾への抵抗感が解消されたとしているのと同様に、旅によって民衆の封建体制への不満が削がれていたため、これを本気で禁止することができず不徹底であったとしている。こうした指摘は本当に正しいのか、各藩の事情などに照らして検討してみる余地があるであろう。

　このことを見極めるため、各法令を詳細に分析していきたい。まず予め、法令の一覧を掲げておく[29]。

①安永四年正月　婦人抜参宮改而御停止命令
②寛政七年一〇月　四民衰微ニ付相対勧化の禁止
③（享和二年）　寛政七年令の延長、参詣行為も禁止か
④文化六年二月　伊勢参宮・湯殿山参詣とこれに準ずる参詣行為の禁止
⑤文化一〇年一二月　同様の法令
⑥文化一四年正月　寛政七年以前へ戻す
⑦文政三年一二月　伊勢参宮・柳津虚空蔵参詣禁止
⑧文政七年八月　伊勢参宮・柳津虚空蔵・湯殿山参詣等禁止

⑨天保二年六月　同様
⑩天保三年五月　同様
⑪天保七年四月　同様
⑫天保九年八月　婦人抜参宮改而御停止命令
⑬弘化三年四月　伊勢参宮・柳津虚空蔵・湯殿山参詣等禁止
⑭嘉永五年　　　同様

現時点で判明している触は以上の通りである。まず①と⑫は女性の抜け参りを禁止したものである。この二つの法令を見ていきたい。

①【安永四年（一七七五）正月】

近年御領内之婦人勢州抜参宮いたし、天下之御関所をも私致通融候儀法外之至ニ候、其上女子抜参宮猥に相成候時は、親々之制しも不行届艶色之事姦夫のかたらひ邪なる儀を以遁去候とも、参宮ニ申のかれ候時は夫之仕置・家々のおさめも不相立事ニ候、依之御家中は不申及町々・在々共女之抜参宮猶以堅御制禁被仰出候事

一、右御〆相背抜参宮致候は、家内不及申一類まても御吟味次第可為越度候、尤其身厳重ニ相糺下向之上は重き御仕置可被仰付、依之五人組之者も兼而御〆相守候様堅可合候事

とあって、幕府法令に準じた風俗統制であって、他藩でも近世全般においてよく見られる法令である。次の天保九年（一八三八）の婦女子の抜け参り禁止令は、前半部分が安永四年と全く同文である。

⑫【天保九年八月九日】

（前略、安永四年の法令と同文）前書之通婦女子之抜参宮重御制禁之処、追々相弛参宮ニ罷出候者茂有之、其

上近来江戸見物ニ罷登候もの有之様相聞、就中町在之婦女ニ至而ハ別而数多有之段相聞不届之至ニ候、依之向後婦人之旅出堅御停止被仰出候間、弥先条之御締急度相守一統不心得無之様厳重可申達事

改めて婦女子の抜け参りを禁止すると共に、新たに江戸見物の禁止も加わり、婦女の旅全般を禁止するものとなっている。

続いて、②寛政七年以降の触を見ていきたいが、その前段として宝暦一〇年（一七六〇）二月に

前々伊勢参宮御暇之日数直勤ハ四十日・無給之者六十日之御定ニ候所、近年於道中水増等之申立にて其宿場宿書付取又ハ不快痛所之申立ニ而是又逗留之書付取罷下候得共、其内多くハ致差繕御定之日数に相洩候面々数多有之段近頃不調法之至ニ候、元来信心一通之儀にて御暇被成下儀ニ候へハ以来之儀ハ御定之日数之通ニ可致下向候、万一日数致相違候ハ、御吟味之上急度可被仰付候間可存其旨候、以上

とあって、道中の病気や川留を理由に参詣日数を伸ばす者が多いため、改めて家中に向けて伊勢参宮の日数の制限を遵守するよう促す触が出ている。「前々」とあるが、現時点でははっきりとしない。こうした日数制限は他藩でも出されていて、禁止する前段階の触として日数制限が常套手段であった。ここでは四〇日とあるので、庶民の伊勢参宮のように西国巡礼を兼ねることや、金毘羅まで足を延ばすことは不可能である。六〇日でも精々奈良、大坂、京に行く程度であろう。

こうした日数制限ののち、寛政七年（一七九五）に次の法令が出された。

②【寛政七年一〇月】

一、神社・仏閣・寺院等建立ニ付而相対勧化と唱奉加帳を廻し、或は戸々立寄勧化寄附為致候も多く有之由、四民之衰微取直之此節ニ候得は、托鉢ハ各別相対といへとも五七年之間は勧化致間敷候事、

一、前条之通ニ付神社・仏閣・寺院等焼失或ハ打伏候は各別、大破といへとも五七年之間は当分之補理を

加て可相保事、但、牌寺補理のため檀下の者の其身帯相応之寄附は各別たるへく候、右之通被仰出候間、
諸寺院・修験・称宜・神主等江無心得違様屹可相達候事

とあって、全く旅の禁止令ではない。あくまでも領内の相対勧化を禁止したものである。ただし全焼した場合や、修繕であっても檀家が檀那寺に寄付する場合は許されていた。この時点では勧化禁止令であって、寛政期に多くの藩で見られた華美禁止、博奕禁止と同様に風俗統制の一環であった。と言うのも、触の最後の傍線部から領内の寺社・宗教者に向けて出されたものであることが分かるからである。つまり領内の宗教者が檀家や氏子ではない領民から寄附・奉加を受け取ることを禁止しているだけであって、ここには「倹約」以上の意味合いはない。

次の文化六年(一八〇九)令では、文献上では初めて他国への参詣の禁止が盛り込まれている。

④【文化六年二月】

覚　御代官所四民之衰御取直之一助ニ付、伊勢参宮湯殿山参詣其外右ニ准候類幷神社仏閣寺院等建立ニ付而之勧化奉加寄附等七ケ年之御停止享和年中被仰出候處、今以御取直之御世話不分物行立候付、猶此末五ヶ年御国民一統可令停止旨被仰出候事(31)

また文中からこの法令が享和二年(一八〇二)令と同様であることが推測でき、伊勢参宮と湯殿参詣と、それに準ずる参詣行為の禁止は享和二年に初めて出されたものであることが分かる。ただし、先の寛政七年令が領内の寺社等に出されていたのに対し、ここではそうした但書がなく、領外からの勧化行為も取締りの対象になったのではないかと考えられる。そうなると、俄然経済政策の意味合いを帯びてくることとなる。

ところが、文化一四年(一八一七)にはこれが解禁された。これはこの五年後、文政五年(一八二二)に、上杉治憲(鷹山)が家督相続した際に背負っていた借財を完済しており、その目途が立ったことが背景にあるだろう。

そもそも寛政七年（一七九五）とは「寛三改革」とされる鷹山時の後期藩政改革が開始されて間もなくであった。[32]

⑥【文化一四年正月】

覚　諸組頭々江　寛政七年以来伊勢参宮湯殿山其外神社仏閣寺院勧化奉加寄附物等被差留候事八年来四民之衰取直之一端ニ被仰出候処、今以一統潤色之御世話も不被為届候得共、無際限被差留置候而者人情茂如何ニ付、今春ゟ寛政七年以前江御復被仰出候、雖然面々父母妻子江懸難儀親戚見継等不行届候而者神恵仏意ニ茂不相叶事ニ付、家事余計無之者不心得無之様四民共ニ支配頭組頭たるもの心を用根元之御趣意不誤様能々可申達置旨被仰出候事

ここでは「四民共ニ」とあるので、領内全体で解除されたと見て間違いない。ただしこの文化一四年令では、先規とニュアンスが異なってしまっている。この触だけ見れば、寛政七年令が伊勢や湯殿に代表される領外の寺社へ金銭を納める行為を禁止していたと受け止められて当然である。もはや領内の事象に限ったものでもなく、禁止したのも勧化だけではなくなっている。つまり「寛政七年以来」というのは不正確な記述である。

しかしその三年後に再び禁止された。

⑦【文政三年（一八二〇）一二月】

此度積小補大之御倹約御執行ニ付、御家中においても右ニ准候様被仰出候、続く諸士之伊勢参宮・柳津虚空蔵参詣三四年之間先ツ見合候様可被相心得候事　十二月

とあるように、家中においてのみ領外への参詣行為が禁止されたのであって、領民は禁止されていない。またここで初めて会津の柳津虚空蔵参詣が加えられた。

続いて文政七年（一八二四）八月には、

⑧【文政七年八月】
此度非常之大火ニ而千軒余類焼之内寺院数多焼失、因而ハ諸壇中助力も有之、一統之難儀可知事ニ付、御領内無難之諸寺院社家勧化奉加七ヶ年之間可令停止候、随而伊勢参宮柳津虚空蔵湯殿山参詣等、惣而神社仏閣勧化奉加寄附物等七ヶ年同様可令停止旨被仰出候事

とあって、大火を理由に、難を逃れた寺社の勧化と、主に領外への寺社参詣が庶民に対しても禁止された。

続く天保二年（一八三一）には、

⑨【天保二年六月】
文政七年中非常之大火ニ而寺院数ヶ寺類焼、依而ハ諸檀中之助力も有之、一統之難儀ニ付、無難之諸寺院・社家勧化随而伊勢参宮・柳津虚空蔵・湯殿山参詣等摠而神社・仏閣奉加寄附もの等、七ヶ年御停止被仰出当年期明之処、去年中之水難、其上虫付ニ而米穀払底御領内一統難儀ニ及候付、伊勢参宮・柳津虚空蔵・湯殿参詣等惣而他邦神社仏閣奉加・寄附物等之儀、五ヶ年之間御停止被仰出候事

として延長された。ところがこの触では「勧化」の文言が無くなり、「他邦」という語が加えられている。ここまで参詣と共に禁止されてきた勧化はその対象から外れ、より「他邦」・他領の寺社への参詣禁止の意味合いが増したと捉えるべきであろう。つまり最初の禁令の柱であった領内の寺社への勧化や寄付行為は問題ではなくなったのであって、「倹約」の意図が消滅したと言えよう。

引き続き翌年にも触が出され、

⑩【天保三年五月】
覚　町奉行所・御代官所・郡割所　去年六月中、伊勢参宮・柳津虚空蔵・湯殿山参詣始摠而他邦神社・仏閣奉加寄附物等最五ヶ年御停止被仰出候処、町家・在々・諸門屋にてハ一切不相用、既ニ当春参宮人大

勢群をなし罷越候由相聞、不届之至ニ候、随而近来婦女子といへとも伊勢参宮を始、江戸其外諸国見物罷越候者多人数有之由、婦女子之旅出ハ素ゟ御停止之処、上を不憚仕打不届至極ニ付、以来右躰之旅出決而不致様厳重可被申達候事

とあって、やはり「他邦」は継続して使用され、「勧化」は文中にない。天保元年（一八三〇）が抜参り（御蔭参り）の盛んな年であり、これへの対応の触でもあったが、禁止の狙いは参詣行為や宗教行為ではなく、何より他領への金銭の流出を防ぐことにあった。これはさらに天保の飢饉に襲われていた天保七年（一八三六）にも、

⑪【天保七年四月】

覚　諸組頭々　文政七年中、諸寺院社家勧化奉加随而伊勢参宮・柳津虚空蔵・湯殿山参詣七年御停止猶又天保二年中も継五ヶ年御停止被仰出、当年期明之処、近年打続凶荒一統及難儀ニ付、最五ヶ年伊勢参宮・柳津虚空蔵・湯殿山参詣等摠而 他邦 神社仏閣奉加寄附御停止被仰出候事

とあって持続しており、次の弘化三年（一八四六）でも同様である。

⑬【弘化三年四月】

諸組頭々　諸寺院社家勧化奉加随而伊勢参宮・柳津虚空蔵・湯殿山参詣等年限を以御停止被仰出、其後追々継而御差留被仰出、当年期明之処、巳年凶荒以来続而不作之末一統及難儀候ニ付、最五ヶ年伊勢参宮・柳津虚空蔵・湯殿山参詣等総而 他邦 神社仏閣奉加寄附物等御停止被仰出候事

すなわち小括すると、これまで寛政七年（一七九五）以降幕末まで一貫して旅人統制令が出されたとされ、且つ研究史上こうした政策の代表例として取り上げられてきた米沢藩領の旅人統制令は内容には決して一貫性があったわけではなく、当初は旅人統制でもなかった。当初は領内の勧化に限るもので、風俗統制と、その根底にある「倹約」という政策的側面が強かった。しかしながら次第に勧化から参詣へ、領内から領外へとその対

象が移っていた。またすべての法令が領民を対象としていたわけでもなく、どちらかと言えば家中への禁が先んじていた。

ただし借財完済の目途が付いた際には解禁するなど、必ずしも他国への旅に厳格であったわけではない。それどころか禁令中も道中日記が残っている。抜け参りと、婦女子の伊勢参宮に対しては厳しい態度で臨んでいたが、正式な手続きさえ踏んでいれば番所通行（出判の発行）は勿論のこと、参詣も許されていたのである。また寛政期には法制が厳罰主義から転換していたこともあり、一連の法令群はあくまでも道徳的に領民に訴える自粛令であった[33]。

また天保二年（一八三一）以降「他邦神社仏閣」を止めるべきと変更されたことについては、更に領外への金銭移出禁止策の意味合いが増したからであろう。何故なら、「地の利」を得た国産品で外貨を獲得する一方で、「地の利」を得ていなくても辛うじて国内の需要を満たす程度の品を作り、できる限り領外の品を購入しない経済政策をとっていたからである[34]。

こうした政策は二宮尊徳に「米沢藩にては、年少し凶なれば、酒造を半に減じ、大に凶なれば、厳禁にし、且他邦より輸入をも許さず、大豆違作なれば、豆腐をも禁ずと聞けり、是自国の金を、他に出さゞるの策にして、則一国の経済なり[35]」と批判されている。

三　入国者への対応

1　寛文の領地半減と番所の増加

元禄二年（一六八九）二月、寛文四年（一六六四）六月五日に三代藩主上杉綱勝の急死に伴う半知削減後に預地となっていた屋代郷が正式に幕府領へ編入されることとなった。これに際して、一一月七日の「新番所之覚」によれば、屋代郷との境に二一ヶ所の番所が設けられた(36)。領地が半減してのちは藩境五支城・一二番所・城下町五番所（城戸）という警備体制であったのであるから(37)、突然三倍近い数の番所が新たに設置されたことになる。米沢藩からすれば、同じ置賜盆地の平野部のなかに他領が出現したのであって、その境は平野でつながっている以上、これをどのように取り締まるか重大な課題を突き付けられたことになる。信達地方を領していた時期においても、地形的にそれほど国境警備に多くの番所を必要としていなかったのであるから、猶更である。この時四三ヶ条の規定も設けられた。先述した番所通行の際の細かい取り決めはこの時のものである。

2　湯殿参詣者への対応

先述の通り会津、中通りなどから湯殿参詣をおこなう導者は米沢領を通過することが多かった(38)。宝永六年（一七〇九）六月には「当年丑歳ニ付、湯殿山江行人共多分参詣有之、当地往還可有之由」とあって、通判を滞りなく渡すこと、行人宿の不正なきよう申渡している。米沢藩は真言宗と当山派の勢力が強い珍しい藩であり(39)、領外であるにもかかわらず湯殿山真言四ヶ寺へ祈祷依頼をおこなっていることから、羽黒や月山に行くのではない湯殿参詣については寛容であったと考えられる。また治安の面でも、米沢城下に一夜泊まりであることも後押ししていただろう。ただし城下を通過する場合、往来宿に宿泊し、その宿を介しての出判の手続きを義務付けられていた。

3　遊行上人への対応

遊行上人に対しては実に多くの触が出ている。宝永六年（一七〇九）五月に

一、今度遊行上人廻国ニ付、来ル十五日南町誓願寺江入来逗留之筈ニ候、依之参詣之方々者分限相応の化粧ニ而被相越、尤妻子幷下々迄参詣之輩不作法無之様、組中江茂急度可被申渡候、若不作法之族於有之者曲事可被仰付候（後略）

一、先年茂夜中参詣有之不作法ケ間敷義茂有之様相聞候、此度之儀者歴々ハ不及申下々男女共ニ一切夜参堅無用ニ候之間、此旨急度可被申付候以上

とあって、分限不相応の化粧や夜参りをしないなど、原則を守れば許されている。遊行上人については、明和八年（一七七一）四月、寛政五年（一七九三）三月、文化一〇年（一八一三）九月にも同様の対応がなされている。そのほか天明六年（一七八六）四月には柳津虚空蔵出開帳が城下極楽寺であり、素性の明らかな宗教者へは寛容な姿勢が見受けられる。

4　遍歴する宗教者への対応

一方で遍歴する宗教者に対してはどうであったか。明和五年（一七六八）九月には、

覚（前略）代官所江、右は綱木口より入り候廻国之六部ハ勿論、願人・非人摠而他国之もの小野川江之脇道

を存罷越、夫より館山通矢来辺江茂罷通候儀も有之由相聞候、左候得ハ御城近辺迄罷越候儀も有之不宜事ニ候、依之立石村・関町・綱木村ニをゐて、小野川江之脇道堅不相教、縦先方より相尋候は他国之もの通融不罷成旨申達候様、右村々江可申渡候事（後略）

とあって、会津から米沢城下に入る際、関から小野川温泉を通る脇道を使用する六部、願人や非人が多いことから、防衛の点からこの道を聞かれても教えてはならぬと沿道の村人に達している。しかしこれは旅人に対する規制ではない。

さらに天明三年（一七八三）八月には、

御家中江旅者入込候儀ハ往古より不相成事ニ候、尤諸町江旅人差止め候番所無之候得は紛入候儀無余（義）事ニ候処、諸町ニ而旅者と見請候時は見咎不相通様宝暦元年・明和五年中御触も有之候処、近年自然と猥ニ入込候様相聞候、依之総而旅者と相見候ハ、見除ニ不致道筋を懇に教、元々江相返候様常々可被相心得候、譬見当り候共所詮緬道ニ心得、みぬふり聞ぬ皃にして通し候而は御〆りも不相立儀ニ付而、かねく町内申合何卒不〆之儀無之心遣有之度候事　八月　口達町並　成嶋町等十四町

という触が主に城下西部の町々に出されている。

この一四町は三の丸の外にあり、一二町（うち一つは一屋敷）は城下西部であるという点からみて、会津から小野川を通って西方から城下に入る旅人全般のことを想定していると考えられる。こうした旅人を放っておかず元に戻るよう教えよと触れている。つまり正統な会津街道に戻って南方から城下に入るよう仕向けたものである。正統な街道を通行することは願人・非人だけでなく、旅人全般が守るべき原則であった。

もちろんこうした触は三の丸内に入らせない警備上の観点から出されたものであるが、一方で「懇に教」とあって旅人が城下に入ること自体を禁止したものや、罰則を設けたものではなく、旅人を大切に扱う心構えを

示したものである。文中から同様の触が宝暦元年(一七五一)・明和五年(一七六六)にも出されていることが分かり、また享和二年(一八〇二)にも旅人を忠実に取扱うべきとした「覚」も出されていることから、政権担当者如何に拘わらず一貫した方針であることが窺われる。

また、天明三年(一七八三)八月二九日と天保七年(一八三六)九月には「他国之願人・非人等江一切勧進出間敷之段年々御触も有之候得共不得止様相聞候(後略)」とあって他国からの勧進を禁止している。これは後の旅人統制令(勧化禁止令)のルーツともなったものだろうが、いずれも領内に入れることを禁止しているわけではない。

また文化一〇年(一八一三)一一月には、

近年他国之願人・非人或ハ異形之物真似致候類数多入来、右類逗留一夜限り之御法ニ候処、御料所等江罷越猶又立帰長く逗留致し、御家中並原々端々江猥ニ入込異形之物真似いたし(中略)以来通一遍之願人・非人ハ格別、芸業之もの猥ニ不入込様各江厳重相制候様被仰付候事、但、四境御番所江は通一遍ハ格別逗留ハ為致間敷旨、随而往来宿江は一夜之外宿不為致様被仰付候

とあって、方針は明確である。願人・非人はもちろん、異形之物真似も入国自体は禁止せず、一宿までは許している。

こうした方針はすでに治憲の初期改革期にはあったようで、安永六年(一七七七)に往来宿に限り一宿のみ認める身分の一覧が示されている(40)。願人・乞食・非人のほか、往来の女・旅座頭盲目辻語・他国の売薬触売之者・香具売・鍋之鋳懸・鏡磨・弥宣・陰陽師・山伏・一世行・俗行・虚無僧・廻国順礼・坂東・金堀・芝居役者・神楽打である。彼らは往来宿で一宿することを忠実に守り、正統な街道を通る限り、往来そのものが問題となることはなかった。

5　判所改革と旅人への配慮

先述の通り、安永四年（一七七五）以降、大町上の口に「判所」が移転した。この経緯については、竹俣当綱の記した『国政談』に詳しい。[41]『国政談』によれば、この改変は、宿屋と結託して判所への手続きの代行をする「判取者」と呼ばれる人々や、判所の役人の不正が目立っていたこと、定刻を過ぎると旅人が一晩待たされるという不便さを解消するためのものであった。

これにより判所を三の丸外に出し、旅人本人が直接出判を取りに来るようにして仲介者を排除した。またこれまで朝五ツ時から晩七ツ時までに限られていたが、緊急であれば夜中でも対応することにした。こうした措置の背景の一つは旅人への配慮であり、竹俣の言葉を借りれば「一国の恥」を避けるためでもあったが、一方で城下取締策の側面もあった。米沢藩では、三の丸より内に旅人が入ることを極端に嫌っており、判所を三の丸外に出したのは、こうした旅人取締の意味合いもあった。

同時期に問屋職への申渡にも旅人への配慮が看取される。安永八年（一七七九）に東町検断石田名助[42]の屋敷内にある荷物改所に対して、

自今、往来人馬滞り無く差配り、旅人相泥ざる様に取り計い申すべく候。近年猶以馬方の者共、存在理不尽にして定の外賃銭を取り往来を掠め候由、御国の恥をも知らず甚だ不届なる事に候。これ依り丁寧に荷物をつけ送り、譬え商人荷に候とて定の外賃銭を取る間敷候。尤も酒代等多分に取り候義も致す間敷由、馬次々先々迄も急度制し申すべく候[43]

とあって、旅人や商品輸送に法外な請求をすることを禁じている。ただしこれは旅人への配慮と、治安の維持のみを目的としたのではない。判所改革と同様に「御国の恥」という意識が見られた。

6　行倒人の処理

行倒人については、享保二〇年（一七三五）、明和五年（一七六八）に病気・死去の旅人対応についての幕府法令が出ていて、基本的にはこれに従っていたものと考えられる。ただしこうした対応は、往来手形所持が前提のため、生国の判別できない旅人への対応策がなかった。そのため天明四年（一七八四）七月に、

覚

往来行倒之もの生国も不相知候へは是迄ハ街道之辺に埋置候処、左候而ハ不便之儀ニ被思召候間、以来ハ所縁茂無之ものハ其所最寄之寺院江葬、住寺軽き致回向候様被仰出候間、此旨兼而寺院江承知居、其節ニ至り何彼異乱無之取置候様可被申渡候事

寺社奉行

という触が出された[44]。それまで生国不明の者は街道脇に埋めていたが、これからは寺院へ埋葬し、簡単な供養をおこなうよう命じている。一般的には天明期は治憲の改革の停滞期と認識されているが、旅人対応では寛政改革以降の政策につながる画期的な法令が出されている[45]。

7　人口増加策

こうした旅人に対する配慮はどこから生まれてきたのだろうか。寛政七年（一七九五）二月に、

御当地永住日料取等入人之儀ハ、前々越後・福嶋・最上三ケ国に限り御叶、外国のものハ是迄不相叶候処、自今以後御叶被成下筈ニ改而被仰出候、依之何国之ものにても永住ハ不及申、日料取等望之者ハ右三ケ国之者同様可相抱候、尤組中・支配下有之面々ハ可被申達候事、附、永住之者宗門は御当領之宗門ニ候ハ、

望に任すへく候　二月（中略）住よき所には住、すみ悪き所ニハ不住ものニ付、住よき様に被成可然ヶ条逐一甚尤之存寄ニ候（中略）他国者之止り候は目をかけ手当するに可有之候間、此段ハ判所江深遂相談事品可被申出候事（後略）

として、永住を希望する者、日用層の者はこれまで越後・福島・最上の者に限っていたが、今後はそれ以外の者でも許可することが触れられている。[46]

幕藩領主は寛永の武家諸法度にも示されているように円滑な往来を促す義務を負っていた。丸山雍成・深井甚三・渡辺和敏の各氏が各所の番所の事例で示したように、入り来る旅人には厳しい詮索はなかった。とりわけ深井甚三氏の、関所と役割は一緒であるが、往来を妨げるものではない津留として口留番所を認識し許可していた、とする指摘は重要なものである。[47] となれば当然、犯罪者や抜け荷（薩摩藩など）を除けば、人の出入りに関して口留番所の権限はほとんど無いに等しいと言える。

米沢藩の政策を見る限り、街道筋の領民がいかに入国する多様な旅人に対応するか、を諭したものであって、旅人自身への規制はほとんどないと言ってよい。他領からの旅人へは、正統な街道を通ること、三の丸内に入れないこと、一部の者は往来宿へ一宿ということ以外、とくに制約はなかったと考えられる。こうした事後策的対応は、円滑な往来を達成する私領主としての責務を果たすことと、領内の治安維持の両方を成し遂げようとする苦肉の策であったのではないだろうか。このように考えると、具体的な地名を挙げて参詣を禁じていながら、ほとんど規制をしていなかったことにも納得がいく。

またもう一点見逃せないのは、細かい法令が治憲の藩政改革以降に出されたものであって、且つ一旦停滞したとされる天明年間の志賀祐親の政権下でさえもこの方針は貫かれていた。志賀は役所の廃止統合など支出を抑える政策をとったとされるが、費用のかからない点については明和・安永期の政策が引き継がれたと言えよう。

さてこのような領外からの旅人への配慮は、太宰春台の思想の影響を受け、当初積極的な人々の移動と商品流通によって国を豊かにしようとした竹俣の思想によるところが多い(48)。竹俣は『国政談』のなかで、判所・問屋・四境番所について詳細に記述していて、且つ「国々より入り来り候旅人ハ先ツ御境にての扱ひが始めに候、依て御國の事をしへて遣し候心得ニて兎角旅人ニ情をかけ御領内へ入り候へハ我國の様に心を安ンじ往来いたし候ところ大事の心得ニ候」とし、また「此事およハさる事なれとも万分の一もこの心あんばいに御國風ゆたかにして國々の旅人もここに長ク止り度おもふほとの御國に致シ度キことならす候や」とまで述べている。

このような他領からの旅人を大切にすべきとの政策は、「国の恥」という意識の生成の裏返しであるとともに、それが国の評判につながり、米沢領に住もうとする人々を増やして国力を富ますことになるという政治思想に基づくものであった(49)。

四　東北諸藩の事例

それではここまでの論証を他の藩と比較してみたい。まず入国者対応について、盛岡藩では元文四年(一七三九)以降、取締強化しており、とくに「六十六部其外諸勧進之類」は一宿以上させない旨、無切手(御境番人より渡すべき書付印形)の者はその番所へ送り返すことを申渡している。さらに文化期には、仙台より早池峰山・岩鷲山参詣、八戸・松前・津軽・黒石・秋田より伊勢参宮の者など具体的な目的地名が追加され、同じ宿に一宿以上させないことを改めて申渡している。六十六部や勧進、寺社参詣者には、番所を通ること、一宿のみという、基本的な規則を遵守すれば許可している(50)。こうした原則は仙台藩も同様である(51)。

これと対照的なのが松前藩である。松前藩の財政は対蝦夷地関係の商業活動、生産活動に基礎があるため、旅人の入国規制は厳重であり、身分・職業に応じた細かい規定があり、一般の旅人も往来宿で引き受けていた。旅人の定住も基本的には認めておらず、非農業的基盤を持つ松前藩の特殊事情と言えよう(52)。弘前藩では、文化二年(一八〇五)、文政九年(一八二六)に治安が悪化したとして、脱法・不法な他領者の領内定住化を規制している。また天保一三年(一八四二)、文久二年(一八六二)に内憂外患への対応のためとして旅人の実態把握をおこなった(53)。北方の重要性が増すなかで、蝦夷地との往来を管轄する両藩の政策は特異な地位を占めている。

では旅に出かける者に対してはどうか。八戸藩は宝永四年(一七〇七)に抜参りを禁止しているが、路銀の支度をきちんとする者には許可している(54)。盛岡藩では当初領民が他領へ出ることを全面的に禁止していたが、一八世紀後半には現状容認に転化していった(55)。そのなかでも伊勢参宮は別格で、米沢藩と同様に、女性の参宮と抜け参りを除けば許されていた。また元禄期に伊勢参宮者の江戸・上方での他屋敷奉公、文化期に伊勢参宮者の上方見物を禁止している。元禄期は領民の移動を嫌う幕藩領主の基本的姿勢が示され、文化期は寛政期以降の風俗統制との関連性が窺われる。

秋田藩では寛政五年(一七九三)に「百姓、町人伊勢参宮を始、諸国神仏参詣等」を禁止している。その後、度々同様な触を出したが守られず、年齢制限、日数制限などが付されながら徐々に緩められた(56)。秋田藩の場合、時期的に藩政改革との関連性が強く認められるが、厳格な取締もなく、実効性を失っていた。

会津藩はきわめて早く、承応元年(一六五二)三月に伊勢参宮の当分の禁止を命じている。万治三年(一六六〇)には停止緩和したが、年貢未進者は禁止している。その後貞享四年(一六八七)には抜参りを禁止している。注目すべきは元禄一四年(一七〇一)に金札が発行されたことで、この際金流出防止のため金札遣中においては、よくよく吟味して伊勢参宮を許可することとしている。すなわち経済政策と他領への寺社参詣が連動している好事例である。その後禁止はなく、抜け参りのないよう吟味の上許可している[57]。

東北からの伊勢参宮はほぼ冬期に行われる。陸奥国南部(会津を除く)を除いては裏作ができず、苗代作り前に帰村するため、耕作・年貢への影響がない。そのため年貢未進でなく、あるいは「抜け参り」でない、つまり領民としての務めを果たし、正式な手続きを経ている限りおおむね許可されていたと言えよう。一七世紀から一八世紀中頃までは、このような領主の基盤を脅かすような行為が禁止されていたが、あまり厳しい罰則は課されていなかった。

米沢藩では、旅人統制と同時期の判例集『中典類聚』によれば、勝手に勧化した者、番所を経ず預所へ行った者、抜け参りの者、柳津虚空蔵へ行った者の沙汰が掲載されている。しかしその内実は同行の者が亡くなったことや、死亡説が流れて苦労したという理由によって軽減され、またその罰も「遠慮」「禁足」といった軽微なものであった[58]。

おわりに

では、近世の旅人統制令をどのように捉えれば良いか。当初領民の他領への移動は領主として財政基盤を揺るがすものであり、また他領民の流入は軍事的目的から統制されていたが、一七世紀中葉までには形骸化して入国には寛容であったと捉えるのが一般的である。前者については、領主的土地所有を脅かす者、すなわち年貢未進者には参詣を認めなかった。年齢の制限、日数の制限、人数の制限(村当たり一人など)も同様の理由に基づくものである。逆に言えば、年貢の上納に問題がなく、往来手形をきちんと所持して、参詣することが周知されていれば規制する理由はほとんどなかった。参詣の条件を満たさない者は抜け参りをせざるを得ず、幕藩領主の多くがこれを規制した。

こうした状況が変化するのが享保期以降である。一つが経済政策との連動性であり、もう一つが寺社参詣の大衆化への対応である。米沢藩・秋田藩・佐賀藩で比較的長い期間参詣禁止がなされたが、この三藩以外ではほとんどが短期間且つ単発で終えている。その秋田藩でさえも済し崩し的に条件が緩められ、米沢藩でも財政を持ち直した際には解禁し、厳罰に処することもなく、しかも禁令中も参詣記録が複数残されている。とても徹底されたとは言い難い。

このことから近世中期以降は、領民が他国へ出かけること自体が問題視されていたとは考え難い。つまりは特別な要因が生じない場合は許可されるのが常であった[59]。そしてあくまでも判断は領民の自律性に委ねられていた。新城氏は、「民衆の参詣に対する強い希望と、その抑圧に対する不満[60]」への政治的配慮としているが、禁令自体が特例であったと考えなければならないだろう。

米沢藩も伊勢参宮・湯殿参詣・柳津虚空蔵などは農業信仰、イエ・個人の守護と深く結びついているため、基本的には尊重していた。こうした正式な手続きを経た正統的な宗教行為である限り、厳罰に処すことはなかった。浅川泰宏氏によれば、土佐藩は「四国遍路」を信仰に基づく正統な宗教的実践と捉え、遊楽化をすることを戒めていた[61]。つまり本来宗教的実践であるはずの寺社参詣が遊楽化することを防ぐため、盛岡藩のように上方見物を禁じ、日数の制限を設けたのである。そしてそうした簡素な寺社参詣こそが領民に多くの浪費をさせない手段でもあった。

この浪費の回避は近世初期とは意味合いが違う。領民個人の浪費ではなく、「国家」の経済政策としての金銭の流出を念頭においたものである。米沢藩ではそもそも寛永期から福島との境である板谷番所では漆蝋などの特産品が留物として挙げられるなど、初期専売制も行われていた。出判・入判、判所という旅人にとって面倒な制度を設けていたのはこの流通統制と表裏一体の動きである。

しかし竹俣や莅戸の一八世紀末の著作にもあるように、寛政の改革（寛三改革）以降、単なる自給自足ではない、国産思想に基づく一国中心の先鋭的な経済政策を取っていた。この経済政策下で勧化統制令、旅人統制令が出されたことは見逃せない事実である。米沢藩の七〇年にもわたる統制令は他に類を見ないものであるが、同様に秋田藩、佐賀藩の長期的な統制も藩政改革期に当たり、経済政策との因果関係は疑いないものである。

同時期は、盛岡藩[62]・仙台藩[63]など諸藩においても風俗統制・教化主義の時代であったとされる。米沢藩でも寛政年間に日常の衣食住、冠婚葬祭などについてかなり具体的な倹約令が出された。それは髪結・香具・菓子・瀬戸物・小間物・塗物・位牌・茶屋などの職業統制、領内の神社祭礼の祭日の画一化（反対のため四年後廃止）、正月行事の年始礼、年始飾り、盆の聖霊棚、炬火燈の禁止など隅々に及んだ。

「江戸的なもの」の導入は、当然のことながら金銀の領外流出を招く。こうした風俗統制、教化主義は、仮に風土に適さない物であっても国内で生産して徹底的に他国品を買わないとした竹俣と一致した思想ではないだろうか。

すなわちこの時期は「倹約」の意義が大きく変容していた。一七世紀中葉までの「倹約」はあくまでも精神論であり、漠然とした緊縮策であった。ところがこの時期の倹約は、相当に戦略的に「江戸的なもの」「都市的なもの」を使わせず、粗悪なものであっても国産品を使用させるための「倹約」なのである。そしてそのための緻密な指示なのである。一七世紀以降の旅人統制令はこうした経済戦略と表裏一体であった。米沢藩が多用する「四民撫育」、「四民衰微取直」を果たして文字通り受け取って良いのだろうか。

［註］

（1）安良城盛昭「太閤検地の歴史的前提」（『歴史学研究』一六三・一六四、一九五三年）、同「太閤検地の歴史的意義」（『歴史学研究』一六七、一九五四年）、同『幕藩体制社会の成立と構造』（御茶の水書房、一九五九年）、同『太閤検地と石高制』（NHKブックス、一九六九年）。

（2）野村兼太郎「地方史研究協議会の発足に際して」（『地方史研究』一、一九五一年）、児玉幸多「あたらしい地方史の動向」（『新版地方史研究必携』岩波書店、一九八五年）。

（3）朝尾直弘「近世初頭における畿内幕領の支配構造」（『史林』四二―一、一九五九年）、同『近世封建社会の基礎構造―畿内における幕藩体制』（御茶の水書房、一九六七年）。

（4）圭室文雄『江戸幕府の宗教統制』（評論社、一九七一年）、同『日本仏教史 近世』（吉川弘文館、一九八七年）。

（5）新城常三『新稿社寺参詣の社会経済史的研究』（塙書房、一九八二年）、同『庶民と旅の歴史』（NHKブックス、一九七一年）。

（6）山本光正・桜井邦夫・小野寺淳・岩鼻通明・高橋陽一の各氏の名前を挙げておくが、自治体史、地理学、民俗学、国文学、女性史など関連分野での記述は膨大である。

（7）拙共著『寺社参詣と庶民文化』（岩田書院、二〇〇九年）。この観点からすれば、青木美智男「地域文化の生成」（『岩波講座日本通史』一五、岩波書店、一九九五年）も大事な論考である。

（8）青柳周一「近世における寺社の名所化と存立構造―地域の交流関係の展開と維持―」（『日本史研究』五四七、二〇〇八年）。

（9）高橋敏『日本民衆教育史研究』（未来社、一九七八年）、鈴木理恵『近世近代移行期の地域文化人』（塙書房、二〇一二年）。

（10）拙著『江戸の旅と出版文化』（三弥井書店、二〇一三年）。

（11）天正一四年（一五八六）の秀吉による「条々」「定」によって年貢を納めず他の土地へ逃げることが禁じられ、天正一九年には戸籍が作成されることで全国的に身分の固定、定住が進んだとする（安良城前掲書、一九六九年）。

(12) 前掲『新稿社寺参詣の社会経済史的研究』第七節「封建的規制」および『庶民と旅の歴史』。
(13) 菊池勇夫『幕藩体制と蝦夷地』(雄山閣、一九八四年)、浪川健治『近世北奥社会と民衆』(吉川弘文館、二〇〇五年)、同『近世日本と北方社会』(三省堂、一九九二年)。
(14) 浅川泰宏『巡礼の文化人類学的研究―四国遍路の接待文化』(古今書院、二〇〇八年)。
(15) 横山俊夫「「藩」国家への道―諸国風教触と旅人」(林屋辰三郎編『化政文化の研究』岩波書店、一九七六年)。
(16) 小林准士「松江藩の国益政策と旅人」(『たたら製鉄と石見銀山―近世近代の中国地方』清文堂出版、二〇〇八年)。
(17) 「国政談」(『山形県史』資料編四、一九六〇年)(市立米沢図書館所蔵竹俣文書一―六六)。
(18) 「北行日記」(『日本庶民生活史料集成』第三集、三一書房、一九六九年)、一四八～一五二頁。
(19) 『福島県山都町史資料集　飯豊山信仰』一九九〇年、一〇二～一〇八頁。
(20) 「覚」(『山形県史』資料編一六近世史料一、一九七六年)、八四五頁。
(21) 松木内匠は「元禄三年分限帳」(市立米沢図書館所蔵ＫＧ〇〇三〇〇一)によれば、当時中山役屋将を務めていた五百石の侍組(上士)であった。また配下に扶持方二一名、足軽一五名とあり、四〇名近い藩士が支城に詰めていた。
(22) 「郷村手引五」(『米沢市史』資料編二、一九八三年)、二二八頁。
(23) ただし寛保二年(一七四二)以降、上野国小幡から移封された織田家が天童に移るまでの約六十年間屋代郷の一部を領したほか、再び一部村落が二十年ほど幕府領になった以外は、米沢藩の預地であり、幕末には再び上杉領となっている。
(24) 「東北遊日記」(国立国会図書館所蔵、一六一―一九二)。
(25) 前掲『新稿社寺参詣の社会経済史的研究』第七節「封建的規制」および『庶民と旅の歴史』。
(26) 『米沢市史』第三巻近世編二、一九九三年。
(27) 遠山茂樹『明治維新』(岩波書店、一九五一年)、一九八頁。
(28) 井上清『日本現代史Ⅰ明治維新』(東京大学出版会、一九五一年)、二八四～二八五頁。ただし、ええじゃないかの評価をめぐっては両者には大きな違いがある。
(29) 特記しない限り「御代々式目」(『米沢市史編集資料』六冊、一九八一〜一九八七年)(山形県立米沢女子短期大学所蔵上杉文書マイクロで確認)による。
(30) 米沢藩における寛政の改革(寛三改革)における生活統制の特徴は、明和・安永期以降の厳刑的処分の緩和の一方、領民の生活には質素倹約を図っていることである(横山昭男『近世地域史の諸相』上、中央書院、一九九五年、一三八頁)。他藩でも同様の動きが見られた(難波信雄「仙台藩民風改革とその背景」(渡辺信夫編『近世日本の民衆文化と政治』河出書房、一九九二年)、守屋嘉美「文化期の盛岡藩制と民衆」(前掲『近世日本の民衆文化と政治』))。
(31) 「郷村手引五」(『米沢市史』資料編二)、二二六〜二二七頁。
(32) 米沢藩の寛政改革については伊豆田忠悦「米沢藩における寛政改革」(『史潮』五四、一九五四年)、荻慎一郎「米沢藩寛政改革における農村政策」(『日本文化研究所研究報告』別巻一七、一九八〇年)。
(33) 衣笠安喜氏は、近世中期の仁政思想の代表例として鷹山と莅戸善政を挙げ、農民の自発性を喚起し、それに依拠することなしには仁政は実現しないと考えていた、としている(同『近世日本の儒教と文化』思文閣出版、一九九〇年、一五六頁)。
(34) 「国政談」については、小関悠一郎氏が書中の「地利力行」「国産」という文言に注目しているが(同『〈明君〉の近世―学問・知識と藩政改革―』(吉川弘文館、二〇一二年)、筆者は当綱の思想は、単に地の利を生かした特産品を創出するにとどまらない、それよりも一歩踏み込んだ経済政策であったと考えている。
(35) 「二宮翁夜話」(『日本思想大系五二・二宮尊徳・大原幽學』岩波書店、一九七三年)、二〇七頁。筆者の福住正兄が弘化年間頃に聞いた話が基になっている。そこに二宮尊徳がやり玉にあげた要因があると考えている。
(36) 預地であった屋代郷には、仙台領・福島領・最上領との境に一一番所が設置されている。前掲『米沢市史』及び横山前掲『近世地域史の諸相』では寛文期に預地と米沢藩領の間に番所が設けられたとしているが、いつどのように置かれていったかは尚検討を要する。
(37) 近世後期には本口番所一五ヶ所、藪口番所二三ヶ所へと増加の上、格付けされている。

（38）近世を通じて出羽三山には、天台宗系の羽黒山側（寛永寺末）と真言宗系の湯殿山四ヶ寺側の対立があり、置賜・会津・中通りでは湯殿山のみに参詣する風習があった。
（39）拙稿「米沢藩主上杉家墓所と葬送儀礼」（『月刊文化財』六二六、二〇一五年）、同「米沢藩領における修験と寺社参詣―門跡寺院をめぐって」（『山形県地域史研究』四一、二〇一六年）。
（40）「郷村手引五」（『米沢市史』資料編二）、二六二頁。南東北の往来宿については小林文雄「南奥羽の往来宿について」（平川新編『江戸時代の政治と地域社会』第二巻、清文堂出版、二〇一五年）を参照されたい。
（41）『山形県史』（資料編四、一九六〇年）および米沢市立図書館所蔵竹俣文書（一―六六）。
（42）問屋職と御蔵青苧量役を兼帯しており、城下六町に伝馬役が課せられて五十疋が常備されていた。
（43）池田成章編『鷹山公世紀』（吉川弘文館、一九〇六年）。
（44）前掲「御代々式目」
（45）治憲（鷹山）の治政における藩政改革は、竹俣当綱らが担当した明和・安永期を初期、莅戸善政らの寛政期を後期（寛三改革）とし、その間の志賀祐親らの天明期を停滞期と評価するのが通例である。筆者は志賀の時期にも多くの改革が試みられ、それを土台に寛三改革が存在する側面があるため、改革を三期に分けるべきだと考えている。そこまで積極的に評価できないまでも、改革を正当に評価するために志賀の時期の研究が必要であると考えている。
（46）前掲「御代々式目」
（47）深井甚三『近世女性旅と街道交通』（桂書房、一九九五年）。
（48）市立米沢図書館所蔵の竹俣家文書のなかに春台の著作が多いことは早くから知られていたが、小関氏が竹俣の読書歴などを詳細に明らかにしている（小関前掲書）。
（49）こうした思想の淵源は、斉の宣王との問答において語られた、武力ではなく商業を発展させることで評判を挙げ、人々を国に呼び寄せて富国を果たすとした孟子にあるだろう（「孟子」巻第一 梁恵王章句上）。この件とその直後の「五十歩百歩」の箇所において、各戸ごとに五畝の宅地に桑を植えるなどの提案がなされており、米沢藩の漆桑楮の百万本計画の元になっている。その他、鷹山の書状や竹俣の著作には「孟子」が度々引用されている。

(50)『岩手県史』第五巻近世篇二、一九六三年、一二五八〜一二六〇頁。
(51)仙台藩については、本書第二章坂田「藩境と街道」を参照のこと。仙台藩と米沢藩の相違点が明らかである。
(52)菊池前掲『幕藩体制と蝦夷地』。
(53)浪川前掲『近世北奥社会と民衆』。
(54)『青森県史』資料編近世五、二〇一一年、六一五頁。
(55)菊池前掲『幕藩体制と蝦夷地』。この背景には他領出稼・奉公、欠落＝他国移住の増加があり、年貢などを上納しさえすれば容認する姿勢と領主的土地所有を脅かす欠落への厳しい態度を生じさせた。
(56)『秋田県史』第二巻近世編上、一九六四年、三五五頁。『秋田県史』第三巻近世編下、一九六五年、七三六頁。
(57)『会津若松市史』第四巻、一九六六年、三四〇〜三四一頁。
(58)「中典類聚」(『米沢市史』資料編二近世史料一、一九八三年)。
(59)深谷克己『近世の国家・社会と天皇』(校倉書房、一九九一年)は、伊勢参宮が平常の体制に対して抵抗的な要素を含みつつも、現状に対する肯定が基礎になっていたとする(二〇〇〜二〇八頁)。
(60)新城前掲『新稿社寺参詣の社会経済史的研究』、八四一頁。
(61)浅川前掲『巡礼の文化人類学的研究—四国遍路の接待文化』第1章第1節。
(62)守屋嘉美「文化期の盛岡藩制と民衆」、小林文雄「盛岡藩の風俗統制について—「江戸」風俗の導入と城下町序列の形成—」(『日本文化研究所研究報告』三一、一九九五年)。守屋氏によれば、江戸生まれの南部利敬が領内の風俗を異風と見て江戸に倣い文化的水準の平準化を強制し、藩国家意識の高揚を図ったとする。小林氏は地域社会の視点から検討し、民意を踏まえた政策であったとする。
(63)難波前掲「仙台藩民風改革とその背景」。難波氏によれば、文化統制令は民衆の生産や社会生活上の変化、新しい風俗文化に踏み込む内容となった。

第二章　藩境と街道—境を守る・境を抜ける—

菅原美咲

はじめに

交通手段や通信手段の発展に伴って、世界中がボーダレスな世の中になったといわれる現代においても、国家の境界をめぐって、あるいはもっと身近には近隣との土地の境界をめぐってしばしば衝突がおこる。境界はそれぞれの主張がせめぎ合う場所であるからだろう。

歴史学における境界とはなんであろうか。境界は国家の拡張や防衛の最前線、地域権力同士の紛争争奪の場、交易の場、物資の流通を監視・規制する場、民衆にとって災厄を防ぎ、ケガレを祓除して外界に追却する場であり、境界は「歴史が集約的に表出する」場であった(1)。つまり、境界とは様々な事象が交錯する場であり、そこには対象とする地域や社会の特徴が現れるといえよう。

本稿では近世の旅を近世社会の多様な歴史像へとつなげて行くという目的のもと、境界に注目し、旅人を迎える境界の地域社会と、境界を管轄する幕藩領主のありかたを検討することを課題とする。具体的には仙台藩領の境界に設けられた境目番所の実態を検討してみたい。

近世の関所および番所について、近世の旅研究・交通史研究の分野では旅日記の分析などから旅人が関所や番所を如何に通行したか、或いは東海道など五街道の中でも主要な街道の関所の実態について、明らかにされている。[2] しかし大名知行地の藩境に置かれた境目番所全般について、藩境に現れる領主の意図と通行者の関係を考察したものは少ない。[3] 本稿で対象とする仙台藩は複数の他藩・他知行所と境界を接し、多くの境目番所を設けているため、藩境政策および境界と地域社会を検討するには良い事例となる。

仙台藩の藩境に関する研究は、仙台藩の藩境警備のあり方に注目し、藩境の警備にあたって大身家臣とともに、戦時には在村鉄砲が大名の軍事力の一部として藩境に動員されることを明らかにしたものや、[4] 藩境で移出を制限される仙台藩の「留物」について、そこに現れる領主的需要の確保という藩の意図を検討したもの[5]等がある。戦時の藩境警備や、藩境での「物」の動きに重きを置いた研究がある一方、境目番所自体に注目して、通常時の番所運営の実態や番所警備にみられる藩の意図、あるいは藩境を抜ける「人」の動きに注目して番所と藩の通行人対策を検討したものは少ない。

そこで、本稿では仙台藩の境目番所について、番所役人や番所の兵具、番所の通行人対策などを、そこに現れる藩の意図に注目しながら検討していきたい。

一　境目番所の配置と警備

まず、仙台藩内に設置された境目番所の数と配置の特徴について確認したい。【図1】は各境目番所の所在を図示したものである。地方知行制をとる仙台藩では、要害や所を拝領する大身家臣が藩境を含む範囲を知行地として配置されていた。[6] 要害や所拝領の家臣がいない境目番所の場合は、有事の際、藩が加勢として軍勢を派遣する体制となっていた。【表1】は仙台藩の境目番所を、藩の公的記録である『境目記』および、領内の

【図1】 仙台藩の主な街道と境目番所

境目番所
1駒ケ嶺
2菅谷
3大内
4峠
5水沢
6大坊木
7越河
8上戸沢
9湯原
10笹谷
11野尻
(11) 二口
12作並
13門沢
14軽井沢
15寒風沢
16田代
17尿前
18鬼首
(19) 花山
20颪江
21相去
22寺坂
23水押
24上口内
25野手崎
26人首
27下有住
28上有住
29唐丹
(30) 升沢

唐船番所
1磯浜
2大浜
3鮎川
4泊浜
5八ケ森

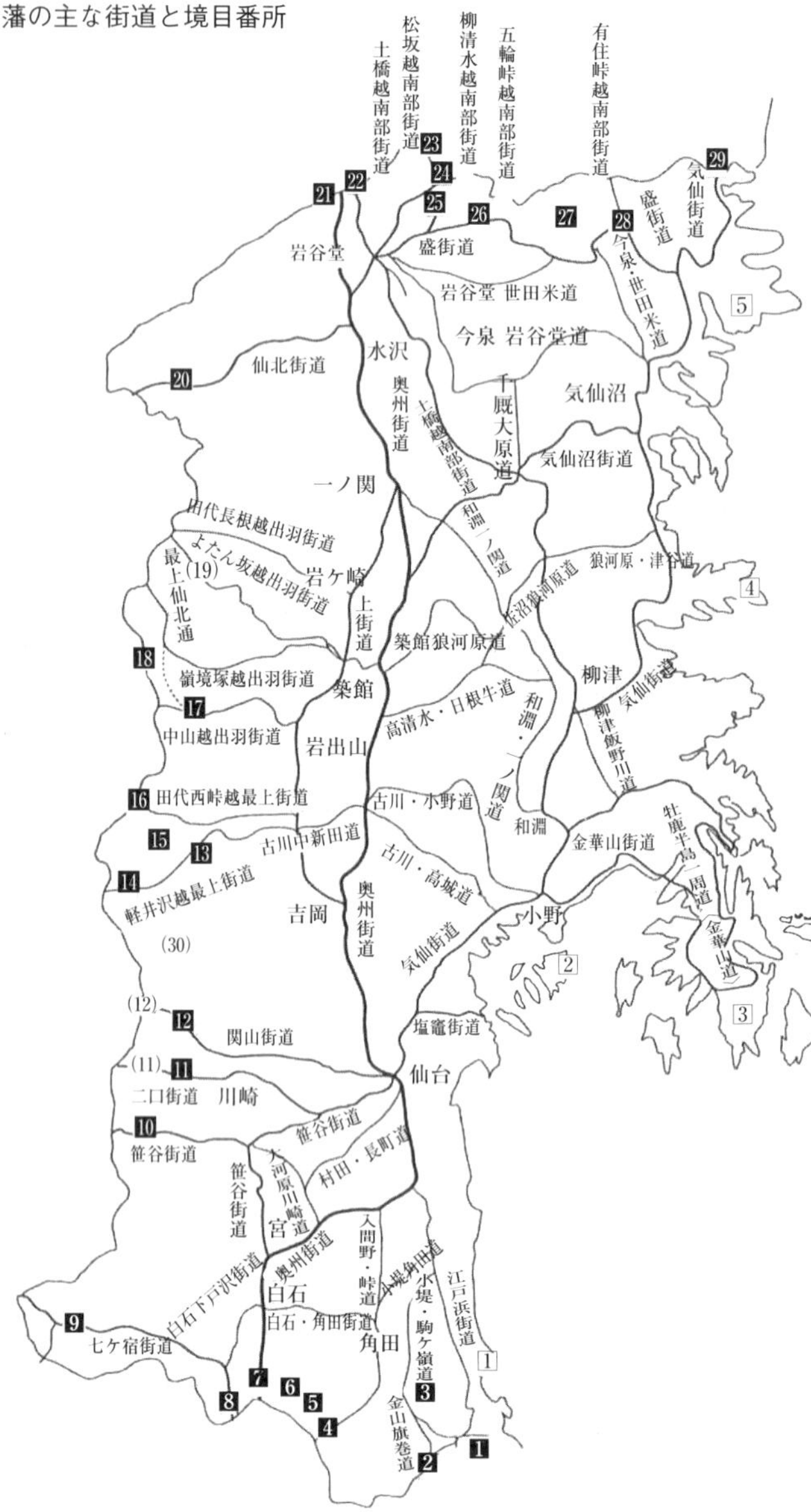

(『仙台藩歴史事典改訂版』より転載)

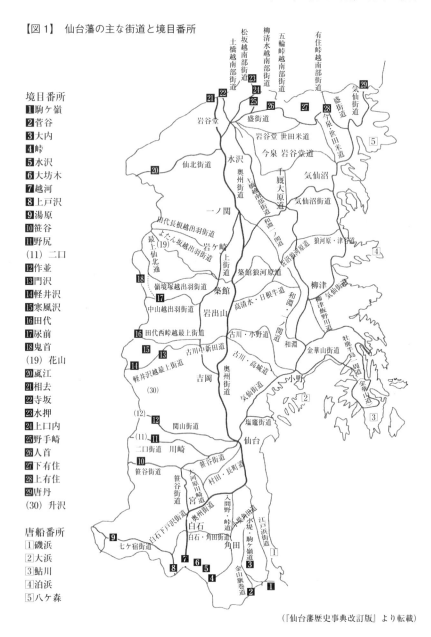

境目番所について公用での巡行をもとにまとめられた『仙台領遠見記』等からまとめたものである。

公式な記録にみられる仙台藩領内の境目番所は二七ヶ所前後ある。その中でも奥州街道や七ヶ宿街道など参

【表1】　仙台藩の境目番所の一覧

郡	番所名	仙台藩内の境目番所に関する書き上げがある史料				「仙台領遠見記」に見られる境目番所に詰める役人等に関する記述
		①領内境目記下（享保12～13年・1727～1728）	②仙台領遠見記（宝暦11年・1761）	③仙台御領内御境（近世後期）	④奥陽名数（近世後期）	
宇多郡	駒ヶ嶺	○	○・☆	●・☆	○・☆	御境横目百石以上の者
	菅谷	○	○	○	○	—
伊具郡	丸森峠	○	○	○	○	大番組菅野七右衛門・斎藤六郎左衛門が代々御境横目。百姓なく家中20軒と佐々久馬の家中5・6人が宿役を務める。
	水沢	○	○	○	○	御城米方問屋宍戸伝十郎が水沢番所に詰め、「身分取合」で申し渡している。
	大坊木	○	○	○	○	御境横目戸沢彦左衛門定詰。
	大内	○	○	○	○	御預足軽約40軒がある。「畑巻」（旗巻）にも番所があり密物取締、御穀改所という。
刈田郡	越河	○	○・☆	●・☆	○・☆	百石以上の者。
	上戸澤	○	○・☆	●・☆	○・☆	百石以上の者。
	湯原	○	○・☆	●・☆	○・☆	百石以上の者。
	湯原					—
柴田郡	笹谷	○	○・☆	●・☆	○・☆	百石以上の者。
名取郡	二口	○	○	●	○	境目守左内・十右衛門は百姓身分で切米支給。野尻は百姓なく足軽22人。
	二口					
宮城郡国分	作並坂下	○	○	○	○	御境横目大内喜兵衛定詰、宝暦8年まで御境目守岩松長三郎に苗字帯刀を許可していたが、今は別の2人が1人に付三両四人扶持で足軽並の者を差し置いている。
黒川郡	枡沢	△（番所潰れ）		○	○（枡沢）	黒川郡吉田村のうち升沢に往古は番所があったが、今は畑になったため、首筒二挺、小搦一挺、手錠一つを升沢の百姓三五郎へ預け置く

加美郡	小栗山			○	○	
	門沢			○		軽井沢は百姓もいるが足軽20人が住居。駅役勤務。田畑なく切米取りで境を守る。
	軽井沢	○	○	○	○	
	立板			○	○	
	寒風沢	○	○	○	○	民家なく足軽が転々と13軒居住している。
	田代	○	○	○	○	民家なく足軽6人が居住している。
玉造郡	尿前	○	○	●	○	中山には政宗代に住居した者が20人住居する。
栗原郡	鬼首	○	○	○	○	御境横目野村喜大夫定詰。
上伊沢郡	下嵐江	○	○	○	○	
	相去	○	○	●・☆	○足軽頭之守	詰所以上の役で相去奉行・相去頭ともいう。民家不足のため足軽100人指し置く
江刺郡	上口内	○	○	○	○	御預足軽20人。上口内より下門岡北上川際まで御境締り廻り番を勤める。
	水押	○	○	○	○	—
	人首	○	○	○	○	御預足軽20人、野手崎境まで境締り廻り番などを勤める。伊手村は郡奉行支配で御預足軽20人人首村まで御境締廻り番を勤めている。
	下門岡村寺坂	○	○	○	○	—
	野手崎	○	○	○	○	御預足軽20人、上口内まで御境締り廻番などを勤める。
気仙郡	上有住	○		○		—
	世田米(下有住)				○	今野仲右衛門は百姓だが苗字刀御免で古人として置かれている。
	唐丹	○	○		○	—
	下在住	○下有住	○		○	—

※①・②は仙台市博物館所蔵、③は「藩臣須知」、④は奥陽名数（いずれも『宮城県史32』所収）、⑤は木鉢番所千葉家文書
※表中の●は大関所、☆は100石以上の役人が詰める番所を示す。
※『境目記下』については、「所々御境目其外他領江之道筋」のうち番所が記載されているもののみ挙げた。

勤交代に用いる街道に置かれた越河・相去・上戸沢・湯原の各境目番所、沿岸部の主要な脇街道である浜街道に設置された駒ヶ嶺番所、仙台城下近郊の街道で、最上領に抜ける笹谷街道に設置された笹谷番所は、石高

一〇〇石以上の藩士が詰めるなど、番所の重要度によって配置される境目番所の役人にも違いがあった。また、この二七ヶ所の境目番所は大きく三つのグループに区分され、各境目番所役人は他の境目番所役人を把握しておく必要があった。

【史料1】(7)

御分領中御境目江合判遣候趣左之通

廻状

私義此度刈田上戸沢御境横目仮役被仰付罷下申候間、合判拾四枚差遣申候条御受取段々御首尾被相廻可被下候、以上

月日　何ノ誰

一、刈田越河御詰合様百石以上　一、同湯原―様百石以上　一、柴多―様　一、伊具大坊木―様　一、同水沢―様　一、伊具峠―様　一、同大内―様　一、宇田菅谷―様　一、宇田駒ケ峯―様百石以上　一、名取二口―様　一、国分作並―様　一、加美郡門沢軽井沢―様　一、同寒風沢―様　一、加美郡田代―様

右拾四口壱通ニ而相廻候事

一、玉造尿前　一、壱ノ迫鬼首　一、上伊澤下嵐江　一、江刺水押　一、江刺上口内　一、江刺人首　一、江刺寺坂　一、野手崎　一、気仙下有住　一、同上有住　一、同唐丹　右拾壱口壱通ニ而相廻候事

一、相去御境目　右ハ詰所以上ニ付別紙ニ而申遣候事

合判左之通

刈田上戸沢御境横目当座代り　何之誰

合判印判　年号月日

これは七ヶ宿街道上戸沢境目番所の境横目の交代に伴う境横目の合判の変更を、領内所々の境目番所へ触れる際の雛形を記したものである。藩内の各境目番所を大きく三つにわけて廻状が出されており、仙台領加美郡以南一四ヶ所で一通、玉造郡以北一一ヶ所で一通、相去番所は「詰所以上」の藩士が詰めているため、単独で一通が出されている(8)。ここから境目番所に詰める役人は、業務上、他の境目番所の所在を把握し、各境目番所役人が発行する合判を控えておく必要があったことがわかる。仙台藩では旅行者が他領から仙台藩内へ入る際、入口の境目番所で通行者を改め、「境目通判」を発行して領内通行時に携行させ、出口の境目番所でそれを返却させた。史料中の「合判」が具体的にどのように用いられたかは明らかではないが、恐らくそうした通行証等に押した判であり、番所役人の交代に伴って発行し直されたことがわかる。

さて、こうした藩の公的な記録には境目番所として記載されていないが、実際には番所警備や通行業務を行う番所も存在した。例えば秋田領小安に至る羽後岐街道(田代長根越出羽街道)の栗原郡三迫沼倉村には木鉢番所が置かれており、境目守が番所業務を行っていたことが次の史料よりうかがえる(9)。

【史料2(10)】

沼倉村文字村より通路仕候故、右両村ニ御境守も被立置候方ニ奉存候由、花山村肝入申出候、右道筋ハ三迫ニ町場御座候ニ付沼倉村ハ商荷物等先年より只今迄不断通路仕候、文字村よりハ弐迫ニ町場無御座候故荷物等ハ不及申ニ仙北江之通路不断無御座候得共、欠落者隠荷物等罷通候哉詮議可仕由被仰渡御境目守両人追々被仰渡候(後略)

享保十四年五月朔日

史料によると、沼倉村と隣村の文字村には境目守が置かれていること、境目守は欠落人や抜荷の取締りにあたったことがうかがえる。また千葉家文書によると木鉢番所・文字村の番所は鬼首番所の境横目支配下にあり、境目番所への藩からの通達は鬼首番所の境横目を通じて行われていた。

以上、仙台藩の境目番所の設置場所の特徴をまとめると、藩境へ抜ける各街道筋にそれぞれ設置され、近辺を拝領する大身知行主と旗本家臣などの藩士、および在地の者が番所運営の担い手だったことが想定できる。次章では、各番所毎に、実際に各番所に詰めた番所構成員や藩境警備を担った者について詳しく検討していきたい。

二　境目取締り・境目番所の構成員

境目番所役人は、番所の規模や場所によってその構成にどのような違いがあるのだろうか。いくつかの境目番所について具体的にみていきたい。

1　上戸沢番所の場合

上戸沢番所境横目を勤めた足軽の記録によると、上戸沢番所では、仙台城下から交代で現地に派遣された足軽が境横目を勤めた[11]。一方で、上戸沢宿は小原村に属しており、同村は白石城および刈田郡一体を拝領する片倉氏の知行地だった。同村の概要を記した『安永風土記』には「一、拾四軒　御境〆不断組」とあり、片倉家の家中が上戸沢番所の境目取締りにあたったと見られる。この不断組の一人である古山五郎助は、御境〆組頭とともに山林横目を勤め、家業では旅籠屋も経営し、さらに宿駅の伝馬役負担者であるという[12]、藩境の街道に必要な業務を重層的に兼務する存在であった。

つまり上戸沢番所は、仙台から交代で派遣される直臣の足軽境横目のもとで、片倉家家中であり同時に宿駅業務を担う宿在住の者が境目取締りを行う体制だったといえる。

2　相去番所の場合

次に、奥州街道北端に置かれた相去番所について確認したい。寛文四年(一六六四)に相去村の相去足軽一〇二人に一括して知行五四貫四二五文を与える知行宛行状が発給され[13]、相去足軽が番所や境目警備を担った[14]。相去足軽を支配した足軽頭は、詰所以上の大番士格の藩士が藩から派遣されており、相去と仙台を往復していた。相去の足軽頭は他の境目番所と異なり、郡奉行支配下ではなく出入司の直接支配となっていた[15]。

嘉永二年(一八四九)正月に相去足軽頭に任命された多ヶ谷才之進が記した御用留[16]によると、四月八日から七月一〇日まで約四ヶ月間現地で勤務し、その後交代して仙台に上っている。多ヶ谷才之進の在郷屋敷は志田郡に所在しており、在仙中は暇願を出して在所に戻ることもあったことから、相去頭は相去に地縁のある家臣ではなく、あくまで職務として相去に勤務していたことがわかる。

さらに、相去村端郷の六原では貞享年間に、在地の百姓次男・三男で希望する者に知行を与える政策が採られ、三五人が足軽に取り立てられた。六原足軽は藩境の警備を行うとともに、祭礼警固など地域の治安維持業務も行った[17]。しかし宝永年間には困窮し、一八人が足軽身分の取止めを願い出たため、一七人になった。

また、相去番所付近には、足軽とは別に「境古人」と呼ばれる百姓身分の者も置かれていた。境目古人の設置は古く、近世初期から在地に居住する百姓で、肝入役兼帯などの有力百姓が任命され、代々世襲で担っていた[18]。次の史料は元禄三年(一六九〇)に境目古人の職務について規定したものである。

【史料3】[19]

江刺郡御境目古人共申渡候口上書之覚

一、其身共南部御境目古人ニ被仰付候ニ付、当年より毎年御合力金被下置候条、弥以御境目之儀諸事心を相付、無油断相勤面々役所之御境目江壱ケ月之内ニ三度宛も毎月罷出、御境目見廻相違儀無之様見覚、少も疑敷所有之候ハヽ、其所之年寄申者抔ニ承合御境目之様子委細ニ覚可罷有事。
一、万一徒者有之御境塚等を相損或御境目近所ニ新堀等を築、或新田畑切起、惣而御境目紛ニも可罷成儀、其外何ニ而も御境目ニ少も相替訳有之候ハヾ、早速我等共役所并大肝煎方へ可申出事。
一、御領内之山林等之儀他領之者相入候歟又ハ他領山林江御領内之者相入儀有之候ハヽ、早速披露可仕事。
一、古人役目ハ子孫ニ相伝儀ニ候条、其身共嫡子ハ不及申、次男三男等迄御境目之様子、能々相教覚書付仕指置末々御差支無之様首尾可申事。
一、於他領ニ何江相替儀有之候を見分仕候ハヽ、為心得之早速可申聞事。附、御境辺相廻候御村横目御足軽御留物之儀ニ付猥儀仕候を、見分申候ハヽ、是又無遠慮可申聞事。右覚書之通面々写置、無油断相勤可被申候。若御境目ニ相替儀有之を披露延引仕候ハヽ、其身共至而御尤〆可成置候条必油断仕間敷候。以上

極月六日　　　牧野孫六郎
　　　　　　　佐々木市之允

御境目古人中拾九人

右之通御書立を以被仰渡候通具ニ承届申候条急度相守可申候。以上

同日　人首村学間沢屋敷　先古人　左伝次

（中略）

右之御書立を以御代官衆より直々古人共ニ被仰渡候由ニ而、人首村左伝次平作右御書立之写持参申候を、以来之ためト写置申候。

一、乞食在々所々ニ而相煩野山等ニ臥居候ハヽ、出所承届若他国之者ニ而路銭等所持不申者候ハヽ、其所より代五百文三百文つゝも被下之、本国御境目迄段々急度送届可申候、村々ニ而死居候儀不宜候御領内之者候ハヽ、取縁之者有之候哉否承届所縁之者於有之ハ其所之肝煎大肝煎方より早速其所之御代官歟大肝煎方成共品々申遣、右所縁之者呼寄乞食相渡し憐候様首尾可仕候。若所縁之者も無之候上、路銭等所持不申者候ハヽ、少分ニ而も路銭被下之、本所へ段々送遣候。肝煎等ニ相渡候而証文取憐候様可為仕候。且又前々より他国之乞食不被指置筈被仰渡候得共、自今猶以相改他国之乞食之候ハヽ、段々宿送ニ而送遣候様、首尾可仕由出入司衆被仰渡候間、如前書之御首尾可有之候。以上

十二月四日　　　　　　　　　河東田長兵衛

牧野孫六郎殿

佐々木市之允殿

史料によると、境目古人は合力金を支給され、境塚の監視や境目の山林の監視、南部領の情報収集等を担う役割を持っていたことがうかがえる。

以上のように、相去番所の場合、藩から派遣される相去足軽頭のもと、在地の足軽が警備を行い、合わせて在地の実情に古くから通じた境目古人の百姓らが境目付近の監視を行うという、重層的な体制となっていたことがうかがえる。

3　野手崎番所の場合

野手崎番所には元和八年(一六二二)、南部領との境警固のため岩谷堂に御預足軽が一三七人配備された。

【史料4[20]】

拙者共往古より江刺郡岩谷堂南部御境之地ニ御座候ニ付、百三十七人御預御足軽被居置御事と奉存候処、延享年中百三拾七人之内六拾七人まで減次第跡七拾人居高被仰渡承知仕候処、当時拙者共勤方之儀、品々左ニ申上候通御座候条、不人数ニ而ハ相勤兼申候間、只今迄之通百三拾七人之居高ニ而指置候様被成下度乍恐奉願候

一、（略）

一、江刺郡並岩井郡東山脱石〆り弐ヶ所相勤申候事

一、江刺郡中神社五十ヶ所余江祭礼警固相勤申候御事

一、江刺郡並上伊沢郡村々江被相廻脱石〆り相勤申候御事（中略）

宝暦九年十月二八日　江刺郡岩谷堂御預足軽（後略）

史料は、岩谷堂足軽が現状の「居高」維持を願出たもので、御預足軽が次第に減少し、延享年中には六七人となったこと、彼らの職務は江刺郡と岩井郡の境目の脱石取締りや江刺郡中の寺社五〇ヶ所の祭礼警固であったことなどを記している。一方で、宝永五年（一七〇八）には、野手崎と寺坂番所の境横目について岩谷堂の給主が勤める体制から藩の大番士が勤める体制に変更された[21]。境目番所支配頭である境横目の担い手が大番士であることについては上戸沢番所や相去番所とも一致している。これは次第に地方知行主の影響力が少なくなり、藩が統一的に番所を管轄する体制へと組み込まれたことが推量できる。

4　寒風沢番所・田代番所の場合

寒風沢番所の場合、天和年間に「御足軽共先祖拾弐人之者共従前数ヶ度御境目〆リ相守候勤功を以御足軽人数拾三人被召出候事[22]」として、境目の密荷取締りで手柄を挙げた百姓を足軽に取り立てる藩の政策によって寒

風沢足軽が設置された。また同郡田代番所でも、天和三年（一六八三）に寒風沢足軽の次男らが、新規に切米一五切で足軽に取り立てられた[23]。

在地の百姓を足軽に取り立てて扶持米を支給し、境目警備を担わせる例は先の相去番所の事例でも確認できる。同様に、鬼首番所の場合も寛文九年（一六六九）、百姓を足軽一一人に召し出して、境目警固や地域の祭礼警固等の治安維持業務を担わせた。その支配頭として番所定詰の境横目野村六之進を置いている[24]。野村氏は代々鬼首番所の境横目を勤めており、先にみた他境目番所の境横目と素性が異なっている。

前掲【表1】は「仙台領遠見記」から境目番所役人や番所警備に関わる人物の記述を抜き出したものだが、境目番所所在地に足軽や御預足軽を置いている場所が複数確認できる。境横目のもとで、在地の足軽などが番所警備や抜荷の取締り、あるいは祭礼警固などの取締り活動を行う体制が仙台藩の番所警備の一般的な体制として推定できる。

在地百姓を足軽に取り立てることは、地理や地域の情報に精通しているという理由だけでなく、一面では百姓の救済策でもあったとみられる。仙台藩の境目番所の多くは田畑の耕作が難しい山間地に位置する。そのため百姓として藩境に定住することが難しく、足軽に取り立て扶持米等を支給することで一定程度の収入を保証したと考えられる[25]。

5　百姓が境目番所に詰める場合

先述した木鉢番所の場合、代々百姓の孫左衛門が「境目留物番」を勤めており、役割としては境目守と同様の業務を行い、さらには御山守も兼ねていた[26]。

また「仙台領遠見記」によると、二口番所の場合も「御境目守両人　左内十右衛門身分百姓にて御切米被下置者也」と、百姓身分で境目守を勤めている。

或いは、升沢番所の場合、「仙台領遠見記」が記載された宝暦年間にはすでに番所自体が廃止されていたため、在地の百姓に番所の兵具である首筒二挺、小搦一挺、手錠一つを預け置く体制だった。

以上の事例から、通行量の多い番所や藩が重点を置く番所と、それ以外では境目番所の体制に違いがあることがわかる。藩が派遣する境横目の管轄下で在地の足軽や地方知行主の家中が配置される場合、相去番所の境目古人のように在地百姓がそれを補完する場合、百姓身分のまま扶持米を支給されて境目守として番所勤務を行う場合があった。足軽・陪臣・百姓と、身分は多様だが、在地に居住する者が境目の警備や抜荷の監視等の実務を担う点は共通する。さらに地域の治安維持業務や宿駅業務、山林業務など複数の業務を兼務して、仙台藩の藩境運営を支えていたことが明らかになった。

三　境目番所と兵具

では、番所警備にあたって仙台藩の境目番所が備えていた武器・武具はどのようなものだったのだろうか。どのような管理が行われ、それは藩境を通る人々にとってどんな意味を持ったのだろうか。ここでは、番所の兵具について見ていきたい。

1　兵具改め

【史料5[27]】

一、上戸沢御境目へ被渡置候兵具古損の故取替被相渡候様ニ橋七右衛門殿二月廿三日相達ス（中略）

刈田上戸沢御番所江被相渡置候御兵具御道具左之通

一、手沓弐ツ　捻捉鈎共ニ　一、首鉄（首金）弐ツ　責共ニ　一、同筒竹弐本　跡先鉄ニ而張　一、中細引弐本　一、御番鎗弐挺　樫柄　但五寸ほ・長壱丈・太刀打黒塗・柄口塗留・水返銅・石突鉄・鞘蠟燭形・栗色但木塗　一、小搦壱挺樫柄　一、突棒壱挺樫柄　一、指又壱挺同柄

右八口　御兵具御道具諸方江被相渡置候処、当年御改年ニ付右御兵具御道具員数書出可仕由橋元七郎右衛門殿より申来候付、刈田郡上戸沢御境目御番所江被相渡候御兵具御道具員数右之通ニ御座候、以上

菊田弥平太

延享三年四月廿七日

太田権九郎殿（後略）

史料は上戸沢番所の兵具改めについて記したものである。史料によると、当番所には、手沓・首金・中細引（縄）といった拘束道具、三つ道具と呼ばれる突棒・さす股・袖がらみの三種類の捕具の長柄類、「御番鎗」という鎗が備えられていた。兵具類は仙台藩から支給されており、「改年」には常備している番所の兵具を書上げて藩に提出させ、定期的に兵具の備品管理を行っていたことがうかがえる。同じく延享三年（一七四六）には相去番所でも兵具改めを行っていることから[28]、兵具改めは、藩領全境目番所を対象に一斉に行われたとみられる。

【史料6】[29]

諸方定渡御兵具物相附御本帳五ケ年置増減相改仕立替相成此度出来に付、御分領中御境目并在々御足軽等江被相渡置候帳冊江、前々之通其向役之者早速来月晦日迄之内御兵具方役所江段々罷出印形致候様急速首尾可被成候、調両通差添此段申遣候、

（文政四年）八月五日

兵具改めは、境目役人や足軽が仙台城下兵具方役所に出向き、兵具を書上げた元帳に印形を押すことになっていた。これは五年毎に行われ、境目番所に加え、藩が在郷足軽に支給している兵具の増減等も調査していることがわかる。

2　拘束道具

次に兵具の種類、用途について注目していきたい。まず、前掲の上戸沢番所の兵具のうち、拘束道具である手杳、首かねは番所においてどのような用途が意図されていたのだろうか。

【史料7[30]】

壱迫花山村山内寒湯御境目江諸道具被相渡被下置度奉願御事

一、からみ　弐本　　一、首かね　筒せみ共ニ　壱ツ　　一、手くつ　壱ツ

右之通被相渡被下置候様ニ奉願候、先年手くつ壱ツ被相渡候、拙者手前ニ請取置御用立申候、欠落者参当候節壱両人も捕申、又以参重り候得者、道具不足ニ御座候得而致迷惑候間被相渡被下置候様ニ奉願候、右之趣宜様ニ被仰上被下度奉存候、以上

一ノ迫花山村山内寒湯御境目守　八兵衛

元禄八年九月拾四日

野村六之進様

【史料8[31]】

覚

一、所之御境目ニて欠落者於召捕候は、報礼金壱人ニ弐切宛主人方より可相出、十歳より内ハ可相除之並欠落之者之持尻等兼而如御定可被下候也。取逃之諸色ハ、其主人方江相返之、質物之男女報礼金者先以主人方より相出、首尾仕以後人主口入手前より質物本金エ報礼金相加置主所エ返済可仕候。御境目之外脇々ともに品ニより従上意御褒美金弐切宛可被下之候。乍然兼而致覚悟指置候者、有之候ハヽ、穿鑿之上之又品ニより其者手前より可為相出事。

一、欠落者捕置候逗留中はたこ代壱人壱留ニ代物百文宛主人可相出。質物之男女ニ候ハヽ、人主口入方より置主方エ重而返済可仕、付欠落者壱人エ番之者弐人宛相付、手間代壱人一日一夜ニ代物六拾文宛右同前ニ可相斗之主人も無之者、欠落仕候ハヽ、従上意被下置候弐切之御褒美金斗ニ而入料ハ被下間敷候。欠落者大勢ニ候得ハ其所之者番仕事困窮ニ成候条、縦ハ三人ニ候ハヽ、弐人ハ手くつ首かねを相懸番不仕壱人ハ縄相懸番之者弐人相付、手間代は可准前書ニ、薪油等ハ宿仕候者、可相出之。但欠落もの大勢ニ而宿油薪等相出候儀、不罷出候ハヽ、番仕候者ニ手間代一人一夜ニ百文宛、為取薪油等番之もの相出へし。左候ハ、はたこ代六拾文宿可取候也。尤質物ニ候ハヽ、右手間代旅籠代本金ニ差添、重而人主口入方より置主所エ可返済也。因茲御境目壱ヶ所エ手くつ弐つ首かね弐つ受取置、自今以後首尾可被申候。

一、欠落者召捕注進之手間代壱人壱日ニ百文宛主人方より為相出可為右同前事。

右三ヶ条之通被相定之訖所々御境横目衆中エ此旨可被申渡者也（後略）

天和二年十月十一日

【史料7】は、元禄八年（一六九五）に、寒湯番所の御境目守が複数の欠落人の捕縛・拘束を想定して、捕縛道具である袖がらみと、拘束道具である手沓・首かねを複数備え置いてほしいことを要求している。また【史料8】は、天和二年（一六八二）に仙台藩が各境目番所に通達したもので、複数の欠落人を召捕らえ、勾留する場合に必要な道具として、境目一ヶ所に付、手沓二つ、首かね二つを渡し置くとしている。境目の捕縛道具の設置目的としては、藩外から流入する人ではなく、仙台藩から藩外へ流出する欠落人の捕縛にあったことがうかがえる。

3　威嚇用の兵具

では次に、鎗には、どのような意図があったのだろうか。相去番所の兵具改めに関する記述から見てみたい。

【史料9[32]】

一、上伊沢相去御境目江被相備置候御兵具物古損不御用立候分御引替被成下度達左ニ書上仕候
一、稽古弓壱挺　一、修覆御鉄砲弐拾六挺　一、御鞢弐指
御番所御飾之内古損見苦敷罷成候ニ付、御引替被成下度達左ニ書上仕候、
一、靭甫但緒共　一、御鑓拾本　〆五口
右之通古損不御用立候間、御引替被成下候様仕度如此申上候、
五月十日　　相去御足軽組頭　渡部正大夫
　　　　　　同　三宅又右衛門
一、上伊沢相去御番所江御飾ニ被相廻置候靭十甫古損見苦敷御座候間、御引替被相渡致度相達置候処、黒塗無地ニ御座候処、此度九曜御紋付ヲ以被相渡候様、此度支配御足軽組頭共別紙之通相達候間、御吟味被成下度奉願候、相去之儀ハ場所柄ニ付御飾之儀御座候間、御鉄砲江相付候筒乱(胴乱カ)等朱九曜御紋付ニ御座候得ハ、御靭迚も御同様御紋付ヲ以被相渡候ても可然御儀御座候、別紙相達候通御吟味被下度此段相達候、以上
七月廿九日　　多ヶ谷才之進

相去境目では、稽古弓と mo、靱、修復した鉄砲、鎗などを備えていた。これらは先にみた上戸沢番所の兵具と数や内容が異なっている。「稽古弓」は相去足軽が稽古のために用いた弓とみられ、弓を射るときに用いる mo もあわせて交換を願い出ている。相去足軽の中には三徳当流三道具や真極流柔術の伝授を受けた者もいることから、相去足軽が日常的に武芸の稽古を嗜んでいたことが推測される。次に修復鉄砲が二六挺も備えられている点に注目したい。これらは「古損」のため交換を願い出たものだけに限られるため、実際にはこれ以上の数を装備していたことが推察される。相去番所は奥州街道沿いの仙台藩最北の重要な境目であり、先述のように足軽が一〇二人置かれていたことから、これらの鉄砲は彼ら相去足軽に支給されていたものとみられる。

次に兵具のうち、靱と鎗についてみていきたい。二つは「御番所御飾之内古損見苦敷罷成候」ものとして交換を願い出されている。史料の七月二九日条でも相去は「場所柄ニ付御飾之儀御座候間」と述べている。この「御飾」とは何だろうか。【図2】の越河境目番所の様子を描いた絵図、【図3】の相去番所の役所図面を確認したい。【図2】の越河番所の屋敷前には、「ヤリタテ」(槍立)、「オカサリ」(御飾)、「ヤセン筒」(野戦ヵ筒)と記された木組みが描かれている。「御飾」は図中の「オカサリ」(御飾)に対応するとみられる。いずれも番所を抜ける通行人が通る位置に置かれていることを踏まえると槍や靭は通行人を威嚇するための兵具であり、見せることに主眼が置かれた兵具だということが推定できる。【図3】に記された「張番所」の外には、三道具と鎗が左右五挺、さらには番所の中に、弓一〇張、鉄砲一〇挺を飾っている。これらが相去番所の「御飾」にあたる兵具であろう。

見せるための道具であるため、【史料9】にあるように鉄砲につけている胴乱には伊達家の家紋である九曜文をつけており、靭にも同様に九曜文をつけるかどうかが問題となったのだろう。

こうした御飾の備品管理について、相去番所では「表御番所飾置候御兵具掃除毎月十五日晦日両度ニ申候事」、

「会所飾置候鉄砲ハ一ヶ年壱度宛油ぬくい申候事」[34]とあり、外に飾る兵具については月に二度、会所内に飾る鉄砲は一年に一度調整を行っている。しかしこれらの兵具は露天にさらされたりしているために損傷や劣化が進み「古損」となるため、定期的な交換や修復が必要となったのだろう。

【図2】　越河番所絵図

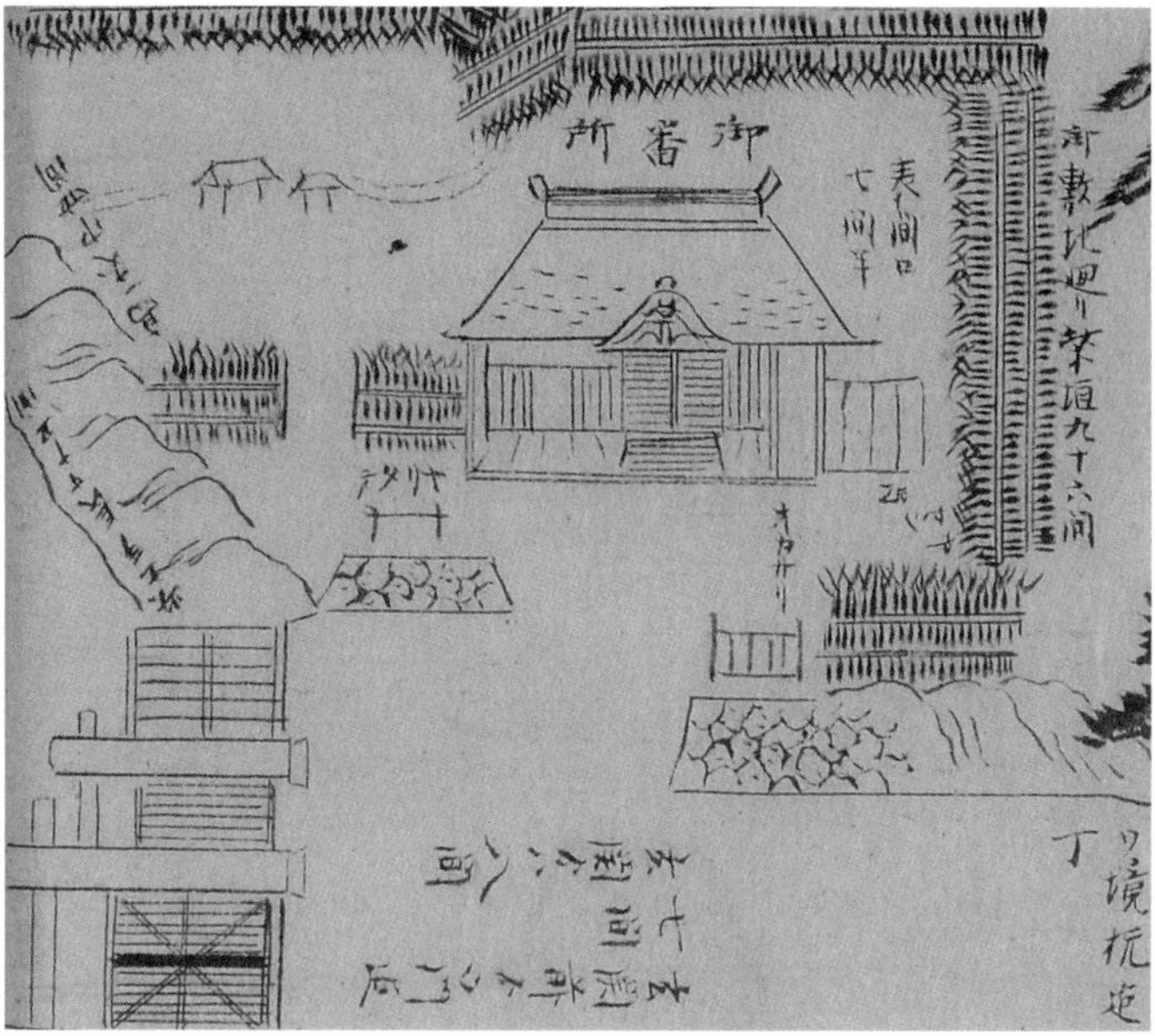

『仙台領遠見記』（仙台市博物館蔵）

通行量の多い奥州街道沿いの相去番所や越河番所では、旅人に見せるための兵具が重視されていたとみられる。藩内の他の境目番所でもこうした御飾が存在したのかは明らかではないが、通行者に番所の武力を誇示する兵具として、他の番所でも設置が求められていたことが次の史料からもうかがえる。

【史料10】

乍恐奉願候御事[35]
一、御境目為御用御鉄砲弐丁御渡被下度奉願候、
先年より御渡御置候御兵具とてもぜんたい不足
ニ相渡被置候御事ニ御座候間、此度御鉄砲弐丁
御渡被下かさり置申度と奉存候、左候ハヽ、常々
ハおかりニも相成又ハまさか之御用ニも相立可
申哉と奉存候間、よろしく被仰上如願仰渡被下
候様被成下奉存候、以上

【図 3】　相去番所絵図（部分）

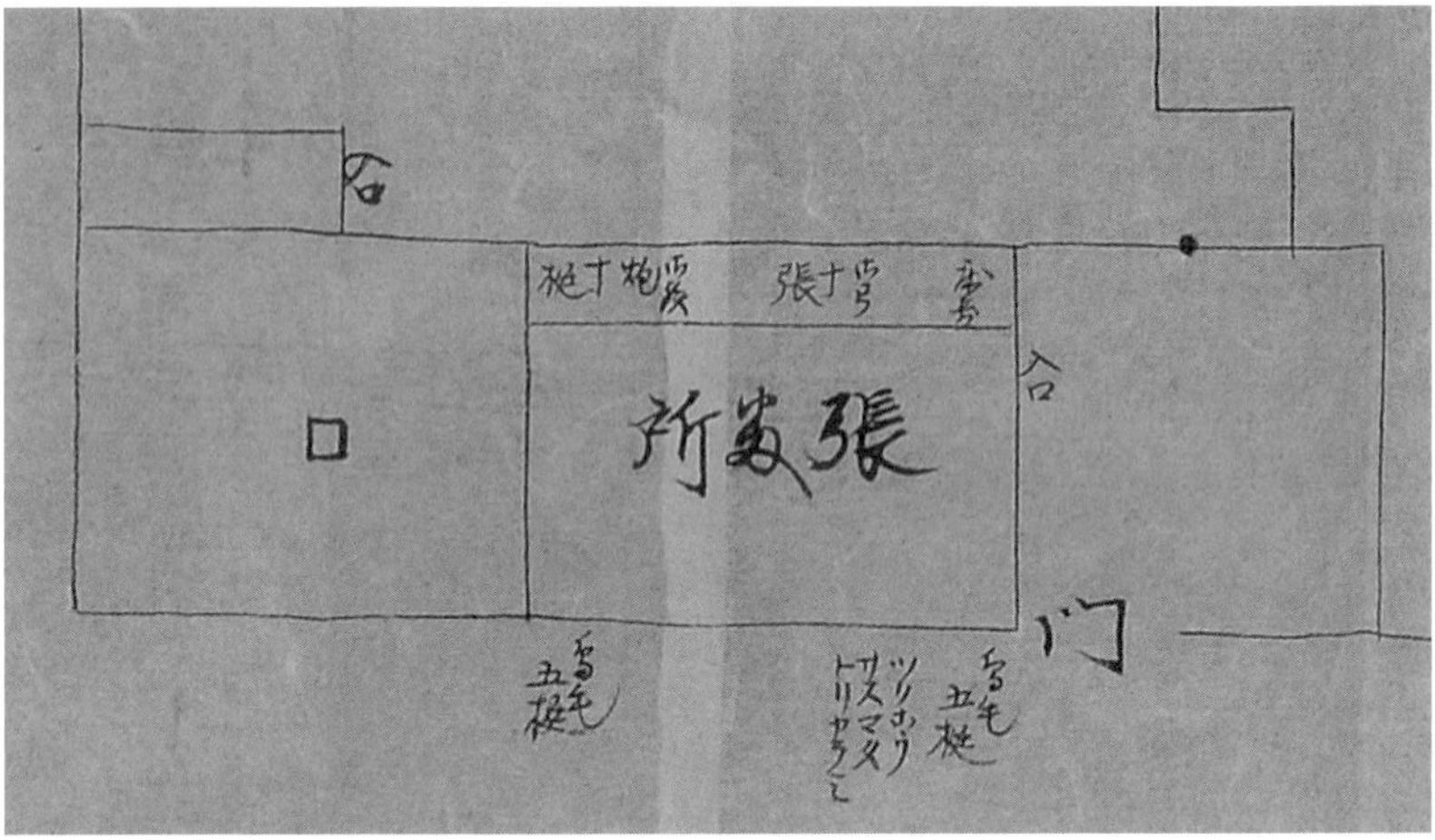

（仙台市博物館蔵）

享和二年八月　　孫左衛門

右孫左衛門願申上候通り先年より相渡置候兵具とても不宜御座候間、如願御鉄砲弐丁も御渡かさり為置候ハヽ、御他領へ之御宜□□尤も往来之者恐悦にても相成可申と奉存候、先年ハ御役人様迄も相付候場所御座候于今御百姓ニ被仰付候さかえかろしめあなとられ候様相見へ候間、御兵具物ばかりもかざり置候ハヽ、はヽかり候儀も可有之と奉存候間、右孫左衛門如願御渡被下候様被成下奉存候、以上

史料は木鉢番所の境目守が、飾りとして置くための鉄砲二丁の借用を藩に願い出たものである。その理由は、「往来之者恐悦」になるため、百姓が境目守を兼ねているために軽んじられ、侮られることもあるが、兵具を飾れば番所への憚りも出てくるためと述べている。兵具を飾ることでの通行人への抑止力を意図していたことがうかがえる。

以上、番所の兵具についてまとめたい。番所の兵具の中には欠落人の捕縛と関係して配備されるものがあった。一方で使用の有無に拘らず、通行者の見える位置に飾って備え置くことで、特に他領からの移入者への抑止力としての効果が期待されていた兵具があった。移出者を捕える兵具と、移入者へ見せる兵具という役割の異なる兵具が境目番所には配備されていたといえよう。

四　境目番所における通行人の取締り

ここでは、多様な人々が境目番所を往来するなかで仙台藩ではどのような人々の往来を規制しようとしたのかについてみていきたい。具体的には仙台藩から他領へ出る移出者への規制について、欠落人への対応を中心に検討する。

1　欠落人に対する藩の規定

寛文二年(一六六二)藩外への移出制限を行う品々について規定した境留物定が通達された(36)。その条文の中に、女房・欠落者が挙げられている。欠落者を召し捕らえた者には褒賞金を出し、盗品でなければ欠落者の所持品を与えるとした。

前掲【史料8】は、天和二年(一六八二)境目番所における欠落者の召し捕りについての取扱いを定めている。欠落者を境目で召し捕らえた際の褒賞金は一人につき二切、その褒賞金は質物奉公人の場合は主人から、主人のない欠落人は、場合により藩から与えることを規定している。また、召し捕らえた欠落人を勾留させる際の宿泊代は質物奉公人の場合は人主・口入人の支払いとするが、主人のない欠落人の場合は藩から支給しないので、宿の負担としている。また欠落人の拘束道具は複数の欠落人を想定して、手沓二つと首金二つを各境目に配備することとしている。こうしたことから、仙台藩が欠落人の中でも特に奉公人の領外移出を規制しようとしたことがうかがえる。

では、欠落人の領外移出防止のため、仙台藩ではどのような対応をとったのだろうか。また各境目では多くの通行者の中から欠落者をどのように判断したのだろうか。一つの対応策として人相触が挙げられる。次に仙台藩の人相触における欠落人の扱いについてみてみよう。

2　仙台藩の人相触と境目番所に残された人相書

【史料11】[37]

三　人像触之部

一、人殺仕行衛不相知者　　一、人ニ手為負欠落之者　　一、気を取違居無行衛者

但、達而乱心ニも無之物亦気不同ニ付□捨置囲江入置候凡下ハ人像相触候ニ不及候事―此儀人像相触候様末ニ相見得

右三ヶ條者御境相留　御城下在々共人像相触可申事

一、類族翔落　無品之分ハ御境目相留　御城下在々共人像触ニ不及候事

一、品有之村江預リ置候者翔落　品重キ筋ハ勿論品分リ不申候共重も成可申筋之者ハ人像触相出可申候、軽キ儀ハ御触ニ不及候事

一、女翔落ハ勿論妻子召連欠落仕候者夫婦ニ無之男女欠落申候共無品分ハ人像触ニ不及事

一、盗ミ仕欠落之者　小盗ト申程之儀ハ人像触出候ニ不及候、併色品軽ク共其者兼而徒者と申儀ニ候ハ、相触可申事

但、盗取候金代又ハ色品弐拾五両已上之高ニ候ハ、人像被相触候由文化元年五月御奉行衆より被仰渡、

尤主人之者盗取無行衛之者人像被相触候筈ニ相済候事
一、出家無行衛相達可申事　一、途中死居候者所縁不相知候節　一、途中煩居候者所縁不相知　一、旅之者横死所縁不相知節　一、溺死所縁不相知節
右ハ四ヶ条大小をも指候者ハ人像触相出不申候、持道具之内所縁可有之様子ニ候ハヽ、其向々江可承届候、右之外者其処江葬置、人像書立之札其辺江立置可申候、
但、人像触不相出候共横死之分ハ我等方へ相達可被申候、倒死等之類無之御触をも不相出分ハ各承済ニ而達不及候事、
此儀刀指候者ニ而も人像触ニ不及候由右ヶ条刀指候者ニ而も人像触ニ不及事寛政三年六月済
一、在々ニ而無品欠落致候者親類等随分相尋候而も不相見得候ハヽ、追々欠引候様尤早速相達可申由之品々共御代官江申達、御代官方ニ而者留ニ付置各江相達可申御類族之□リか親類鉄砲持主之儀者早速各江相達可申事
右拾三ヶ条之通此度被相定候条自今其心得首尾可有之、前々より被相定置候儀紛候ニ付、此度以来被申聞趣御奉行衆江も相達無異義旨如此ニ而蔵人加判御免左覚病身御用御免星兵衛在江戸ニ付不能連名候、以上
文化元年三月　黒　文右衛門　今　彦右衛門
御郡奉行衆
左之通丹波殿より申来候間、各其心得向後之儀無間違様首尾可被申候、以上
寛延四年五月　木齋　松左一郎　小豊繕
木村一郎右衛門殿　長沼九兵衛殿　仙石卯兵衛殿　宮城与右衛門殿

（後略）

史料によると人殺・傷害・気違いで欠落した者の人相書は境目及び城下・在々へ触れること、余罪のない切支丹類族の欠落は境目のみで触れること、一方で軽罪での村預者や女、妻子同伴の欠落、二五両以下の窃盗の場合、人相触は不要としている。犯罪者及び切支丹の縁者は藩の自分仕置や公儀の法度に関わるため、人相触を境目に触れることで領外移出を防ぐ意図がみられる。しかし、それ以外の女や一家での欠落、夫婦でない男女の欠落、余罪がない者の欠落者についてはその意図はみられない。

先述した寛文二年（一六六二）の境留物定は、境目の文物移出入に関する基本法であり、その後改訂を重ねたが、欠落者は一貫して留物として規制されていた。しかし一方で、藩は境目番所に対してすべての欠落者の情報を触れた訳ではなく、一般的な欠落人の領外移出を積極的に取り締ろうとした意図は見られない。一家での欠落も人相書の対象外としている点は、百姓の村への定住が一定程度実現し、藩が積極的に捜索して藩内に戻す必要性がなくなったことが背景にあるのではないだろうか[38]。また仙台藩領全域の欠落人を対象に人相書を触れようとした場合、その数は膨大になることが予想されることから、事務処理上の問題もあったのではないか。

では、次に実際に境目番所に通達された人相書とはどのようなものだろうか。【表2】は木鉢番所に残された嘉永五年（一八五二）の人相触の内容をまとめたものである。人相触に記載される内容は欠落人の出自・年齢・目鼻立ちなどの顔の特徴・肌の色や身長など身体的特徴・服装・所持品などである。欠落の理由は記載される場合とされない場合がある。欠落人が男の場合、欠落の何日前に月代を剃ったという情報が記載されることが多い。これは月代の状態が変化しない短期間で人相書を各地に触れないと情報が意味を持たない。しかし、御用留の記載をみる限り、欠落日が無記載の場合や、数件分の人相書がまとめて境目守に通達されている。これは木鉢番所が鬼首番所の境横目の管轄下にあったことから、人相触も鬼首番所境横目を通じて木鉢番所に伝え

【表２】 木鉢番所に触れられた人相触の内容

通達日	欠落人	年齢	月代	性別	備考
（嘉永４年）12月21日	三迫金成町盗賊昌吉	34	月代行衛不明の４・５日以前に剃る。	男	去る月20日欠落。
5月28日鬼首番所より通達	国分古内村加茂□大初宮社家	35	—	男	
	紀宗別当隣向阿波頭	30	—	男	
	牡鹿郡長浜凡下□人熊之助	34	月代行衛不明の４・５日以前に剃る。	男	
	三迫石越村出生無宿吉蔵	21	月代行衛不明の７・８日。		
	柴田郡入間野村之内槻木町百姓金蔵兄伝蔵并女房召使松五郎大吉（のうち伝蔵）	33	月代行衛不明の３・４日以前剃る。	男	
	柴田郡入間野村之内槻木町百姓金蔵兄伝蔵并女房召使松五郎大吉（のうち伝蔵女房かめ）	29	—	女	
	柴田郡入間野村之内槻木町百姓金蔵兄伝蔵并女房召使松五郎大吉（のうち召使米沢出生の由松五郎）	32～33	月代行衛不明の２・３日以前剃る。	男	
	柴田郡入間野村之内槻木町百姓金蔵兄伝蔵并女房召使松五郎大吉（のうち召使関東出生の由大吉）	26・27	月代行衛不明の４・５日以前の剃る。	男	
	牡鹿郡江嶋凡下□人桃生□□野出生無宿善五郎	27	月代行衛不明の２・３日以前剃る。	男	
	牡鹿郡出生田代浜□人廣吉	45	月代行衛不明の２・３日以前剃る。	男	
不明	名懸組高田将作屋敷当座指置候伊蔵	38	月代行衛不明の２・３日以前剃る。	男	
不明	黒川郡下巣村百姓正七次男熊吉	19	月代行衛不明の３・４日以前剃る。	男	４月２日欠落。
不明	宮城郡塩かま御門前町百姓左吉養男房次	39	月代行衛不明の４・５日以前の剃る。	男	去る23日欠落。
大目付分子10月8日	信州高井郡坂口村百姓孝左衛門女房と娘を殺害した松五郎				嘉永４年12月17日に人相書で触れた松五郎、召し捕らえた旨通達。
5月27日	牡鹿郡田代浜凡下□人津三郎	37	—	男	去る24日欠落。
	牡鹿郡田代浜凡下□人三助	27	—	男	去る24日欠落。
	東山出生周蔵	31	—	男	

11月20日	秋田出生無宿藤吉	38	—	男	柴田郡百姓に傷害を加え捕らえている間に逃走。
3月23日	御腰物方蔵人御銀屋久三郎父隠居佐藤利三郎	41	月代行衛不明の10日以前に剃る。	男	乱心に付、囲いへ入れておいたが2月14日逃走。召し捕らえ町奉行所・評定所役人へ通達すること。
(嘉永6年)牛2月	摂津西成郡高切村で殺人をした日雇い九之助	30		男	内藤紀伊守よりの通達、城下在在寺社町へも広く通達すること。
不明	磐木郡石森村町屋敷百姓八十郎方長之助	41	月代行衛不明の2・3日以前剃る。	男	去る19日夜欠落。
3月	猪苗代佐渡□□三郎養子大原□宮右衛門	17	月代行衛不明の2・3日以前剃る。	男	

※嘉永五年三迫沼倉村御境人像御用留（千葉家文書）より作成

られたためとみられる。さらに人相触の情報伝達ルートについて藩が「人像触ハ御郡奉行始末ニ成候而御代官より申来候事ニ候、右触参候ハ、御境より其所村々迄相触候事[39]」と定めていることから、木鉢番所と同じく鬼首番所支配にある寒湯番所と文字村の柿木番所及びその村々の肝入を回覧して鬼首番所に返却される。

こうした事情から、実際に各境目番所まで情報が到達するには一定程度時間を要し、情報の有効性は減少していたことが推測される。また、藩内の全ての欠落人の情報が等しく全ての境目番所に触れられたのか、あるいは番所の所在地によって情報に違いがあるのかは明らかではなく、今後検討を要する。

以上、境目での藩外移出者への対応をまとめると、仙台藩は治安を乱す犯罪者等の欠落を防ぐため境目番所に捕縛道具を備え、人相触で境目番所に情報を通達した。人相触の有益性は明らかではないが、境目番所に欠落人の情報が通達され、境目番所から村々へも情報が行き届く情報伝達ルートが存在していたといえる。

3　移入者への取締り

では、藩内への移入者に対する取締りはどうだろうか。【表3】は境目番所や藩内に触れられた他領からの移入者への取締りに関わる通達である。

表によると、他領者の勧進と乞食が治安を乱す存在であるとして、藩は度々入領制限を通達していることがわかる。前掲【史料3】では、藩内で行倒れた他領乞食に対しては、路銭を渡して送り返すよう境目古人に通達していることから、他領乞食を領内に入れないようにする意図がみられる。

また、一方で山伏・順礼・事触・伊勢参りは境目番所で身元を改めたうえで、藩内への入領を認めた。特に伊勢参りの入領については、路銭を所持したものに限っている。こうした他領者の諸国参詣者を領内で通行させる際には、入口の境目番所で発行した証文を携帯させ、藩外へ出る際に出口の境目番所へ提出させる仕組みであった。

他領者を出入口の境目番所で把握する方法は、仙台藩を通行する領外商人の場合にも行われていた。領内を通過して出羽や南部へ向かう他領商人には、入領する境目番所で「直通書付」を渡し、書付を一ヶ月以内に境目番所に戻すこととした。これは他領商人の滞在を一ヶ月に限り、藩領内での長期間の売買を防止する意図があったとみられる。

こうした方法は参詣や商売での往来者を出入口の境目番所で把握し、領内での宿泊日数を制限することで不法逗留を制限するための対策だったといえよう。仙台藩は、治安を乱しかねない出所不明な人物が領内に流入することを境目番所で阻止することで、藩内の治安維持につなげるとともに、旅人の安全な通行を確保しようとしたことがうかがえる。

しかし、通行者が勧進か山伏か順礼者か、乞食かどうかの判別は境目番所の役人に任されており、具体的な改めの方法を指示していない。そのため、移動することが身分や生業と密接に関係している人々への対応をめぐっては、その判別の難しさから、度々藩内へ紛れ込み、彼らによる治安の悪化が問題視され、境目番所での見極めをしっかり行うよう度々通達された。

仙台藩では藩内へ流入した出所不明な人物への対応について、藩内村々と街道筋とで異なる対応を指示している。例えば元禄二年（一六八九）一一月の触では「一、於在々不寄何者出所并行衛不知者一夜成共宿仕間敷候、雖然往還之海道於宿々ハ其品承届候上、検断方へ申断一夜ハ留置可相通旨相制候事」とし、延享四年（一七四七）八月の触では「一、他国ヨリ薬売商人御領内へ罷越在々滞留仕右之内ニハ徒者有之風俗ニも障り候間、御城下ハ格別在々ハ本道往還一宿之外堅滞留為仕間敷候、（後略）」と、やむを得ない場合は街道筋に限って出所不明な人物の宿泊を一泊に限り認めている。これは、藩内村々の治安維持をより重視し、多用な人々が行き交う街道についてはやや柔軟な対応をとることで藩外へと送り出すことを重視していたとみられる。

以上、境目番所における通行者の取締りについてまとめると、境目番所は欠落人の他領への流出を防ぐ場所として、また領内の治安維持の一端を担う場所としての役割が期待されていたことが読み取れる。しかし移動する人々を厳密に把握することは難しく、境目番所での現場対応に委ねられている部分も多かったことがうかがえる。

おわりに

本稿では仙台藩の境目番所について、番所役人や番所の兵具、番所の通行人対策とそこにあらわれる藩の意

【表３】　境目番所に通達された他領者の取締りに関わる通達

年月日	内容	出典
天和２年（1682）8月	他国からの身売人は入国禁止だが、近年最上より多く入り、1・2年で欠落するので境目での監視をしっかりすること。	『北上市史４』388頁
天和３年（1683）3月	出所不明の修行僧・こも僧・うらやさん・順礼・ことふれ・ふうかしあや取、その他怪しい乞食の宿泊は禁止する。	『仙台藩農政の研究』334頁
延宝２年（1674）10月	他領からの諸勧進・乞食は一切入れない。山伏・ことふれ・順礼・伊勢参りは、境目で改め、疑いない場合は入領許可。入国者の改めは国境の者にも申付ける。	『北上市史４』381頁、『仙台藩農政の研究』334頁
貞享元年（1684）4月27日	他領者の諸国神社仏閣参詣での領内通過は、領内入口の御境横目が発行した証文を通行者に携帯させ、出口の境横目が見届ける。領内の者が他領の神社仏閣に参詣する場合は郡司の発行した証文を携行すること。	『北上市史４』400頁
貞享元年（1684）9月17日	領内を通過して出羽や南部へ向かう他領商人には「直通書付」を出し、何れの御境目であっても、一ヶ月で「書付」を戻し、取替えること。領内境目での販売を禁止する。	寒湯番所三浦家文書11
元禄元年（1688）	出所不明な浪人・道心者・願人は街道筋以外の村々では一切宿泊させてはならない。出所たしかな浪人・道心は居所から代官へ書き出し、指図を受けること。	木鉢番所千葉家文書　文政五年被仰渡書、『仙台藩農政の研究』335頁
元禄元年（1688）2月	他国からきた乞食は段々宿送りにすること。領内の乞食はよく吟味して怪しい乞食は村におかず、郡追放にすること。	『北上市史４』408頁
元禄元年（1688）7月	江刺郡内の乞食を穿鑿し、他国の者は境目まで追放し、他郡の乞食はその村へ送り届け、江刺の者はその村へ返すこと。	『北上市史４』409頁
元禄２年（1689）	村々へ出所不明者・行衛不明者を一宿なりとも止宿させてはならない。往還街道筋は検段に断り一夜は留め置き、通すこと。	『仙台藩農政の研究』334頁
元禄３年（1690）	他領者の乞食で領内の野山に病気で倒れている場合は境古人が路銭を渡して境目まで送届ける。他領者の乞食を指し置く事は禁じられていたが、今後は宿送りで送り届けるよう出入司から通達がある。仙台藩の乞食であれば縁者に引渡し、縁者なければ多少の路銭を与え出生地の肝入に引き渡す。	『北上市史４』417頁
元禄８年（1695）9月	元来定めている他所の神社仏閣の使僧名代は郡奉行の判突の書付けを添えて村廻りをしているのでそれ以外の偽者は認めない。	『仙台藩農政の研究』336頁
元禄11年（1698）5月	顔を隠す不審者は通さないこと。耳・鼻がない者は猥りに入領させないこと。	『北上市史４』428頁
元禄13年（1700）2月	他領者で伊勢参りや上方見物に通る者は路銭を所持していれば入判で通行させ、所持していない者は通してはいけない。	『北上市史４』432頁
享保５年（1720）7月	関東地方の浪士が横行して不穏な動きがあるため、関所番所の人数を増員して往来の人々を改め、取締りを強化すること。	『北上市史４』438頁

享保 20 年（1735）	在郷住居の侍家中や寺社方が、他領者や国元の者を宿泊させる場合は一夜限りでもその処の支配頭へ報告し、由緒なく疑わしい者は止宿させてはならない旨、宝永 6 年に城下へ触れたが、此の度郡方へも触れる。	木鉢番所千葉家文書 文政五年被仰渡書
享保 20 年（1735）	出所不明の者は何者であっても宿送し、領内に一日も逗留させないよう申渡す。しかし、病気で歩行できない者、神社仏閣古跡見物の者は一夜送とする。	木鉢番所千葉家文書 文政五年被仰渡書
元文 4 年（1739）8 月	他領から入ってきた無位無官の座頭は城下村々とも定宿以外には止宿させてはならない。女盲目ごぜは領内に入れてはならない。他領から他領へ通行する者は境目で確認し、往行は一通りにする。	『仙台藩農政の研究』336 頁
延享 4 年（1747）8 月	他国から薬売が領内にとどまり、徒者をすることもあるため、城下は格別本道往還一宿の外は留めてはならない。やむ得なく留める場合は大肝入・肝入・検断に断ること。	『仙台藩農政の研究』336 頁
天明 3 年（1783）	出所が怪しい修行者・虚無僧・高野山順礼・事触・ほかしあゆとり、その他怪しい乞食などを宿泊させることは兼ねて御制禁だが、今だに紛れているので、五人組で厳しく改め、露顕した場合は当事者だけでなく五軒組まで処罰を行う。	木鉢番所千葉家文書 文政五年被仰渡書
文政 5 年（1822）	他領から流入する勧進・無宿者が城下町方や侍丁で悪行を行っている。他領無宿・浪人・袖乞体の乞食を残らず領分払いとする。止宿は禁止し、追い払うこと。	木鉢番所千葉家文書 文政五年被仰渡書
文政 5 年（1822）	他領から来た事触、山伏、その他乞食などで怪しい者は行き先を尋ね、不審な場合は通してはならない。	木鉢番所千葉家文書 文政五年被仰渡書
文政 5 年（1822）	勧進と乞食等が度々強徒に及ぶので、勧進と乞食は境を一切入れてはいけない。但し、出家・山伏・事触・順礼・伊勢参りは入れてもよい。	木鉢番所千葉家文書 文政五年被仰渡書

図について検討してきた。

仙台藩の境目番所は、重要度によって、構成員や備える兵具の数が異なっていた。特に兵具には、通行人へ見せるために備えるという境目特有の意味を持つ物があった。境目番所における通行者の取締りには領外へ移出する者、領内へ移入する者の取締りそれぞれについて、領内の治安維持と旅行者の安全な通行を確保する意図がうかがえた。

以上から、境目番における仙台藩の旅行者・通行者への対応の一端が垣間見えたのではないか。しかし、仙台藩の境目番所が置かれた街道には、藩境を挟んで他領の番所も置かれているはずである。通行者の立場に立てば、両者の境目番所を抜けて旅をしたはずであり、双方の番所の関係を検討してこそ、より具体的に境目における領主権力同士、あるいは通行者も含めた三方向の関係が明らかにできるだろう。今後の課題である。

［註］

（1）熊谷公男・柳原敏昭編『講座東北の歴史　第三巻　境界と自他の認識』（清文堂出版、二〇一三年）。

（2）金森敦子『関所抜け江戸の女たちの冒険』（晶文社、二〇〇一年）、丸山雍成『日本近世交通史の研究』（吉川弘文館、一九八九年）、渡辺和敏『東海道交通施設と幕藩制社会』（岩田書院、二〇〇五年）。

（3）加藤昌宏「秋田藩における境目方支配」（『秋田県公文書館研究紀要』五、一九九九年）、渡辺英夫「寛政七年、郡奉行再設置以前の秋田藩境口番所」（『国史談話会雑誌』五〇、東北大学国史談話会、二〇〇九年）が秋田藩領の境目支配や警備について明らかにしている。

（4）鯨井千佐登「仙台藩の狩猟と「山立猟師」」（『表皮の社会史考―現れる陰の文化』、辺境社、二〇一三年）、同「藩境に動員される軍事力―仙台藩の狩猟と在村鉄砲」（前掲註（1））。

（5）鯨井千佐登「交流と藩境―動物・仙台藩・国家」（『交流の日本史―地域からの歴史像―』、雄山閣、一九九〇年）、籠橋俊光「「留物」・「御見抜」と産物」（前掲註（1））。

（6）例えば、奥州街道の藩南には白石城を拝領する片倉家が、奥州街道の藩北には一門の岩谷堂伊達家が配置されている。

（7）「御境目御定」（「出入司職鑑」仙台市博物館蔵）。

（8）通常境目番所につめた境横目は郡奉行支配であったが、相去番所につめた相去の足軽頭は出入司支配であった（「出入司職鑑」のうち「支配諸役人列覚」仙台市博物館蔵）。

（9）高倉淳『仙台領の街道』（無明舎出版、二〇〇六年）及び栗原市栗駒沼倉木鉢番所千葉家文書（以後「千葉家文書」と表記する。尚史料はＮＰＯ法人宮城歴史資料保全ネットワーク（通称「宮城資料ネット」）撮影の写真史料を用いた）。

（10）「栗原郡壱迫花山村・仙北御領川向村之内小安の境塚めり込につき一件留」享保一四年五月朔日（千葉家文書）。

（11）「上戸沢宿境目関係覚書」（仙台市博物館蔵）。

（12）『白石市文化財調査報告書第一六号　上戸沢の町並』（一九七六年）。

(13)「伊達家文書」(仙台市博物館蔵)。
(14)「安永風土記御用書出」(『宮城県史二八』一九六一)によると、「一、御境目御番所　壱ヶ所　内一、御境目御番所　南向竪拾弐間半　横三間半　一、御足軽御番所　東向竪七間　横弐間半」とあることから、境目番所は足軽が詰める足軽番所を併設していたとみられる。
(15)前掲註(8)。
(16)「嘉永二年相去足軽頭方自分御用留　弐」(仙台市博物館蔵)。
(17)「相去村端郷六原　御足軽書出」(『宮城県史二八』、一九六一年)。
(18)『北上市史四』(一九七三年、以下同)五四三頁。
(19)『北上市史四』四一七頁。
(20)『北上市史四』五七五頁。
(21)「境横目役人任命替」(宝永五年〈一七〇八〉、『北上市史四』五八〇頁)に「一、江刺野手崎寺坂両所御境横目御役人其元様御預り、岩谷堂御給主拾人ニ而代り〳〵ニ只今迄相勤申候処、此度御吟味之上御給主ハ被相除大番組より被仰渡被下由申来候間(後略)宝永五年八月廿五日」とある。
(22)「風土記御用書出」(『宮城県史二四』、一九五四年)。
(23)「風土記御用書出」(『宮城県史二五』、一九五四年)。
(24)『鳴子町史』(一九四七年)および荒武賢一朗「近世大名領における財政支出と武士・足軽」(『東北からみえる近世・近現代―さまざまな視点から豊かな歴史像へ―』岩田書院、二〇一六年)。
(25)例えば仙台城下と山形を最短で結ぶ二口街道の藩境に位置した野尻宿の場合、山間地の集落で田畑が少ないため困窮し、百姓が集団移転を藩に願い出た際、藩は百姓を足軽に取立て、扶持を与えることで現地に残し、宿駅業務にあたらせた(『仙台市史　通史編三』、二〇〇一年)。
(26)「千葉家文書」。
(27)「上戸沢宿境目関係覚書」(仙台市博物館蔵)。

(28)「相去足軽頭方用法記」(仙台市博物館蔵)。
(29)『北上市史九』六六八頁。
(30)「鬼首村寒湯番所三浦家文書」。尚史料は宮城資料ネット撮影の写真史料を用いた。
(31)『北上市史四』三九二頁。
(32)前掲註(16)。
(33)『北上市史一二』三四三頁。
(34)『北上市史四』四六六頁。
(35)「千葉家文書」。
(36)「御境目他領へ不被相出候物之分」(仙台市博物館蔵)。なお寛文二年(一六六二)頃の仙台藩は、幼少の四代藩主亀千代(後の伊達綱村)のもと、伊達兵部宗勝と田村右京宗良の両後見人体制下にあって、両後見人の知行地支配をめぐる六ヶ条問題が発生していた。これは、後見人の知行地における、①伝馬　②鳥・肴献上　③大鷹献上　④人返し　⑤留物　⑥制札の権利をめぐる問題であった。この項目は境留物定との留物と関係するものが多いことから、寛文二年の規定は六ヶ条問題を背景にして領内へ触れられたことが推測される。
(37)「万御定格等目録」(仙台市博物館蔵)。
(38)近世初期から中期にかけてみられた隣接する藩同士での人返し事例が、近世中後期にかけて史料上確認できなくなるのは、こうした欠落人に対する藩の対応が変化したことと関係があるのではないか。ただし、仙台藩は宝暦一〇年(一七六〇)四月に領内蔵入地百姓の欠落が多いため、欠落人を出した五人組と欠落人に宿を提供した者、宿の組合に過料を科すことを規定している(近世村落研究会編『仙台藩農政の研究』〈日本学術振興会、一九五八年〉三一四頁)。藩の収入に関わる蔵入地の百姓については欠落人の発生防止に一定の対策をとろうとしたことがうかがえる。
(39)前掲註(7)。

第三章　流入する他所者と飯盛女―奥州郡山宿と越後との関係を中心に―

武林　弘恵

はじめに

往々其児を養ふこと能はずして、密に此を殺害する者あり、奥羽及び関東諸国には殊に多し、中国・四国・九州等も子を殺す者極て多しと雖も、産せざる前に腹内にて密かに此れを殺が故に、外見は殺さゞるが如し、唯越後一国は赤子を殺すこと甚だ少し、其代りに女子をば七八歳以上に至れば、夥しく他邦に売り出すを風習とす、故に北越の買婦は一箇の物産なり

近世後期の経世家、佐藤信淵の著書「経済要録」からの引用である。[1] 奥羽・関東では間引き、中国・四国・九州等では堕胎が多かったが、越後のみは間引きも堕胎も少ないかわりに、女子が七、八歳以上になれば他国に売ってしまう風習があったという。実際、宿場の飯盛女に越後出身者が多かったことはすでに指摘されており、特に南奥州・北関東・信州の各宿場において報告が集中している。具体的には、明治六年（一八七三）旧奥州道中福島宿では合計一三九人中九五人、同五年旧奥州道中郡山宿では合計一二四人中六七人、同年旧中山道安中宿では五五人中二〇人、嘉永二年（一八四九）日光道中粕壁宿では一九〇人中五三人、幕末期の北国街道坂木宿では五〇人中三〇人と、他のどの地域より越後出身者が圧倒的に多かった。[2]

こうした問題に接すると、供給元である越後側の事情とそれを受け入れる側の事情があったことが想定される。しかし、越後よりの飯盛女供給について正面から扱った研究はなく、単に越後出身者が多いという事実、もしくは地域的な関係の深さを指摘するにとどまっているのが現状である。森安彦氏は、飯盛女研究の課題として、飯盛女を発生する地域の社会構造の解明を提起したが[3]、その後の当該分野の研究ではこうした視点は深化されておらず、飯盛女という存在はその発生過程においていまだ多くの研究課題を残している。

本稿でも、越後内部の社会構造を検討する観点からこの問題を扱うことはできないが、その手始めとして、受け入れ地である宿場側の事情について、地域的な関係の深さという指摘にとどまることなく掘り下げてみたい。具体的には、いつから、どのようにして飯盛女が越後より供給されていたかを検討し、飯盛女の発生過程において受け入れ地となった背景に迫ることにする。そこで、越後のなかでも特に蒲原郡よりの飯盛女受け入れ地の一つであった、奥州道中郡山宿(二本松藩領)を研究対象とし、飯盛女流入の実態および主な供給地であった越後との関係について検証する。

その際、越後が他所稼ぎ(出稼ぎ・他国稼ぎ・旅稼ぎ)の盛んな地域だったことは見逃せない[4]。蒲原郡では、享保期や宝暦期の水害を契機に一挙に多人数が他国に離村したといい、他所稼ぎは村内余剰労働人口を村落共同体の維持可能な範囲において放出し、あるいは「欠落人」と認定することによって移住を黙認したものであった[5]。新発田藩では基本的に他所稼ぎは禁止だったが、現実は建前とかけ離れているという認識のもと容認論も登場してくる[6]。また、頸城郡でも他所稼ぎは原則禁止だったが、関東に向かって離村する人々の流れが巻き起こっていた[7]。さらに、寛政～文化期には手余り地の多かった下総や下野など関東への入百姓のほか、白河藩領および幕領間の「越後縁付女」も実施されており[8]、越後から関東・奥州への人々の移動は飯盛女流入の問題と切り離すことはできないだろう。

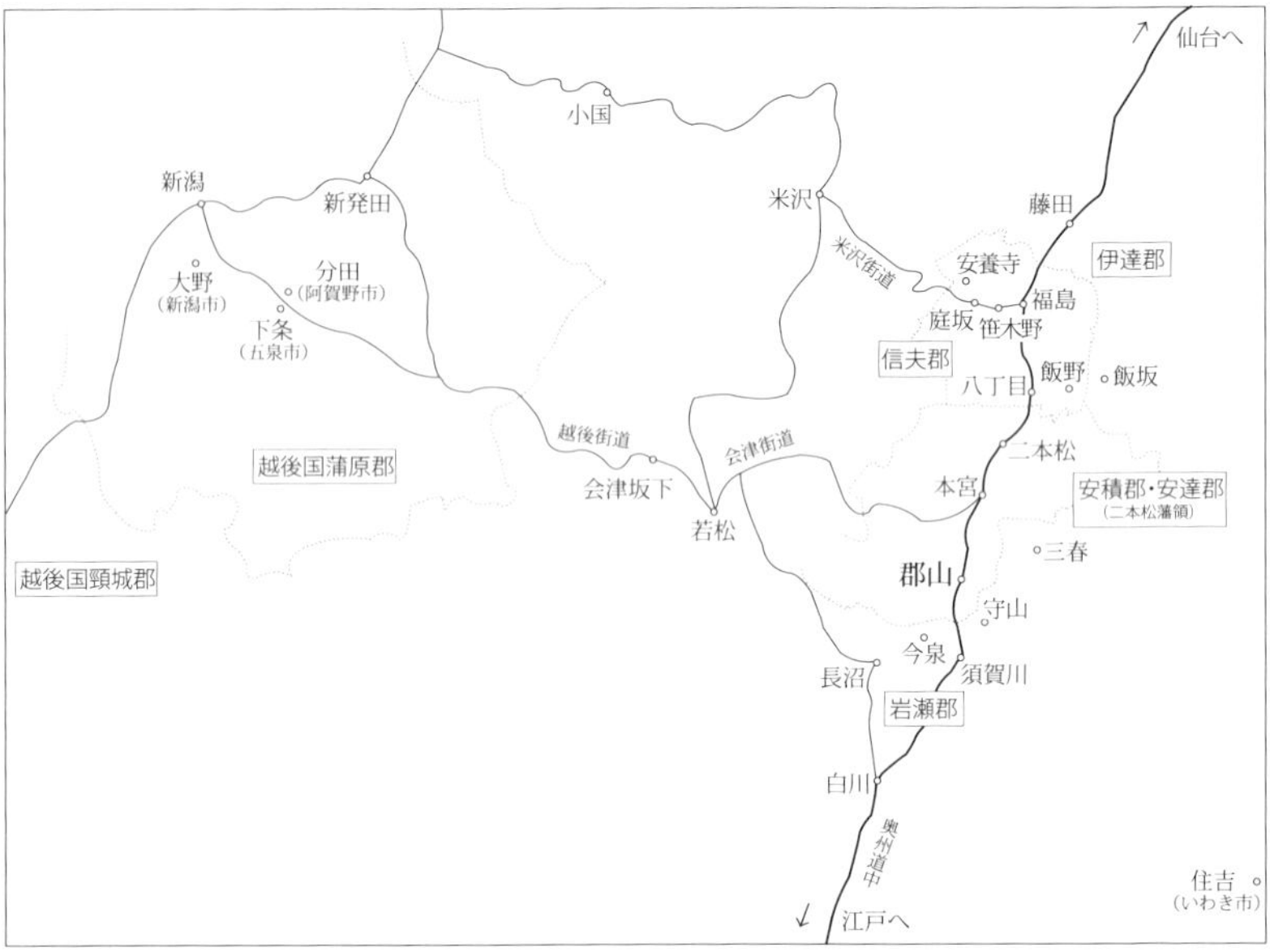

対象地域略図

では、越後からの人々の移動と飯盛女の流入とはどのような関係にあったのか。本稿で取り扱う二本松藩領でも、実際越後から多くの人々が労働力として移動してきており、この課題に取り組むことが可能である。以上をふまえ、第一節では、二本松藩がいつからどのような形で越後を含む他所者を受け入れていたのか、その政策と実情を把握する。第二節では、郡山宿において越後を身元とする飯盛女の流入がいかに展開したのか、具体的な事例を用いて分析する。そのうえで、越後よりの人々の移動が宿場への飯盛女流入にどのように連関していたのか考察することで、労働力需要の高かった宿場をめぐる人々の移動と交流のあり様の一端を提示したい。

研究対象地の奥州安積郡郡山宿は、寛永二〇年（一六四三）以降幕末まで一貫して二本松藩領（丹羽氏、奥州安積郡・安達郡表高一〇万七〇〇石）であった。なお、五街道の奥州道中は白河宿までなので、郡山宿は幕府道中奉行管轄ではなく領主の二本松藩が直接の支配にあたった。二本松藩は領内を組によって区分して代官をおいたが、郡山には安積三組（郡山組・片平組・大槻組）代官所がおかれた。郡山村は上町・下町で構成され、特に上町は商業機能の中心地であった。世帯数は一貫して漸増傾向にあり、文化期までに農村的性格をもつ商業町・宿場町（在郷町）としての性格が確立したという。一方、下町は相対的には農村的性格が強かった。(9) 人別改帳の集計では、上町・下町の総人口は、天明二年（一七八二）の二六一四人に比べ、慶応三年（一八六七）は五二〇五人と倍増している。(10) こうした人口増加に伴い裏町が成立したことで、町並みは年代が下るにつれて東西南北に拡大し、郡山村は文政七年（一八二四）には郡山町へと昇格することになる。(11)

郡山宿の飯盛女に関する基礎的事項についても確認しておきたい。(12) 同宿の飯盛女のはじまりは未詳だが、同藩領の本宮宿とともにすでに一七世紀には存在していた。領内には、両宿のほかに、二本松城下（天保二年〈一八三二〉以降藩から許可）・八丁目宿（天保四年以降二本松藩領に編入）にも飯盛女が存在した。藩は飯盛女の衣類・装飾品の華美をたびたび規制したが、幕府とは異なり、人数規制はほとんどおこなわなかった。文政期の郡山宿には、女持（飯盛女抱え主）三七軒、飯盛女一二四人、子供と称された養育期間中の少女四二人が存在した。人別改帳によれば、彼女らのうち九割以上が越後国蒲原郡の者の娘である。なお、奉公期間は一〜一八年以上と幅広かった。

主な使用史料は、『今泉文書』（郡山市歴史資料館所蔵）である。今泉家は、貞享期頃より幕末まで郡山村上町名主（文政七年以降は郡山上町検断）を勤めた家である。ただし、同文書群には特に近世中期以前の史料が少ないことから、同藩領の周辺村落の名主文書（安積郡下守屋村『水山文書』・同郡駒屋村『山岡文書』・同郡大槻村上町『相楽家文書』・同郡同村下町『安斎家文書』など。いずれも同館所蔵）を補完的に用いることにする。

一　人口減少と他所者引き入れ

1　二本松藩の他所者引き入れ政策

近世中後期、北関東では農民の村外流失に伴い農村荒廃が進行したことがよく知られるが、奥州でも人口減少は深刻化していた。二本松藩では、農村部を中心にすでに一八世紀半ばから人口減少が始まっており[13]、延享二年（一七四五）八月、「出生の赤子をそたてかね不取上候事」は「不仁の甚しき第一風俗の悪敷に候」として間引き慣習の矯正を改めて下達し[14]、「貧民出生ノ子数」にそれぞれ「撫育米手当」を遣わす「生育ノ制」が定められた[15]。しかしその後、天明飢饉により人口減少はさらに追い打ちをかけられる。そこで、天明六年（一七八六）三月、赤子養育の御下金が出されるとともに町在有徳者も出金し、困窮者に手当金を支給することになる[16]。赤子養育に加え、もう一つの人口減少対策が他所者の引き入れであった。【史料1】は、寛延二年（一七四九）と推定される他所者差し置きに関する達書である。

【史料1】　巳二月「覚（他所者差置縁組心得達）」（『山岡文書』支配三六五）

覚

安積郡村々百姓人数少ニ而田地も余り候ニ付、他所者差置候様仕度旨并他領之縁組等之訳ヶ旧冬申立候所、
御家老中より
御前へ茂御伺候而、他所者入候義ハ自分共申立候通差置候様被　仰出候、御領分之男女縁組等ニ而他所へ
出候義ハ無用可仕旨被　仰出候、委左之通ニ可相心得事

一、他所者男女安積へ参居候事御構無之候間、差置候而其所之勝手ニ罷成候者ハ、壱人者ニ而茂家内人数多者ニ而も勝手次第差置可申候、尤費用等ニ致し田植等之時節農事ニも召仕、或ハ揚地幷荒地等とも相渡し作らせ、山野新田等をも望候ものへハ発させ候様ニ仕、連々其処之居住弥勝手ニ存候而引越人ニ望者候ハヽ、其節ニ至り候而ハ願書差出し永代之引越人ニ仕、其上ニ而人帳へ茂載候様ニ可仕候、（以下略）

安積郡村々では百姓人数が少なく田地も余り、他所者を差し置きたい旨と他領との縁組等を希望する旨の申し立てがあったところ、他所者を入れることは自分共の申し立て通りとするよう命じられ、領民が他所へ縁組等で出ていくことは認められなかった。続いて、他所者が安積郡へ来ることは一人者でも家内人数が多い者でも勝手次第であり、費用（日雇取）等にして農業に召し使っても、揚地荒地・山野新田等を耕作開墾させてもよく、そのうち引越を希望すれば願書を提出して「永代之引越人」（永引越人）として人別改帳へ記載するように、とある。

右の達書を受けてか、寛延二年三月の郡山村上町・下町の人別改帳には、それまでほとんどみられなかった他所よりの永引越が、上町で一一世帯・下町で二一世帯確認され、急遽大量流入が始まることになる。そして、その流入元は全員「越後より」であった[17]。【史料1】の内容に鑑みれば、彼らはおそらく寛延二年以前より郡山に日雇取などとして居住していて、同年永引越を出願し許可されたものと考えられる。

こうした永引越人のうち、高主付した越百姓たちには無利子の拝借金もなされた[18]。また、宝暦五年（一七五五）六月から一〇月にかけて、上総より七八人（二五世帯）、越後より七五人（一四世帯）が領内に越百姓として移住し、彼らには夫食籾・農具代金などが与えられた[19]。その後も年によって変動はあるが、郡山村では毎年一定数の永引越人を受け入れ続けたことが確認できる。こうした結果、明和四年（一七六七）郡山村下町人別改帳によれば、当時の高持層の約六分の一（二四世帯）が「越百姓」、無高層の約二分の一（三一世帯）が「越後引越」の者と記載されており、[20]人別に記載されない日雇取も多数存在したことを考慮すれば、すでに郡山村において越後者が占める割合はかなり大きくなっていたと思われる。実際、人別改帳の分析によれば、一八世紀半ば頃から越後よりの流入者が増加し、それに最も寄与したのが永引越だった。[21]そして、流入者の多くが郡山の既存の町並みの裏方に居住し、流入時点ではかなりの者の生活が下層(「下通」)に位置していたという。[22]

安永九年(一七八〇)正月には、耕作者のいなくなった「上地高片付」が命じられ、安積郡村々では片付のためには「越後国江罷越永引越之者才覚仕候外存当り茂無御座」として、越後より「兎角大勢」を引越させる計画が立てられた。[23]この計画が実現したかは不明だが、同七年には越後で実際に阿賀野川・加治川の水害が起きたために、他国へ勧進等に出たり離散したりする者が少なくなかったようで、[24]そうした人々を二本松藩領に迎え入れようと計画されたのかもしれない。同九年一〇月、安積郡辺りでは上地が多く損毛も増し、百姓も夫役諸上納等の負担が重く「末々ハ廃村之基ひ」であるとの危機感から、藩では領内に越百姓が落ち着き「永久之御為」になるよう取り計らい、越後から洪水のため家内で流入してくる者を、上地のある村々や人少の駅宿へ越百姓として居付かせるよう口達を出した。[25]

なお、このような越後者を引き入れようとする事例は、宝永六年(一七〇九)米沢藩、宝暦八年(一七五八)会津藩、文化元年(一八〇四)会津南山御蔵入領(幕領)、天保一〇年(一八三九)水戸藩などにも報告がある。[26]このうち会津藩では、百姓人数が享保三年(一七一八)の一六万九二〇〇人から宝暦八年(一七五八)には一四万二一六〇人に減少し、これに伴い手余り地が多くなり、作毛も不熟で年貢も減っているとして、仙道筋(中通り)に向かう越後者を会津藩領に引き留めて二、三年雇い、場合によっては百姓にすることが建議、許可されたという。[27]つまり、一八世紀初めにはすでに、越後より二本松藩領を含む仙道筋へ向かう人々の大きな流れが存在しており、領内の人口減少に危機感をもった各領主が、彼らを引き入れるための政策を実行していたとみられる。

【表１】　寛政元年５月　日雇宿設置の触書

1	日雇宿で抱えず相対で他所日雇を雇うことはこれまで通り許可する。
2	逗留願は何人いても帳面を１冊とし日雇宿の者が出願する。 ただし、判元見届を他に立てずとも日雇宿の者が見届ければよい。年を越えて逗留する者は代官中が取り上げ役所へ提出する。
3	耕作期の日雇取は先方村役人紙面を持参するか、同道人が相互に請合えば人頭送り・宗旨証文は不要。
4	日雇取共へ日雇宿より腰札を渡し村々名分へ合印を配置する。腰札をもつ者は代官所違の村でも雇ってよい。
5	腰札には、何国何郡何領何村、誰、何才、何月幾日より何月何日まで、何村誰方逗留かを認め、札の裏へ合印を配置する印形をすること。
6	日雇の人柄によくない風聞があれば早々領分から指し立てること。雇置の村でも風聞がよくなければ、早速日雇宿へ断り領分から追い立てること。その段を領分日雇宿は相互に通達しどこにも留め置かないこと。 ただし、日雇宿通達が遠方で迷惑な場合は役所より触れるので代官所まで出願すること。
7	日雇の者が永引越を希望すれば日雇宿は判元を見届け引越先の村方の者より出願すること。 ただし、日雇宿の者の居村へ引越す場合は他に願人を立てなくてよい。
8	永引越判賃・逗留願判賃ともなるべく少高に定め置くこと。 ただし、逗留願判賃は働き次第に取り立てるので差し出しやすいようにすること。
9	永引越人で上地高主付する者へは高１石につき籾５斗・金１分の手当を与えること。
10	主付の年より免相５分指を５ヶ年据置、６年目より定法の通りとする。 ただし、主付人へも加免の訳を納得させること。
11	籾金拝借にて主付した場合10ヶ年賦に取り上げ、取箇は定例通り３年上地免に据置、４年目より差免。 右の手当は寛政２年春主付の者のみ対象で、その後は追って触れる。
12	永引越の世話をして高主付した者へは、その年から５年目まで鍬取を１人につき１ヶ月１度引越人共が手伝を遣わし、６年から10年目までは主付人の収納米金の10分の１を世話人へ下さること。
13	越百姓が家作する場合は村持林・御林の内の相応の伐木を下さること。村方よりも見継を遣わして家作させること。
14	数年耕作せず永荒同様の場所は代官中見分の上人足にて発返、年々指免を用捨する。 ただし、村方でも主付がなければその１年は年貢は僅かでよい。

出典）寛政元年～「御用留」（『今泉文書』支配44）。

２　「判元見届人」の成立

寛政元年（一七八九）五月、他所者引き入れをさらに進めるため、二本松藩は領内の各代官宛に日雇宿設置を命じる一四ヶ条の触書を出した(【表1】)。[28] その主旨は、例年耕作期間に他所日雇取が多く来るものの、定宿もなく自ら領内にとどまる者が少ないことへの対策として、一代官所につき三、四人ずつ日雇宿を出願するよう指示したものである。ただし、この段階ではこれまで通り日雇宿を介さずに相対で他所日雇取を雇うことは禁止されていない(1)。

ここでは、他所者の逗留に関して多くの取り決めがなされている。たとえば、日雇取の先方村役人の紙面を持参するか、同道人が相互に「請合」をすれば、人頭送り(人別送り)・宗旨送り証文はともに不要とされた(3)。また、日雇取へは日雇宿より名前・年齢・出身・逗留期間・逗留先が記された「腰札」が渡され、これをもつ者ならば代官所違いの村でも雇うことができた(4)。日雇取の人柄によくない風聞があれば早速追い立て、日雇宿は先方領分とその旨を相互に通達すべしと定められた(6)。そして、もし日雇取が永引越を希望すれば日雇宿が「判元を見届」け、引越先の村の者が出願するよう定められた(7)。また、永引越・逗留判賃はできるだけ少高にするよう達せられた(8)。そして、永引越人が上地高主付をすれば手当が与えられ、移住が定着するよう取り計らわれた(9)。こうして、より多くの逗留人を領内に留め、いずれは永引越・高主付させるための、いわば越百姓引入政策が進められたのである。[29]

ところで、【表1】の12では、永引越の「世話」をした者へ一～五年目は引越人が手伝を遣わし、六～一〇年目には主付人収納米の一〇分の一を「世話人」へ渡すべき旨が取り決められているが、翌年三月の代官の達書には次のようにある。

【史料2】　寛政元年～「御用留」(『今泉文書』支配四四)

永引越致世話高主付候者、六年目より十年目迄主付人御収納米之内十分一世話人江被下候旨申触置候処、郡山村仁介・新蔵才判ニ而引越候分、引入才判・主付才判弐つニ相分候義ニ付、引入才判人江半高、主付才判人江半高可被下候、越百姓共手伝人足之義も可準之候［（虫損）］仁介・新蔵手伝之義安積郡仙道村々ハ格別、従遠村手伝之事ハ可令用捨候、右之趣夫々可被御申付置候、以上

「世話人」郡山村仁介・新蔵の「才判」で引越した者の収納米引き渡しは、「引入才判人」と「主付才判人」に半高ずつにして渡し、越百姓共の手伝人足もこれに準ずる、また仁介・新蔵の手伝については、安積郡仙道村々以外の遠村よりの手伝は用捨する、とある。ここから、郡山村仁介・新蔵は「引入才判」と「主付才判」のうち、「引入才判」を中心に担ったことが推察される。また彼らは、郡山村の近隣村に限らず遠村に引越していく者の「才判」もおこなったようだ。先の触書によれば、日雇取が永引越を希望すれば、日雇宿が「判元を見届」けて引越先の村の者が出願するよう定められており、仁介・新蔵は日雇宿ではあるが、引き入れを中心に担った点と引越先が広範囲な点で例外的な存在だったとみられる。

このうち、仁介という人物について追ってみたい。寛延二年（一七四九）以降、郡山村において他所よりの永引越人の大量流入が始まったことは前項で述べたが、同二～三年の上町の人別改帳には、その全員が「当下町仁介才判」にて越後より引越した旨の記載がある。[30]また、宝暦五年（一七五五）六月から一〇月にかけて、上総より七八人、越後より七五人が越百姓として移住したことも先述したが、じつは越後越百姓は全員「九月廿七日郡山仁助方へ着」いたのち、「郡山仁介才判ニ而越後より引越」していた。[31]このように、郡山村仁介は、日雇宿に任命され他所者引き入れの世話をする以前から、主に越後より引越する者の「引入才判」を専門とする人物だったとわかる。

仁介自身が越後にどのような由縁があるかは判然としない。ただし、明和四年（一七六七）下町人別改帳には、仁介は「越百姓」と記載があり、[32]仁介自身が他所から永引越し高主付した人物だったといえ、越後出身の可能性もあるだろう。なお、新蔵については、天明七年（一七八七）越後よりの飯盛奉公人の「判人」「判元」として、

奉公人取り戻し訴訟時に、抱え主とともに評定所へ出頭するよう命じられた事例がある[33]。

人別改帳によると、仁介は安永六年（一七七七）に死去するまで郡山村に居住し続けたが、その間に聟をとり彼の仕事を引き継がせた。二代仁介は当初三吉といったが、初代の死去に伴い仁介を襲名して家主となり、のちに苗字を許可されて宮嶋仁介を名乗った。二代仁介の活動には、越後出身女性の日雇取逗留願の「判元見届」をおこなった事例[34]、最上出身女性が誘拐されて奉公人に売られた事件において、仁介が奉公人の「人元」と抱え主とを斡旋する「世話」をした事例がある[35]。隠居し弥市を名乗ってからは、上町の「判元見届人」作十郎が抱えていた越後出身女性が飯盛奉公に勾引売りされた事件において、作十郎の「難渋之懸り合気之毒」のために解決に乗り出した事例がある[36]。二代仁介の養子金六は、文化四年（一八〇七）に家主となり仁介を名乗った。三代仁介は、文化四年時点で他所よりの奉公人の「世話」を担う「判人」だった[37]。そして、文政五年（一八二二）および同六年の越後出身飯盛女の奉公人請状では、いずれも「判元見届人」として請判しており、のちに親類らから奉公人取り戻しの主張があった際には、抱え主から相談を受け対応している[38]。

このように、二代・三代の活動詳細については、他所よりの奉公人の「世話」に関するものが多いが、これらの史料は奉公人をめぐり不測の事件が発生した際に作成されたものであるため、日常的な逗留人・永引越人への「引入才判」活動も継続していたと考えるほうが妥当だろう。というのも、安積郡内の近隣村で確認できる宝暦期～明治初年の逗留・永引越の願書によれば、そのほとんどで「判元見届人」の請判が継続的に確認できるからである[39]。

また、文政一三年（一八三〇）に代官に提出された郡山町役人の内意書では、「永引越逗留人別等之義ハ不残判師之手へ懸り候義ニ候処、右之者働・不働ニ而増減も有之候事ニ御座候間、人品相探立替申度奉存候、其人品ニ寄候而者飯盛女無之義無御座[40]」と述べられている。要するに、永引越・逗留は残らず「判師」（判元見届人のこと）の手にかかることであり彼らの働き次第で永引越・逗留人が増えも減りもする、また彼らの人品により飯盛女がいないこともなくなるという。つまり、文政期の郡山宿における「判元見届人」は、すべての永引越人・逗留人の「引入才判」を担い、飯盛女の「引入才判」にも関わっていた。

以上みていくと、「判元見届」とは、永引越人・逗留人・奉公人も含めた他所者の「引入才判」を指しており、寛延二年の他所者大量流入時の初代仁介のような「才判」人は、近世後期郡山宿における「判元見届人」の前身的存在といえよう。ただし、寛政元年時点では日雇宿を介さない相対での雇入れが許容されていたが、文政一三年時点では、少なくとも郡山宿においては逗留人もすべて「判元見届人」を介することになっていたように、その活動範囲は次第に変化、拡大していったと思われる。

3　奉公人流入の特質

本項では、他所よりの奉公人流入の状況を検討する。【史料3】は、宝永六年（一七〇九）の他所よりの奉公人に関する大槻組各名主の連判証文である。

【史料3】　宝永六年一二月「覚（他所者差置心得）」（『山岡文書』支配三六四）

（端裏書）「□《大》槻組名主共連判証文」

覚

一去年当春越後筋より奉公人之女召連参候者共之儀様子疑敷有之ニ付、吟味之上急度可被仰付所、今般公儀御大赦ニ付不及糺明被成御免候条、自今以後他領之者譜代ニ令相対召置候ハ者、先村名主方より証文を取其旨役所江相伺可指置候、勿論人帳ニ載可申候事

一他所より永年季之者指置之請人証文等弥念を入名主方江相断、尤人帳ニ不漏様ニ可仕候、暇遣候節者役

所江可相伺候事

一右同一年限之奉公人是又名主江相断人帳へ可記之、暇を遣候節者御代官迄可申出候事

附、只今迄他所より指置候奉公人、若人帳ニ不載者も於有之者、縦雖為一年限之者此度書記可申候事

右之通被　仰出候条可相守、此旨若相背候ハヽ、其品ニより急度可被　仰付候也

丑ノ十二月

右には、昨年と当春に越後筋より奉公人の女を連れてきた者共の様子が疑わしいので、吟味の上厳重に命じるべきところ、今般の公儀大赦[41]により糾明を免じるとある。そして、①他領の者を譜代に置く時は先方名主より証文を取って役所へ伺い人別改帳に記載すること、②他所より永年季の者を置く時は請人証文など念を入れて名主へ断り人別改帳へ記載し、暇を遣わす場合は役所へ伺うこと、③他所より一年限の奉公人も名主へ断り人別改帳へ記載し、暇を遣わす場合は代官まで申し出ること、の三点を守る旨を誓約している。

冒頭の、越後筋より奉公人の女を連れてきた者共の疑わしい様子の詳細は不明だが、その後の内容から奉公人の身元の不吟味などを指すと思われ、不吟味による役所・名主への不報告や人別改帳への不記載などの問題が存在したと推察される。注目したいのは、一八世紀初頭段階ですでに越後より領内への下女奉公人の流入が始まっていたことである。そして、越後を含む他所より奉公人が来た際には人別改帳に記載するなどの手続きが、改めて確認された点をおさえておきたい。

なお、郡山村における下女奉公人は領内の近隣農村からも他所からも来ていたが、下男奉公人が他所から来ることはほとんどなく、圧倒的に領内の近隣農村からであった[42]。実際に各年の人別改帳をみると、他所よりの下男奉公人は一八世紀では〇～二人、一九世紀でも一～五人という変遷にとどまっている。一方、他所よりの下女奉公人をみていくと、寛政期には五〇人、文化期には一〇〇人、文政期には一時期二〇〇人を超え、天保

期以降は一五〇〜二〇〇人を維持した。

こうした、下男・下女奉公人の非対称性の要因として考えられるのは、第一に、他所よりの男性労働者は奉公人としてではなく、人別改帳には記載されない逗留人としての流入がより一般的だった点が考えられる。実際、逗留人には単身男性および一家で流入する場合が多く、単身女性は稀だった。(43)第二に、郡山宿など宿場に特徴的に存在した飯盛女という単身の女性労働者の需要が高かった点である。人別改帳には「下女」とのみ記され奉公内容は記載されないが、文政六年(一八二三)〜七年の飯盛女書上と人別改帳とを照合すると、飯盛女・子供の全員が他所者であった。(44)同宿の飯盛女が近世を通して他所者であったかは明らかでないが、前項で述べたように、他所者の「引入才判」を担った「判元見届人」の人品が飯盛女の増減に関わった点を考慮すれば、少なくとも近世後期においては彼女らが基本的に他所者であったと推定して差し支えないように思われる。(45)

次に、郡山村上町・下町の人別改帳をもとに、他所よりの下女奉公人の流入元について分析し、その特質と変遷を検討してみたい(【表2】)。

第一に、他所より流入する下女奉公人には、国元から直接出て来た者(直出)と奉公先の住替にて来た者とが存在し、(46)それぞれに時期的特質がみられる。享保期以前に他所より直出の下女奉公人は、仙台領のほか守山・長沼・福島・三春領(いずれも現福島県域)といった比較的近隣の他所者である。そして、元文期以降は越後よりの直出がみられるようになり、その人数は増加していく。ただ、正徳〜延享期にかけて、住替の下女奉公人の一部には生国(出身地)が記載される者もおり、その内訳は南部領等も確認されるが、越後が最も多い。一八世紀初頭にはすでに越後より下女奉公人が流入していたことは先にみたが、人別改帳からも改めて確認できる。

一方、他所より住替で流入する下女奉公人は、正徳〜明和期にかけて確認され、その奉公元の多くが近隣他所(現福島県域)である。特に、享保〜宝暦期は信夫郡(現福島市など県北部)が際立って多い。詳細にみていくと、

住替	
人数	詳細
11	宇都宮2・相馬2・越後1・会津1・福島1・三春1・守山1・岩城1・白川1、生国記載：越後3・南部2
51	信夫34・高畑7・守山5・白川2・宇都宮1・小手1・相馬1、生国記載：越後2
37	信夫34・守山2・高畑1、生国記載：越後1
55	信夫48・今泉4・高畑1・宇都宮1・守山1、生国記載：越後2
58	信夫45・小手9・今泉2・高畑1・守山1
13	信夫8・越後3・小手1・守山1
3	越後1・信夫1・伊達1
0	
0	
0	
0	
0	

特定の人物が多数の下女奉公人を郡山村両町へ住替えさせていた。【表3】に、奉公元として頻出する者と彼らが住替えさせた下女奉公人の人数をまとめた。彼らの実態までは明らかにできないが、八丁目は奥州道中の宿場、笹木野・庭坂は米沢街道の宿場であり、下女奉公人の前奉公地とも考えられるが、同時期に多数の下女奉公人を郡山宿に送り込んでいることから、奉公人を調達し斡旋する宿であった可能性もある。(47)

　これらの下女奉公人の出身地はほとんど不明だが、享保一四年(一七二九)に郡山村上町義右衛門方から欠落したちやうについては、人別改帳に詳細な記述がある。

【史料4】　元文五年(一七四〇)三月「安積郡郡山上町人御改帳」(『今泉文書』村六七三)

高畑領永手村市兵衛下女御願申上八年居消質物
召抱申候所、此女享保十四酉年五月致欠落候、
同村平内・善五郎ニ尋させ段々追参候所、会津
領坂下村庄屋作十郎方江欠込、元越後者ニ御座

【表２】　他所よりの下女奉公人の流入元

年	総数	直出	
		人数	詳　細
正徳２（1712）	21	10	仙台３・守山２・福島２・三春２・長沼１
享保15（1730）	51	0	
元文５（1740）	39	2	南横田１・越後１
延享２（1745）	55	0	
寛延２（1749）	59	1	越後１
宝暦６（1756）	25	12	越後12
明和４（1767）	30	27	越後27
安永４（1775）	42	42	越後40・信夫２
安永９（1780）	35	29	越後28・信夫１
天明５（1785）	45	47	越後42・津軽２・信夫２・伊達１
寛政元（1789）	51	51	越後43・仙台３・信夫３・津軽１・相馬１・伊達１
寛政11（1799）	58	58	越後53・伊達２・出羽１・信夫１・岩瀬１

註）『今泉文書』各年郡山村上町・下町人別改帳より作成。上町・下町ともに人別改帳が伝存する年を中心にまとめた。なお、安永９年以降帳末に記載が始まる「他所より奉公人」の集計値を転記したため、総数とその内訳の合計値があわない年もある。

候所同御領矢沢村ニ罷有候所被勾引、二本松領郡山村江被売候と申ニ付、会津御役所ニ而御吟味之上越後新発田御届ヶ御座候得而、新発田より親類とも被遣人頭御渡被遣候由、会津町宿七日町清介方より知を遣候（以下略）

ちやうは郡山村から欠落後に会津坂下村庄屋方へ欠け込み、自分は「元越後者」だが勾引《かどわ》かされ郡山へ売られたと説明し、会津役所で吟味がなされ越後新発田より彼女の親類が遣わされている。つまり、ちやうは越後国新発田領出身と思われ、勾引かされたのち高畑領永手村（現山形県米沢市）市兵衛に抱えられ、郡山へ住替したことになる。

【表２】から、第二に注目したいのが、寛延期を境に他所より直出で流入する下女奉公人が増加し、一方主に信夫郡など近隣他所より住替で流入する人数は減少し安永期以降は消滅する点である。寛延期は、先に検討したように、郡山村では越後よりの永引越人の大量流入が始まった時期でもある。実際に直出の者が増加したのか、あくまで人別改帳の記載

【表3】 住替え下女奉公人の人数

奉公元	(1730) 享保15	(1740) 元文5	(1745) 延享2	(1749) 寛延2	(1756) 宝暦6	(1767) 明和4
信夫郡八丁目村喜三郎	12	2	2	1		
信夫郡八丁目村善次郎			6	5		
信夫郡笹木野村十五郎		12	5	1		
信夫郡笹木野村清兵衛		18	23	5		
信夫領庭坂村庄次郎		2	2	1		
信夫領安養寺村茂右衛門			7	10		
信夫領飯野村小七郎				19	6	1
今泉領今泉村半内			5	3		
小手郡川俣飯坂村権左衛門				9	1	
高畑領長手村市兵衛	5	1		1		

出典）『今泉文書』各年郡山村上町・下町人別改帳より作成。

様式上の問題で、新規召抱えの者が直出の下女奉公人として処理されるようになっただけなのかは断定しにくい。ただ、近世後期に奥州道中など近隣の宿場間で飯盛女の住替は盛んにおこなわれており(48)、記載様式上の問題と考えるほうが妥当だろう。つまり、寛延期を画期として、次第に下女奉公人を抱える際には全員の親元の情報を把握するようになった、もしくはしなければならなくなったとみられるのである。

なお、下女奉公人の総数は、享保〜寛政期は五〇人前後で大きな変動はみられないが【表2】、文化期以降他所より流入する下女奉公人の総数はさらに増加していく。この増加分のかなりを占めたと思われる飯盛奉公人の一九世紀以降の状況について、次節でみていくことにする。

二　飯盛女流入の展開

1　身元と流入経緯

第一節では、二本松藩における他所よりの永引越・逗留・奉公人の流入について検討してきた。これをふまえ、本節では、郡山宿の飯盛女をめぐる勾引《かどわかし》売りの事件・欠落事件・刃傷事件など多岐にわたる事件記録から、彼女らの流入実態に迫りたい。

まず、飯盛奉公「希望」者がどのように郡山宿に同道されてきたかをみていこう。【表4】は飯盛女の身元が判明する事件記録一〇件をまとめたものである。飯盛女は全員他所出身で越後が最も多く、実父あるいは継父・兄を身元として奉公に出されている。勾引のうち2・10では、飯盛女を勾引かし同道してきた者が人主となり、高額な身代金(給金)を奪って逃走している。また、1・3・5・6・8では、身元は全員越後ではあるものの、実際には親は江戸・郡山・岩城住吉村(現いわき市)・須賀川といった他地域に居住している。このうち、飯盛女が郡山宿に来た際の様子がうかがい知れるのは3・6・8なので、この三例についてさらに詳細に検討していく。

まず、3の飯盛女しをが飯盛奉公に出た際の経緯をみていく。しをの実父権助は、越後から郡山宿へ「永引越仕小商等」をしていたが、しをを同宿の薄井小七郎(旅籠屋)方の「飯盛奉公」に出し、その身代金三五両で「借金等」を支払い、「残金」で「飯盛女壱人」を召抱え一家の「暮向之助」にしたという。実際、人別改帳には一四歳のみかという者(しをのこと)が文化一三年(一八一六)より薄井小七郎に召抱えられており、[49]文政二年(一八一九)以降は薄井小七郎方を抹消、実父権助の人別に「越後国蒲原郡長岡領新潟鍛冶町権之介娘卯年より質物」の「下女」として加えられるようになり、[50]文政六年(一八二三)以降しをと改名し、結婚するまで権助人別の「厄介」として記載され続ける。[51]

続いて、6のつるが飯盛奉公に出た経緯をみていく。つるは白川出身であったが「父常ハハ離別ニ相成行方も無之母みよニ被養罷在」ところ、母が「木羽ふき渡世之男」に続き「木挽」文七を夫とし、「困窮ニ而暮方も立兼」つるは二本松へ奉公に出た。そこで、母が「又別之男を連行方なしニ逃去」ったためつるは「継父」

文七に「身受」され、文七の実母（「越後素生之者」）とその夫がいる須賀川に行くが「勤奉公致呉候様」に言われ、文七・文七の実母の「両人人主」にて久蔵（郡山宿旅籠屋）方へ「奉公住」になったという。つるを「道中旅籠飯盛下女奉公」に差し置いた奉公人請状も残されているが、文七の肩書は「越後国蒲原郡水原御料石川村人主」、文七実母は「須加川本町文七母」とあり、人別改帳にも「同国同郡《（越後国蒲原郡）》水原御料石川村文七娘申年よりしち物」とある(52)。このように、奉公人請状や人別改帳では身元は越後でも、実際には継父は須賀川に居住していた点に留意したい。

さらに、8のなみが飯盛奉公に出た経緯についてみていく。なみの実父金八は、「年貢金ニ指詰」まり「家内一同」で「当分為稼」奥州へ赴いていたが、翌年「帰国之節」に郡山宿の柏屋清兵衛という者からなみを「貰受度」と「頼入」があり、「売女者勿論水仕奉公者決而不為致」と聞いたため、なみを残して帰国した。ただ実際は、なみは「長々売女為奉公」差し出されていた。なお、柏屋清兵衛によれば、なみは「養女」に貰ったのではなく「飯盛奉公ニ召抱」えたのであって、金八も金五両を持ち帰ったという。いずれにせよ、なみの身元は越後だが、奉公に出た当時は一家で奥州に「当分稼」（「日雇取」）に来ていた時だった。

事件内容	史料番号
継父による取戻事件	村 88 ～ 91、治安 28 ～ 33
勾引ならびに実父による取戻事件	治安 84 ～ 101,111, 村 146,1058,1061, 交通 279
刃傷事件	治安 379
親兄弟による連れ出し欠落	治安 559、665
実父と姉夫婦による取戻ならびに欠落	治安 335
親類と名乗る者による取戻事件	村 262
勾引ならびに取戻事件	村 332
兄による取戻事件	治安 347
病気持込ならびに刃傷事件	治安 430、431、719
勾引ならびに取戻事件	村 596、597、1086、1098

註）『今泉文書』より作成。

【表4】　身元の判明する飯盛女関係事件

	年代	飯盛女	身元
1	寛政5（1793）	もよ	実父：欠落（米沢居住） 継父：江戸浅草田原町弐丁目市郎兵衛店　太左衛門（生国は越後国新潟、当時は江戸にて売薬渡世） 実母：越後国蒲原郡長岡領新潟寺町六ノ丁　かの、夫（継父）と江戸居住
2	文化4（1807）	やの（偽名もよ）	実父：越後国蒲原郡白川領下条村　仁兵衛（勾引し伯父と名乗った無宿熊次郎が人主）
3	文化13（1816、事件は天保8）	みか→しを	実父：越後国蒲原郡長岡領新潟鍛冶町　権助（実際は一家で郡山へ永引越）
4	文政7（1824）	きん	実父：清八（越後国）
5	文政8（1825）	たか	実父：越後国蒲原郡水原御料葛塚村　又兵衛（実際は娘夫婦とともに岩城住吉村居住）
6	文政9（1826）	つる（さつき）	継父：越後国蒲原郡水原御料石川村　文七（文七母が須賀川に嫁いでおり、実際はともに須賀川居住） 実父：常八、つるが幼年の折に離別し行方不明 実母：みよ、当時は米沢東町政五郎の妻
7	文政10（1827）	ふさ	実父：白河領伊達郡懸田村　忠左衛門
8	文政11（1828）	なみ	実父：越後国蒲原郡三門新村　金八（一家で日雇取として奥州へ罷越）
9	嘉永6（1853）	とま	兄：羽州山形八日町　常吉
10	元治元（1864）	いく	実父：越後国蒲原郡新潟湊町　李兵衛（勾引した新潟鍛冶町又太郎が人主）

以上の三例のように、飯盛女の身元は越後とされながらも、実際には生活困窮を理由に逗留や永引越などの形で、郡山を含めた近隣地域まで親が労働に出て来ており、その上で生活に窮して娘を飯盛奉公に出していた。つまり、娘を飯盛奉公に出すことが、一度に比較的大きな金額を手に入れる手段の一つになっていた様相がうかがえる。また、【表4】の4ではきんの奉公中にも親兄弟が抱え主方へ「折々出入」していたり、5ではたかの姉と実親が岩城住吉村に居住していたり、8ではなみの親類が二本松へ奉公に来ていたりして、郡山宿で飯盛奉公をする娘の比較的近隣に奉公人の親兄弟・親類の存在がある。このことが、越後という「遠国」から奥州へ飯盛奉公に娘を出すことの心理的ハードルを下げていた可能性もある。

2　取次人の役割

【表4】のうち2のやのは、奉公住が決定するまでの取次過程が詳細に判明する事例である。ここから、一人の飯盛女の奉公住をめぐってどのような取次人が介入し、何がおこなわれたのか検証していきたい。まずは、やのの口上書[53]を中心に事件経緯をおさえておこう。

　文化四年（一八〇七）九月、越後国蒲原郡下条村（現五泉市）出身のやの（越後蒲原郡山谷村出身のもよと偽る）は、道にて馴染となった越後横場村（現田上町）庄太郎に誘われて「連立能キ所江立越可申」と決まり、「文田の舟渡」（現阿賀野市）にて待ち合わせて無宿で香具師の熊次郎（偽名長蔵）と合流した。その後越後大野村（現新潟市）へ行き、同村の勘太郎・たみ・たみの子二人を加えて移動、奥州道中本宮宿を経由して郡山宿へ到着する。

　そこで熊次郎はやのに対し、「当所江奉公ニ売」る由を伝えるが、「悉ク不得心」の趣を答えると、「打殺ス」など「様々おそろしき事共」を言われ、このままでは「如何様之目ニ合候哉も女之了簡落付兼」と思い、大野村より同道だったたみに相談する。たみからは「彼是申候而も今更のがれかた」いので、「先ツ奉公ニ被売居」、郡山宿にいるたみの悴らが折をみて誘い出すから、その時「越後江連戻り可申」と提案される。しかし、もし発見されて捕えられ「又々遠国江売被替候哉も気之毒」と言うと、たみは「以之外ニ立腹」し、たみの子も「聞わけ候而三年奉公」に出るのに「有間敷由」と叱りつけた。

　やのは、「何れ江相咄し候而も無是非」と思い、「せめて金子等ニ而も沢山ニ被貰可申哉」との心得で承諾した。そして、熊次郎がやのの伯父であると偽って人主になり、大野村出身で当時郡山宿居住の清内が取り次いで作十郎が判元見届人に立ち、やのは年季六年一〇ヶ月、身代金一八両にて安楽屋兵四郎（旅籠屋）方の「飯盛奉公人」に抱えられた。その際、清内からは「遠国江相越し候而者右も左も知れ兼、仍而心遣し候計りに可有之候間、我等方を我家も同様ニ心得、心置なく何事も相咄し可申」と告げられている。

　その後、やのには一両一分二朱しか渡されず、「是敷被相渡旁偽りニ被致候段心外」に思い、熊次郎らの去った後「した敷物語」したことのあった清内の娘に対し、「私被馬鹿売れ申候、金子も私へ呉候由、其儀も無御座候」と打ち明けたことで「かどひ」事件が露顕した。その後、作十郎忰文次郎・清内らが探索に出たが熊次郎らは発見できず、やのは結局親元へ帰されることになった。

ここで、取り次ぎを担った清内という者について、彼の口上書から確認したい[54]。清内は越後「大野村素生」だったが、「村元ニ而暮かね」、「家内四人同道」にて「女房之姉」を頼って「関東小川与申処」へ「参心指」のところ、「折節手足痛ミ病気付」たために、郡山に居住する「兄弟」と「妹聟」を頼り二年ほど「逗留」しているという。ただし、当時は「困窮」で「今日越漸営候仕合」なので「判賃差出候儀難相成」く無届逗留状態だった。仕事は道にて「売物取ひろけ」の商売である。なお、大野村役人の書状によれば[55]、清内は「数十ヶ年以前」より「帳外之もの」と通達されている。また、事件内済のために清内は損金五両二分二匁五分を負担することになったが困窮で捻出できず、郡山居住の清内親類九人が年賦で負担することになった[56]。つまり、清内の親類は郡山に少なくとも九人が居住していた。

右をふまえ、奉公住に至る経緯をみていく[57]。清内が国元の大野村で「兼而存居候者」のたみから、自分の娘を郡山に「奉公ニ指置度同道」してきたが、もう一人「友連」の山谷村の娘(やの)が郡山へ来たら「世話仕呉候様」依頼され、清内は「随分入口可有之事」なので承諾した。翌日、たみからやのの「世話」を依頼されたため、郡山には「仁介・作十郎与申判人」がいるので「是江相頼候得者我等世話いたし候迄も無之」と返答するが、たみは「其儀茂御当所《(郡山)》不勝手」なので「添心」を「達而相頼」んだ。「知り合」だったので清内は妻に申し付けて、判元見届人作十郎方に対し、「奉公人相越候間世話いたし呉候様」に伝えた。

続いて、作十郎は清内に連れられてきた人主熊次郎と面会する。その経緯を作十郎の口上書からみていくと[58]、熊次郎は作十郎に対し、「私《(熊次郎)》姪《(やの)》もよ申女越後より同道」してきたが、これは郡山に「懇意之衆迚も無之不勝手」ではあったが、やのの親が拝借金返納に差し支え「無拠年季奉公ニ差置申度召連」てきたものだと伝える。作十郎が「親儀は如何いたし不参候哉」と尋ねると、「病気故無拠私《熊次郎》同道致候」と返答、作十郎は「相違も無之儀」と判断している。なお、これを受けて作十郎は熊次郎に対し「奉公人口入いたし候頼証文」（「下請証文」）を判元見届人作十郎宛で作成するよう「案文」を渡して指示し、清内加判のうえ提出させた。そして、作十郎は人主熊次郎より礼金一両二朱、清内は熊次郎と作十郎よりそれぞれ礼金二分・「奉公人口入頼」礼金二朱を受け取っている。

さらに、奉公人を抱えるにあたっては、抱え主も「請合」という奉公人の身元確認が必要だった[59]。まず、やのを抱えたく思った安楽屋兵四郎は、清内に「私《清内》請合之者ニ候ハ、弥召抱申度」と頼んだが、清内は「右奉公人《やの》私《清内》存候者ニ無之」として断る。そして、自分ではなくたみに頼むように勧めたが、たみは「娘縁付」のため三春領へ行っており不在だった。そこで清内は、たみと同様にやのを同道してきた「国元ニ而存候者」でもある勘太郎に対し、やのが「いか様之人許ニ候哉」について、「其許《勘太郎》我等《清内》方江人許請合」をするならば「兵四郎方江者我等《清内》請合候」と伝えるが、勘太郎は「我等《勘太郎》聢与請合之儀者物好ニも相見」えるので、たみを郡山に戻らせた上で、たみが「請合候」と言えば「其許《清内》随分請合兵四郎方江奉公住世話いたし候様」と提案し、その通り成立している。

つまり、やのの身元を同道人のたみが「請合」、たみの身元を同郷知人の清内が「請合」ことで奉公住が成立した。なお、「請合」時の金銭授受は判然としない。また、本件では人別送りはおこなわれておらず、第一節第一項で述べたような、同道人が相互に「請合」をする逗留人の「請合」と同様の身元確認方法が採用されている。多くの他所者が流入していた郡山宿では、この事例のように人別送りが省略される場面は多かったと思われ、逗留人・奉公人の身元確認の手段として同道人・知人同士が身元を保証しあう「請合」が広く用いられていたと推測される。

以上、やの一件の奉公住取次過程について検討してきた。その際、清内のように越後から奥州に労働に出てきても生活に困窮する者が、同郷知人より「頼」まれ「世話」することで、奉公人取次の礼金稼ぎをする者の存在が明らかになった。そして、清内・たみはともに越後大野村出身だが、郡山宿やその周辺地域にそれぞれ親類が居住し、清内に関しては一定程度の相互扶助の関係も有していた。人別送りが必ずしも要件とされていない逗留人・奉公人の身元確認においては、同郷者の人間関係が活用される場面が少なくなかったと考えられ、飯盛女を召し抱える際には、旅籠屋や判元見届人など宿場側でも、そうした人間関係に期待もしくは依拠する側面があったのではないか。

おわりに

本章では、二本松藩を事例に、労働力需要の高かった宿場における、越後を中心とした他所者受け入れ状況、および飯盛女流入の実態について検証してきた。

第一節でみたように、領内の人口減少・手余り地拡大を危惧した藩は、越後を中心とした他所者引き入れに積極的に取り組み、結果として男性単身者は逗留人として、女性単身者は奉公人として多くの人々が流入し、一家で逗留もしくは永引越する者も少なくなかった。その際、他所者の「引入才判」をおこなったのが判元見届人であった。そして、郡山宿における判元見届人の活動は、藩が他所者引き入れに積極的に乗り出す一八世紀半ば以降本格化し、越後者の引き入れを専門的に担うような人物も出現した。また、越後よりの下女奉公人は、すでに一八世紀初頭には流入が始まっており、現在の福島県北部の信夫郡・西部の会津藩領・米沢藩領などを経由して郡山宿に流入していた。

そして、一九世紀に入ると、第二節で検討したように、生活困窮を理由としてさらに多くの越後者が逗留・引越などの形式で郡山宿やその周辺の南奥州地域に居住するようになり、出稼ぎや移住を契機として娘を飯盛奉公に出す者も確認された。また、移住者が同郷の誼みで飯盛奉公の取り次ぎをおこない、礼金稼ぎをする事例もあった。このようにみていくと、越後から郡山宿周辺地域へ移動・移住する人々の増加により、越後を身元とする飯盛女の流入が連鎖的に拡大していった可能性を指摘できる。

文政六年（一八二三）、二本松藩は郡山引立修法と称して旅籠屋の経営再建を実施し、そのなかで飯盛女増加策が実施されることになる[60]。ただ、人別改帳によれば、すでにその数年前から郡山宿に流入する他所よりの下女奉公人は増加を始めており、引立修法は結果的に下女奉公人のさらなる増加を促すことになった。こうした急増が可能となった背景として、一八世紀初頭以来の人々の移動・移住によって次第に形成された、越後を中心とした他所より郡山宿へという労働力需給・取り次ぎの地域構造が、一八世紀半ば以降の藩による他所者引き入れ政策を経て、一九世紀初めにはすでに成立していたといえるのではないか。

今後の課題として二点を挙げておきたい。第一に、越後蒲原郡より仙道筋へという人々の移動について、信夫郡・会津藩領などへの人々の流入実態とあわせて検証することで、越後者の移動の動向の全体像が明らかになると思われる。第二に、本稿では、越後よりの労働力供給を中心にみてきたが、二本松藩領の特に農村部においては、越後よりの縁組が盛んにおこなわれていた。この問題をあわせて検討することで、領内への他所者流入の全体を見通すことが可能になると思われるので、今後の課題としたい。

［註］

（1）佐藤信淵「経済要録」巻之十四（滝本誠一編『日本経済大典　第十八巻』啓明社、一九二九年）。

（2）五十嵐富夫『飯盛女—宿場の娼婦たち—』（新人物往来社、一九八一年）、宇佐美ミサ子『宿場と飯盛女』（同成社、二〇〇〇年）、仁平佐智子「日光道中粕壁宿の飯盛女について」（『駒沢史学』六〇、二〇〇三年）、草野喜久『史料で見る女たちの近世—南奥二本松領・守山領を中心に—』（歴史春秋社、二〇〇四年）。越後から出て来て関東を住替の後、最終的に江戸新吉原にいたという遊女の史料もある（横山百合子「芸娼妓解放令と遊女—新吉原「かしく一件」史料の紹介をかねて—」（『東京大学日本史学研究室紀要』別冊「近世社会史論叢」、二〇一三年）。

（3）森安彦「近世宿場女性史研究—北国往還信州下戸倉宿の「飯盛女」—」（村上直先生還暦記念出版の会編『日本地域史研究』文献出版、一九八六年）。

（4）越後における出稼ぎと地主制との構造的関係については、高沢裕一「出稼ぎ労働と小作経営—越後頸城地方を例として—」（『史林』四五‐二、一九六二年）、同「米作単作地帯の農業構造」（堀江英一編『幕末・維新の農業構造』岩波書店、一九六二年）、中山清「幕末・明治初年における農村構造と労働力移動について」（『歴史学研究』四一八、一九七五年）。

（5）中村義隆『割地慣行と他所稼ぎ—越後蒲原の村落社会史—』（刀水書房、二〇一〇年）。

（6）高橋菜奈子「越後の他国稼ぎと口入・宿」（『国史談話会雑誌』四三、二〇〇二年）、同「新発田藩における他国稼ぎをめぐる政策と地域の諸相」（『歴史』一〇二、二〇〇四年）。

（7）辻まゆみ「他国稼と村社会」（渡辺尚志編『近世米作単作地帯の村落社会—越後国岩手村佐藤家文書の研究—』岩田書院、一九九五年）。

（8）秋本典夫「北関東の荒廃とその復興策—下野国芳賀郡における幕府の入百姓政策を中心として—」（『宇都宮大学学芸学部研究論集　第一部』一五（第一分冊）、一九六五年）、中村辛一「越後農民の奥羽関東移住」（『新潟大学教育学部高田分校研究紀要』一五、一九七一年）、『新潟県史　通史編4　近世二』（新潟県、一九八五年）、阿部善雄「結納金慣習の発生とその伝播」（『立正大学文学部論叢』八三、一九八六年）、有元正雄「北陸門徒の入百姓と寛政改革」

（『日本歴史』五五五、一九九四年）ほか。なお、北陸諸藩領から関東・奥州への入百姓には、真宗教団が組織的・積極的な役割を果たしていた（岩本由輝「浄土真宗信徒移民の経路についての一考察」〈『山形大学紀要社会科学』一九・一、一九八八年〉、前掲有元論文ほか）。

（9）森田武「在郷町における階層構成の特質と矛盾関係―近世後期郡山町の商人資本の性格と下層町民の分析を中心に―」（『埼玉大学紀要教育学部（人文・社会科学）』二五、一九七六年。

（10）高橋美由紀『在郷町の歴史人口学―近世における地域と地方都市の発展―』（ミネルヴァ書房、二〇〇五年）。

（11）郡山の「町」昇格については、渡辺浩一『近世日本の都市と民衆―住民結合と序列意識―』（吉川弘文館、一九九九年）参照。

（12）拙稿「郡山宿の旅籠屋」（佐賀朝・吉田伸之編『シリーズ遊廓社会1　三都と地方都市』吉川弘文館、二〇一三年）参照。

（13）二本松藩領の人口減少については、成松佐恵子『近世東北農村の人びと―奥州安積郡下守屋村―』（ミネルヴァ書房、一九八五年）、同『江戸時代の東北農村―二本松藩仁井田村―』（同文館、一九九二年）、同『名主文書にみる江戸時代の農村の暮らし』（雄山閣、二〇〇四年）、前掲註（10）高橋著書参照。

（14）「八之附録」（『二本松市史　第五巻』二本松市、一九七九年、三二〇頁）、「出生之節不仁之義御停止書付」（『山岡文書』支配二三）。ただし、「先御代より色々御教諭被成又は御法度をも御立おかれ候へとも」とあるように、間引き防止教諭の初出は享保一二年（一七二七）である。『本宮町史　第二巻』（本宮町、二〇〇〇年）五四〇頁参照。

（15）「高庸年譜　八」延享二年条（『二本松市史　第五巻』三〇二頁）。

（16）「口達（出生撫育思召）」（『山岡文書』支配二七四）、「覚（赤子生育触）」（『山岡文書』支配二七五）、「長貴年譜　九」（『二本松市史　第五巻』三五八～三五九頁）。天明六年の仕法の詳細については、高橋美由紀「近世中期の人口減少と少子化対策」（『日本労働研究雑誌』五六二、二〇〇七年）。

（17）『今泉文書』村六七九、『今泉文書』村八〇四。

（18）『今泉文書』金融五～一四。

(19)『水山文書』村三。同史料中のいずれの上総越百姓・越後越百姓とも移住先は安積郡内に割り振られている。なお、上総からは縁女四人も来ている。
(20)『今泉文書』村八〇八。
(21)前掲註(10)高橋著書。
(22)松本純子「近世町方の「老い」と「縁」―奥州郡山の事例を通して―」(『歴史』九四、二〇〇〇年)。
(23)『安斎家文書』支配二四、『安斎家文書』村四五。
(24)「御記録」安永七年七月廿三日条(『新発田藩史料　第一巻』新発田市史編纂委員会、一九六〇年、一三四頁)。前掲註(6)高橋「新発田藩における他国稼ぎをめぐる政策と地域の諸相」参照。
(25)『今泉文書』史料番号不詳(『郡山市史　第八巻』郡山市、一九七三年、三八三～三八四頁)、『水山文書』支配一一九。
(26)吉田正志「江戸時代の奉公人調達・斡旋に係わる事業・業者の諸類型試論」(『立命館法学』三三三・三三四、二〇一〇年)。
(27)家世実紀刊行編纂委員会編『会津藩家世実紀　一〇巻』(吉川弘文館、一九八四年)宝暦八年四月二九日条。前掲註(26)吉田論文参照。
(28)『今泉文書』支配四四。同宿の日雇宿については前掲註(22)松本論文にも言及がある。
(29)寛政二年(一七九〇)安積郡への越百姓は延べ四七〇人を超えたという(『今泉文書』社会四四八)。
(30)『今泉文書』村六七九、『今泉文書』村六八〇。ただし、記載様式の関係で、両年下町の人別改帳や宝暦期以降の人別改帳には「才判」人の名前は記されていない。
(31)『水山文書』村三。なお、上総越百姓の「才判」については記載がない。
(32)『今泉文書』村八〇八。
(33)『今泉文書』村八八、『今泉文書』治安二八ほか。最終的には内済している。
(34)『今泉文書』社会六五。

(35)『今泉文書』治安六二八。
(36)『今泉文書』治安一〇一。拙稿「宿場における売買春存立の一考察―奥州郡山宿の判元見届人・見廻り分析から―」(『歴史』一二〇、二〇一三年)参照。
(37)『今泉文書』治安九三。以下、近世後期の郡山宿における「判元見届人」の詳細については、拙稿「飯盛下女奉公人請状の形態と機能―奥州二本松藩領郡山宿・本宮宿の事例から―」(『古文書研究』六五、二〇〇八年)、前掲註(36)拙稿参照。
(38)『今泉文書』治安三三五、『今泉文書』村二六二。
(39)『相楽家文書』支配一〇～二〇、『安斎家文書』村五一、『安斎家文書』村一六八、『堀之内佐藤家文書』村五、『山岡文書』交通一一～一二ほか。
(40)『今泉文書』交通七二。
(41)「秀延年譜　六」宝永六年二月九日条「此度大赦ヲ行ハル、因テ諸家中及領分ノ者咎申付置者不苦分ハ可令宥免事、主人心次第ニ可致旨一統江ノ公命奉之是此度御法会ニ因テナリ」(『二本松市史　第五巻』二一七頁)。
(42)前掲註(10)高橋著書。
(43)註(39)に同じ。
(44)前掲註(12)拙稿。
(45)二本松藩が飯盛女を他所者に限定するよう命じた史料は管見の限り見出していない。
(46)人別改帳には、何村誰娘何年より何年季質物、もしくは何村誰下女何年より何年季質物などとあり、直出か住替かが記載上区別できる。
(47)蚕種生産地の信達地方では、農業労働に従事した越後出身の奉公人が安永期ころから散見され、寛政期以降大量に流入し、化政期には特定の人物が宿になっていたという(前掲註(6)高橋「越後の他国稼ぎと口入・宿」)。
(48)例えば、藤田宿(『今泉文書』治安五五九、『今泉文書』治安六九七)、本宮宿(『今泉文書』治安三四七)、須賀川宿(『今泉文書』村五二〇)など。

(49)『今泉文書』村七三八。
(50)『今泉文書』村七四〇、『今泉文書』村七四一。
(51)『今泉文書』村七四三。
(52)『今泉文書』村七四八。
(53)『今泉文書』治安九五。
(54)『今泉文書』治安九三。
(55)『今泉文書』治安九九。
(56)『今泉文書』村一四六。
(57)『今泉文書』治安九三。
(58)『今泉文書』治安九九。
(59)『今泉文書』治安九三。
(60)郡山引立修法については、拙稿「近世後期の都市振興政策と飯盛女―奥州二本松藩の事例―」(『人文学報』四七五、二〇一三年)。

第四章　景勝地と生業—出羽国象潟の開田をめぐって—

高橋　陽一

はじめに

1　『象潟図屏風』

まず、一枚の写真をみてほしい(【写真1】)。これは出羽国由利郡象潟《きさかた》(現秋田県にかほ市象潟町)を描いた『象潟図屏風』(紙本着色象潟図屏風)である。作成者は本荘藩の狩野派絵師牧野永昌であり、作成年代は一八世紀後半と推定されている(1)。

現在の象潟町一帯にはかつて海に連なる浅い潟が広がっていた。その生成は紀元前四六六年の鳥海山噴火による泥流の日本海流出と堆積にさかのぼる。潟の規模は、長さ(南北)約二〇町(二・二キロメートル)・広さ(東西)約七から八町(約〇・八キロメートル)(2)、南北三〇町・東西二〇町などと表記されている(3)。水面と島々が織りなす景観は能因や西行の和歌に詠み込まれるなど、古代より名所として名高く、近世には松尾芭蕉が訪れ、『おくのほそ道』の中で「松島は笑ふが如く、象潟はうらむがごとし(4)」と評したことで、象潟は日本を代表する景勝地として定着していった。だが、文化元年(一八〇四)の大地震によって土地が隆起し、象潟では陸化現象がみられた。その後、土地の開田が進められ、現在は田圃の間に小丘が点在する光景に往時を偲ぶことができる。(5)『象潟図屏風』は大地震前の象潟を描写しており、その壮麗さを余すことなく伝えている。だが、本稿で注目したいのは象潟の美景そのものではない。屏風の細部をよくみると、水辺のところどころに潟にせり出すように田畑が描かれていることがわかる（【写真2】）。注目したいのはこの事実、すなわち景勝地象潟と田畑が近接している、というより両者の境界が不分明であったということである。近世を代表する自然景観は周辺住民の日常の生業空間（二次的自然）と一体化して存在していたといってよいだろう。本稿では、この状況を念頭に、名所象潟が開田されていく論理を環境史的な視点を取り入れながら読み解いていきたい。

2　名所研究と環境史

近世の象潟については、長谷川成一氏が『失われた景観　名所が語る江戸時代』(6)（以下「『失われた景観』」）で論じており、学ぶべき点が多い。文化の大地震後の開田実施に際し、象潟に近接する蚶満寺の住持覚林が反対運動を展開する。閑院宮家を頼って本荘藩と対峙し、景観保存を訴えた覚林だが、要求は受け入れられず、藩に捕らわれた覚林は文政五年（一八二二）に獄死する。『失われた景観』は、大地震以前の本荘藩による象潟への諸政策と覚林の開田反対運動を詳細に論じている。潟が周辺住民の生活の場であったことにも触れているが、全体としては景勝地の歴史的展開を、景観保存の視点を主軸に描き出した成果といえ、景勝地を事例にした近世名所研究の代表作である。(7)

また、近世における景勝地の展開に関しては、紀伊国和歌の浦（現和歌山県和歌山市）を対象にした薗田香融・藤本清二郎両氏の業績もある。代表的成果『歴史的景観としての和歌の浦』(8)は、和歌山県による和歌の浦新橋建設への反対という、まさに現代の景観保存運動から生まれた労作であり、和歌山藩主徳川頼宣による東照宮

（象潟郷土資料館蔵）

と玉津島神社の修造、および徳川治宝による東照宮お旅所の移転と不老橋建設といった和歌の浦の景観整備の過程が明らかにされている。

こうした先行業績からは、近世の景勝地整備の展開が領主権力の意向に大きく左右されることがわかる。だが、一方で景勝地に対しては、来訪する旅行者、およびそこで暮らす人々のそれぞれが多様な思いを抱いていたはずである。観光をはじめとする現代の旅行政策の展開を視野に入れても、旅行者および名所周辺の住民の動向が当時の政策遂行にどの程度影響を及ぼしたのかという点は非常に興味惹かれるところである。景勝地の展

【写真１】『象潟図屛風』

【写真２】 同屛風の部分拡大

開を環境史的な視座を取り入れて検証するという本稿の課題は、かかる問題関心に照応している。それは、より明確にいえば、名所とされる景勝地の展開を周辺に暮らす人々の生業に比重を置いて論じることである。そしてその上で、改めて旅行史の観点から、近世の景勝地に対する諸政策の特質に迫ること、これを本稿の具体的な目的としたい。(9)

社会学や民俗学、人類学で議論されていた環境史が歴史学界で注目を集めるようになるのは、おおむね一九九〇年代後半以降のことである。そのモチーフや研究動向の詳細は専門の論考(10)に委ねるが、環境史研究は自然と人との関係、もしくは自然をめぐる人と人との関係を歴史的に考究していく方向性を持ち、勃興しつつあった資源論や生業論を取り込み、今日では歴史学における一大潮流を形成している。[11]自然から与えられる有用物というのが資源の性格の根幹にあり、生業が「自然のもつ多様な機能から労働・生活に役立つ様々な価値を引き出す行為」[12]と定義される以上、これは当然の趨勢であろう。

従来、自然資源の利用や生業研究の主な対象とされてきたのは水産業・林業・鉱業であり、景勝地の自然はそこに含まれていない。だが、例えば山々に草山循環を強制し続ける草肥農業を手掛かりに導き出された、近世社会を「自然を改造し、自然に圧力をかけつづける社会」とする捉え方は[13]、自然を――それがたとえ風光明媚な景観であっても――必ずしも崇敬や神秘の対象とはみなさない当時の人々の認識イメージを与えてくれる。さらに、水辺エコトーンの生業分析から導き出された、潟湖の環境が人間の生業活動を含み込んだ二次的自然として成り立っており、生態系の維持には人間の存在自体も一要素と位置づけられるとする見方は[14]、景勝地の景観もまた手つかずのままでは維持されないことを示唆してくれる。環境史研究は、近世における人々の自然認識や、人と自然の関係の捉え方に関して、景勝地の歴史的展開の解明につながる有効な視座を提供してくれるのである。こうした意味で、またそもそも景勝地の自然が旅行者を誘引するという社会的有用性を備えているという点においても、景勝地の歴史的展開は名所研究のみならず、自然景観とそこで営まれる生業との関係史、すなわち環境史を射程に入れつつ検討すべき問題であろう。本稿は、名所研究と環境史の架橋を目指すささやかな試みでもある。

一　象潟と生業

1　旅行者と象潟

本節では、文化元年（一八〇四）の大地震発生以前の象潟とその周辺住民の関係を明らかにしたい。

まず、旅行者が捉えた住民の姿を紹介しよう。【表1】は近世に象潟を訪れた旅行者をまとめたものである。列記している『旅客集』[15]以外の記録は、ほぼ紀行文もしくは道中日記である。『旅客集』は、近世から現代まで象潟を訪れた人々の名前や詩句を書き留めた記録で、表には来訪年代が判明するもののみを挙げた。大地震を境に傾向を把握してみると、全八九件のうち大地震以前が五九件であり、多数を占めていることがわかる。また、大地震前は『旅客集』や紀行文が記録の中心で、俳人や学者が象潟を多く訪れ、大地震後は庶民の道中日記が増加してくることもわかる。こうしたことからは、大地震後の景観の変貌により、象潟への文化人の関心が低下していった傾向を読み取ることもできようが、そのように即断するのはやや早計である。筆者は、同じく代表的な景勝地である松島を訪れた旅行者の動向を分析したことがあるが[16]、紀行文の点数のピークは一八世紀で、一九世紀には道中日記の点数が増加した。一八世紀と一九世紀という年代区分でみた場合、文化人の来訪数が減少するのは象潟に限ったことではないのである。このことからすれば、象潟旅行者の変容もまた時代的・全国的な傾向の表出と受け止めるべきではないだろうか。大地震後に文化人の来訪数が減少したのは象潟の魅力の喪失ではなく、歌枕など古代中世の風景や松尾芭蕉の足跡を追い求める文化人の旅そのものが減少していくという歴史的文脈を背景に想定するべきであろう。

【表１】 近世に象潟を訪れた旅行者

No.	和暦	西暦	人名	記録名	典拠・所蔵機関名
1	天和3	1683	大淀三千風	日本行脚文集	『校訂紀行文集』
2	貞享元	1684	池西言水	象潟記	『象潟町史資料編Ⅱ』
3	元禄2	1689	松尾芭蕉	おくのほそ道	『芭蕉おくのほそ道』（岩波文庫）
4	元禄4	1691	丸山可澄	奥羽道記	無窮会専門図書館蔵
5	元禄10	1697	天野桃隣	陸奥千鳥	『俳諧紀行全集　全』
6	享保元	1716	柏亭醜哉	東紀行	函館市中央図書館蔵
7	享保11	1726	素兄	旅客集	『秋田俳書大系　近世後期編』
8	享保19	1734	如吟	旅客集	『秋田俳書大系　近世後期編』
9	元文元	1736	儿鶴	旅客集	『秋田俳書大系　近世後期編』
10	元文2	1737	嵐芝	旅客集	『秋田俳書大系　近世後期編』
11	元文4	1739	東々	旅客集	『秋田俳書大系　近世後期編』
12	元文5	1740	空良	旅客集	『秋田俳書大系　近世後期編』
13	元文5	1740	白梵庵馬州	奥羽笠	天理大学附属天理図書館蔵
14	寛保2	1742	秋瓜	旅客集	『秋田俳書大系　近世後期編』
15	寛保3	1743	菊池彦三郎	（表題なし／道中日記）	『大森町郷土史』
16	延享元	1744	白鳳	旅客集	『秋田俳書大系　近世後期編』
17	延享3	1746	机墨翁	旅客集	『秋田俳書大系　近世後期編』
18	延享4	1747	白翁	旅客集	『秋田俳書大系　近世後期編』
19	延享4	1747	柳儿	旅客集	『秋田俳書大系　近世後期編』
20	宝暦2	1752	夕顔庵風光	旅客集	『秋田俳書大系　近世後期編』
21	宝暦2	1752	一楪	旅客集	『秋田俳書大系　近世後期編』
22	宝暦12	1762	三浦迂斎	東海済勝記	『随筆百花苑13』
23	宝暦12	1762	宮川直之	奥羽松前日記	東北大学附属図書館蔵
24	宝暦12	1762	紅麈	旅客集	『秋田俳書大系　近世後期編』
25	宝暦12	1762	樹仙	旅客集	『秋田俳書大系　近世後期編』
26	宝暦13	1763	里秋	旅客集	『秋田俳書大系　近世後期編』
27	明和元	1764	狸人	旅客集	『秋田俳書大系　近世後期編』
28	明和元	1764	華来	旅客集	『秋田俳書大系　近世後期編』
29	明和元	1764	雁岩	旅客集	『秋田俳書大系　近世後期編』
30	明和元	1764	一水	旅客集	『秋田俳書大系　近世後期編』
31	明和2	1765	岱川	旅客集	『秋田俳書大系　近世後期編』
32	明和2	1765	西角庵一方入道行雲	奥羽紀行	天理大学附属天理図書館蔵
33	明和2	1765	木村有周	伊勢参宮・西国巡拝道中記	『続矢島町史上』
34	明和3	1766	市中	旅客集	『秋田俳書大系　近世後期編』
35	明和4	1767	沙舟	旅客集	『秋田俳書大系　近世後期編』
36	明和6	1769	魯守	旅客集	『秋田俳書大系　近世後期編』
37	明和6	1769	路山	旅客集	『秋田俳書大系　近世後期編』
38	明和8	1771	和人	旅客集	『秋田俳書大系　近世後期編』
39	安永元	1772	中山高陽	奥游日録	『日本庶民生活史料集成3』
40	安永2	1773	しら尾坊	旅客集	『秋田俳書大系　近世後期編』
41	安永7	1778	平沢元愷	漫遊文草	東北大学附属図書館蔵
42	天明3	1783	安倍五郎兵衛	道中記、旅の道草	『安倍五郎兵衛天明三年伊勢詣道中記』
43	天明4	1784	菅江真澄	齶田濃仮寝	『菅江真澄全集1』
44	天明7	1787	寿鶴斎	東国旅行談	『日本名所風俗図絵1』
45	天明8	1788	古川古松軒	東遊雑記	『日本庶民生活史料集成3』
46	天明8	1788	佐藤長右衛門	道中記	『雄物川町郷土史資料27』
47	天明8	1788	宇野忠右衛門	道中日記覚帳	『青森県史資料近世2津軽1』

48	天明 8	1788	霍音人李々長	旅客集	『秋田俳書大系　近世後期編』
49	寛政元	1789	菊明	旅客集	『秋田俳書大系　近世後期編』
50	寛政 2	1790	高山彦九郎	北行日記	『日本庶民生活史料集成 3』
51	寛政 2	1790	八楽	旅客集	『秋田俳書大系　近世後期編』
52	寛政 4	1792	乙彦	旅客集	『秋田俳書大系　近世後期編』
53	寛政 5	1793	五十嵐孫之丞	湯殿山月山羽黒山鳥海山金峰山山寺参行者道中記	鶴岡市郷土資料館蔵
54	寛政 6	1794	無事庵	おくの信折	天理大学附属天理図書館蔵
55	寛政 7	1795	青岐	東北遊	『南部叢書 6』
56	寛政 9	1797	柳条	旅客集	『秋田俳書大系　近世後期編』
57	寛政 12	1800	一艸	旅客集	『秋田俳書大系　近世後期編』
58	享和 2	1802	伊能忠敬	沿海測量日記	『象潟町史資料編Ⅰ』
59	享和 2	1802	小蜘	旅客集	『秋田俳書大系　近世後期編』
60	文化元	1804	雷電為右衛門	諸国相撲和（控）帳	『雷電日記』
61	文化 3	1806	休無斎我答	紀行丁固松	天理大学附属天理図書館蔵
62	文化 4	1807	植田勝応・長沢茂好	奥羽行	西尾市岩瀬文庫蔵
63	文化 4	1807	（不明）	文化紀行	函館市中央図書館蔵
64	文化 5	1808	涼佐	旅客集	『秋田俳書大系　近世後期編』
65	文化 6	1809	五竹	旅客集	『秋田俳書大系　近世後期編』
66	文化 6	1809	酒星亭主人	旅客集	『秋田俳書大系　近世後期編』
67	文化 6	1809	菊池成章	伊紀農松原	『解題書目 21・22　伊紀農松原 1・2』
68	文化 8	1811	忠左衛門	伊勢参宮道中記	『生駒藩史』
69	文化 12	1815	松月庵見二	旅客集	『秋田俳書大系　近世後期編』
70	文化 13	1816	野田成亮	日本九峰修行日記	『日本庶民生活史料集成 2』
71	文化 14	1817	山口和	道中日記	『和算家・山口和の『道中日記』』
72	文化 14	1817	長谷川直之	奥羽行	『長岡市史双書 54　江戸時代の旅と旅日記 2　東北への旅 1』
73	文政元	1818	松窓乙二	松窓乙二発句集	『古典俳文学大系 16』
74	文政 2	1819	六之丞	道中記	『矢島の古文書散歩 26』
75	文政 2	1819	野坂幸之丞	卯五月北国道中日記	『野辺地町野坂忠尚家所蔵旅日記関係資料下』
76	文政 6	1823	与治	参宮道中覚	『沢内村資料 1』
77	文政 12	1829	百竹保直	東北夷考下、松島道の記	函館市中央図書館蔵
78	天保 5	1834	佐藤雪磨	旅硯	函館市中央図書館蔵
79	天保 12	1841	森村新蔵	北国見聞記	伊勢崎市文化財保護課蔵（影印版）
80	嘉永 2	1849	与助	道中記	『沢内村資料 1』
81	嘉永 3	1850	小柴宣雄	佐倉藩士小柴宣雄松前随行日記	函館市中央図書館蔵
82	嘉永 3	1850	（不明）	上方道中記	国文学研究資料館蔵（一関家文書）
83	嘉永 4	1851	吉田松陰	東北遊日記	『吉田松陰全集 9』
84	嘉永 5	1852	佐藤小一郎	伊勢参宮日記	『矢島の古文書散歩 8』
85	嘉永 6	1853	茂木元貞	神社仏閣道中記	『矢島の古文書散歩 21』
86	安政元	1854	牟田高惇	諸国廻歴日録	『随筆百花苑 13』
87	安政 2	1855	小林宇一郎	道中日記	『尾上町誌資料編Ⅱ』
88	文久 2	1862	今野おいと	参宮道中諸用記	『本荘市史史料Ⅳ』
89	慶応元	1865	前流亭其柳	旅日記	函館市中央図書館蔵

※紀行文・道中日記など、旅の行程が把握できる記録が残っているもの、『旅客集』に記載があり、来訪年代が把握できるものを挙げた（俳諧のみが紹介されているものは挙げていない）。

さて、大地震前に象潟を訪れた旅行者には、景観を批評すると共に、潟周辺の環境について言及している者もみられる。すでに『失われた景観』でも取り上げられているが、例えば菅江真澄は、天明四年（一七八四）の『齶田濃仮寝』（【表1】No.43）の中で、象潟の生業について詳細なレポートを残し、人々が島の岸で釣りをし、さらにシジミ・黒貝・海藻を採取していたこと、潟の周囲がすべて田畑であったことを記している。土佐国出身の南画家中山高陽は、安永元年（一七七二）の『奥游日録』（【表1】No.39）の中で、かつての象潟はさらに広大であったが、田が増えたために八八島といえるほど島はなく、開田によって崩れた島があると述べて、このままでは潟は埋もれ果てるであろうと懸念を示している。

このように、象潟と周辺一帯は住民にとって魚介や海藻といった水産資源採取の場であり、農業の場であった。その反面、こうした生業空間の拡大は景勝地象潟の美景を損なう要因になっていたとみられる。潟にまで及んだ住民の開田の動きにより、その範囲は縮小し、崩壊した島もあった。また、幕府巡見使に同行した地理学者古川古松軒は、干潟の部分が雑草や枯木に覆われていたと記録している（【表1】No.45）。景観維持・管理の取り組みも円滑に進んでいなかったのではなかろうか。象潟が旅行者の目を楽しませる自然資源であるという見方に立った場合、その自然とそこに暮らす人々との関係は決して共生的であったとはいえない。

かかる情勢に対し、領主である本荘藩は全く手をこまねいていたわけではない。住民の生業にある程度配慮しながら景観を維持しようとする政策を打ち出していくのである。

2　本荘藩による象潟管理政策

近世の象潟は出羽国由利郡塩越村に属していた。寛永一七年（一六四〇）に生駒氏領から本荘藩六郷氏領に編入されて以来、明治維新を迎えるまで本荘藩領であった。天保郷帳[17]によれば、村高は九七四石三斗六升七合である。村の中心は象潟と日本海の間に位置し、大澗・小澗という湊を備えた町場である。延宝九年（一六八一）の巡見使への返答書[18]では、家数三六一軒・人数二一五九人・馬一五六匹・鱈船一三艘・手繰船二八艘・酒屋一三軒が書き上げられ、絹布・木綿・魚・茶・小間物を扱う店もあると記されており、同じく天保九年（一八三八）の返答書[19]では、家数四二三軒・人数二〇九五人、渡世は「田畑農作漁業松前出稼商人酒屋大工職人等」と記されている。明治一三年（一八八〇）には、年間の出入船数約四〇〇艘、交易品に米・醤油・油粕・清酒・塩・砂糖・鉄・木綿・古着・鮭・鯨などが挙げられている[20]。近世の塩越村では、町場での商工業のほか、農業・漁業が生業として営まれていたのである。

　塩越村住民と象潟の関係は、本荘藩の象潟への諸政策から垣間みることができる。元禄三年（一六九〇）に、庄屋や組頭・百姓の連印のほか、塩越町奉行・大庄屋らが連印で藩に差し出した請書[21]によると、島々や蚶満寺周辺の畑は検地を行った箇所であっても手を入れず、荒廃したままにしておくよう命じられた。それは「後々末代象潟勝地の為」であり、村では、仰せを守り、島々で畑作を行わないことを誓約している。宝永六年（一七〇九）には、村役人らの連名で、象潟の島や森の「預り」を定めている（『象潟島々相改預り相定候覚帳』[22]）。これは島が崩壊し、あるいは水に沈み、景観の劣化がみられるようになったことから、島や森七九ヶ所（史料では「合八拾壱森」とある）それぞれに預り人を定めたもので、「からす島　今野又左衛門」のように村民個人のほか、「象潟門前中」「大塩越中」「蚶満寺」など、村内の集落や寺院が担当単位として書き上げられている[23]。

　ここで注目すべきは、「里うご島　町　三郎兵エ　但し三郎兵エ田つゝき」というように、島と預り人の耕地が陸続きで繋がっていると明記されている場合があることである。こうした「田つゝき」と記された島は九つあり、恐らくは島のごく間近に田が形成され、島と耕地を切り離すことができないような状態に至っていたとみられる。「預り」とは文字通り島や森を預かって管理することを意味していようが、担当者は従来からその近隣で生活を営むか、そこを耕地として切り開いていた者であろう。このように、象潟では元禄期に畑作が禁じられたが、宝永時点においては島にせり出すような耕地利用が広範囲でなされるようになっていた。この事態は、その後さらに進捗していく。

明和三年（一七六六）、藩は、荒地が増え、森が隠れるようになったことなどから、象潟を蚶満寺の支配とする旨を、蚶満寺と村に対して通達した[24]。同時に、森には塩越村民が植林を行うこととされ、森に生える萱草等は村民が、潟辺の葦は蚶満寺がそれぞれ自由に扱ってよいと命じられている[25]。次いで、明和七年、藩は改めて象潟での田地は無用と命じている。潟内に田地と葦谷地が広がったため潮の干満が少なくなり、蚶満寺の西行桜付近は陸地同様となって船が通行できなくなり、名所の面目が立たなくなった実状を受けての通達であった。開田が進められ潟内に耕地がせり出し、景勝地としての景観が損なわれる状況がいよいよ顕著になっていたのである。

寛政二年（一七九〇）、藩は象潟で諸木を伐採し、畑地を開拓した者に原形復帰と石垣造成、植林を命じると共に、島守を設置することとした[26]。島守は島や森ごとに定められた管理担当者で、枯木の取得や石垣の新規造成については町役人と蚶満寺への届け出を条件に認めるとした。これは宝永期に置いた預り人の再編であり、役割はやはり島や森の景観の維持にあったとみられる。なお、寛政七年に、藩は再度同様の通達を出している[27]。

このように、本荘藩は、景勝地象潟の景観維持のため、元禄年間以来様々な策を講じてきた。一貫しているのは潟内の耕地化を禁じていることであるが、それは裏を返せば周辺住民による潟の開田が進捗していたことをも意味しており、藩もそれを把握していた。一方、一般に潟湖では、水草・葦・魚類・鳥類などによる多様な生物相が育まれるが、本来それは周辺住民の生活と関わり合いながら保たれてきた自然（二次的自然）である[28]。景勝地の自然もまた同様で、豊かに水を湛えた広大な湖面と緑に溢れた島々とが織りなす景観も、植林や雑草木の除去といった人による適度な手入れがなければ維持できない人為的景観である。すなわち、象潟の景観を維持していくに当たっては、周辺住民によって潟の開田が進められている、島や水辺の手入れが行き届いていない、という人為的な問題二点が浮上していたことになる。

本荘藩が行った島守の設置は、近隣で生業を営む住民に島や森の管理を命じたもので、このうちの後者の問題を解決するための方策であった。萱草や枯木の採取を認めたのは、それらを除去させて島の美景を保とうとすると共に、生活資材を提供して管理業務の代価とする、いわば一挙両得を狙った対応であろう。島守の業務が実際にどの程度忠実に遂行されたのかはわからない。ただ、藩の思惑通りには事態が改善しなかったことは間違いない。旅行者の証言と藩の通達から明らかなのは、藩が諸政策を打ち出したにもかかわらず、象潟では崩壊する島が目立ち、潟内の耕地化が進んでいたということである。近世社会において、内陸農村が潟湖の葦地内の開田を進めることは珍しいことではなく、結果漁村との争論に発展する例もみられた[29]が、象潟のような景勝地でも周辺住民の志向性は同様であった。島の周囲に暮らす人々にとって、田畑に隣接する島の管理を任じられ、草木の用益権が認められたことは、実質的には生業空間の拡大が公認されたことに等しかったのではないだろうか。

景勝地の自然をめぐって、人々が開田をその周囲で止め、一方で美景を損なわない程度に自然の恵みを採取しつつ、植林などでその維持に努める。そのような状態であれば、景勝地の景観維持という観点における人と自然の関係は、調和的・共生的であったといえるだろう。だが、象潟での両者の関係は決してそうではなかった。実際には、周辺住民の生業活動が優先されていたのである。

二　象潟の開田

1　文化の大地震と情報

文化元年(一八〇四)六月四日、象潟の沖合を震源とするマグニチュード七・一(推定)の地震が発生した[30]。塩越村の被った被害は甚大で、潰家三八九軒・半潰三三軒・死者六九人などと記録されている[31]。潰家数と死者数は本荘城下より多い。村の総家数が四〇〇軒前後であったとみられることからすると、家屋被害率はほぼ一〇〇パーセントといってよいだろう。まさに壊滅的被害である。地震に伴って起こった大地の現象には地割れと噴水、そして隆起があった。本稿の論旨に直接関係するのは隆起であり、その規模は、象潟付近で最大一・八メートルであったと推定されている。塩越村の大澗・小澗の両湊も隆起によって出船が不可能になっており[32]、港湾は機能不全に陥ったとみられる。

本荘藩主六郷政速は、同年六月晦日付で地震の被害報告書を幕府に提出している[33]。そこには、象潟について「所々如陸地相成申候」と記され、潟の全域が陸化したとは記されていない。だが、『文恭院殿御実紀』[34]には、「出羽国大地震。象潟崩れ日本の佳景を絶す」とあり、肥前国平戸藩主松浦静山の『甲子夜話』[35]は、地震の状況を「先年地震にてゆり崩し、入海の水皆干て、今は風景更に無しと云」と伝えている。いかにも象潟全体が陸化したかのような印象を与える記述である。『文恭院殿御実紀』の記事は地震直後の六月六日付であり、いわば速報的な記録であろうが、土地の隆起を伴う大地震が日本を代表する景勝地を襲ったというインパクトの強さからか、実際よりも誇大に潟の被害が情報化されていったきらいがあり、近代以降もそうした情報が定着していったとみられる。[36]実際のところ、藩の被害報告では、象潟のどの部分がどの程度隆起したのかを示す具体的な記載はなされていない。地震によって土地が隆起し、象潟で陸化現象がみられたことは事実であるが、その規模など、詳細な被害状況は明確になっていないといってよいだろう。

2　開田の遂行

文化の大地震の後、象潟では大規模な開田が計画される。開田が具体的にどのように進められたかは必ずしも明白ではなく、その開始時期に関しても、文化三年（一八〇六）説[37]と文化六年説[38]がある。どの時期にどの地点が開田されたのか、決定づける史料は確認できないが、筆者はある程度の史料的跡づけが可能な後者をとり、本格的な開田は文化六年から始まったと考えたい。

文化六年（一八〇九）九月、塩越村が象潟内の預り場所・面積・担当を定めて本荘藩に請願したのに対し、藩は村の分担案をそのまま了承している。[39]【表2】には、その割り当てを示した。[40]南端の妙見堂・入道島から中央部の兵庫島・弁天島、そして北端の天神下・たらの木島まで、潟の全域にわたって預り地点が指定されており、総坪数は九万八七七三坪（約三二町九反）となっている。担当は村役人層と足軽を除いて塩越村の集落が単位となっており、蚶満寺分の割り当ては一万三三一八坪で、全体の約一三・五パーセントであった。本分担は、史料上は「御預け」と記されており、「開田」という文言は使用されていないが、実質は開田の承認を意味したとみられ、後述の如く、「御預け」を受けた村民は潟の開田に着手していく。

翌文化七年（一八一〇）二月には、干潟の「御内証御改」が実施され、「御高入」までの預りとなる旨が藩より通達され、村民が請書を提出している。[41]そこでは、前年の割り当てにさらに増地がみられ、弁天島は計四四八二坪、男島は計一万二四九坪、鳥谷地は計三九八四坪などとなっている。高入を前提に土地が預けられ

【表2】 文化6年象潟預り（開田）地点と担当者

番号	預り地点	坪数	担当者
1	妙見堂下	2,434	塩越役所300坪、足軽3人450坪、名主・金仁助750坪、同・佐々木六郎右衛門450坪、田方名主・須田甚蔵450坪、宿老・佐々木久作450坪、小浜組7軒1,050坪、総組頭20人3,150坪、冠石855坪
2	千住庵下入道島	2,434	
3	八島堂下	300	
4	白山下	600	
5	浜田	300	
6	桜の木島	150	
7	兵庫島	1,687	
8	弁天島より北	2,850	島門前18軒組
9	舅（男ヵ）島より鳥谷地	6,150	新興屋41軒組
10	鳥谷地より下桜の木島	2,400	大塩越16軒組
11	下たらの木島より川尻	4,050	冠石新町21軒組
12	砂えご川より下林下谷地	3,750	大町25軒組
13	天神下より十二林の中森	4,050	上横町27軒組
14	十二林より大島崎	4,650	西中塩越31軒組
15	鹿渡	3,150	上新興屋21軒組
16	鹿渡	4,200	中冠石28軒組
17	鷹島	4,050	下冠石27軒組
18	二本松	3,750	中横町25軒組
19	二本松より深田口	3,450	南中塩越23軒組
20	丹波崎	3,900	西中横町26軒組
21	続島	4,050	西下冠石27軒組
22	下善階林	3,900	東中塩越26軒組
23	上善階林	4,200	上西大町28軒組
24	浜の田	4,950	下大町33軒組
25	浜の田	5,400	中新屋36軒組
26	友船島	4,650	下西新屋31軒組
27	外十王島より酢蓋島および弁天島	13,318	蚶満寺
	計	98,773	

※『覚』（『象潟郷土誌資料　壱』）より作成。

たということは、開田が公認されたことにほかならないだろう。また、大地震以前の島守の割り当てと大きく異なるのは、担当者の範囲が島名ではなく坪数（面積）で明記されていることである。島のみならず、島周辺の平地そのものを分配する方針が示されているといえよう。

藩によるこの内々の改めと開田面積の加増の背景には、塩越村民の積極的な動きがあったとみられる。明治一三年（一八八〇）の『羽後国由利郡誌』の「人物」欄は、象潟の開田に尽力した工藤伝作を取り上げ、次のように記している。

【史料1】[42]

〈工藤伝作〉塩越村ノ農夫ナリ（中略）文化元甲子年六月六日夜地大ニ震動スルニ遇ヒ忽変シテ平坦ノ湿地トナリ追年茅葦ノ生殖スルノミ　是ニ於テ伝作之ヲ開墾シテ耕地ト為ント欲ス　本庄町ノ商鎌田藤右衛門ト謀リ之ヲ資金ノ本主ト為シ己亦タ家産ヲ傾ケ文化七庚午年三月廿四日ヲ以テ業ヲ起シ尓来日夜勉励寒暑ヲ厭ハス風ニ櫛リ雨ニ浴シ志操毫モ屈セス　従テ同志ノ之ニ与スル者少カラス竟ニ其功成セリ　尋テ赤石村（今ハ金浦村ニ合併セリ）岡根谷地ヲ開拓シ山丘ヲ鑿リテ溝渠ヲ疏シ松樹ヲ植ヘテ風沙ヲ避ク　是ヲ以テ其良田トナル者前後併セテ百有余町ノ多キニ至ル　方今土民稼穡ヲ以テ生ヲ営ム者多クハ伝作ノ遺沢ニ因ルト云　当時藩主六郷氏其功ヲ賞シテ二人口ヲ給与セリ　文化十癸酉年没ス享年五十九（後略）

文化七年（一八一〇）、塩越村の工藤伝作[43]が象潟の開墾を計画し、本荘町の商人鎌田藤右衛門を出資者に頼り、赤石村の谷地や山丘を開削して水路を築き、一〇〇町余の良田を開いた。象潟の農業発展に尽力したこの功績が称えられ、藩主六郷氏から褒賞も賜ったという。同様の内容は、『出羽国風土記[44]』にも「工藤伝作略伝」として収載されている。明治期の人物伝であるが、象潟の御内証改が実施された時期に合致する記載として看過できないだろう。内々の御改を画策し、藩に働きかけたのも恐らく工藤らであり、開田面積を加増させた上で鎌田の出資のもと、開田を実施したのではないだろうか。『羽後国由利郡誌』の中で、「人物」として取り上げられているのは工藤を含め八名である。うち五名が新田開発に功績のあった人物であり、工藤は同じ本荘藩領内の西目潟開田に尽くした渕名孫三郎らと共に、地域の発展の礎を築いた功労者として名が連ねられている。

こうして、従来禁じられていた象潟の耕地化は、大地震後に藩の公認を得て遂行されていくことになった。この拡大の一途をたどりつつあった開田の動きに敢然と反対の意向を表明したのが、蚶満寺の住持覚林である。文化七年（一八一〇）九月、覚林は次のような願書を藩に提出している。

【史料2】(45)（傍線筆者）

乍恐以書付奉願上候事

一象潟之儀地震以来干場荒地に相成候而潟商売も一切相成不申、汐越一統迷惑仕居候処、去年中御上様格別の御思召を以て汐越一統へ被下置誠に御憐愍之段有難仕合奉存候、殊更於拙寺は御尊牌御廟所も被為在候に付格別過分之地面被為在御寄附冥加至極難有仕合奉頂戴候、且又右一統へ被下置候外残之地所当春中本荘町鎌田屋藤右ヱ門へ被仰付候、此間段々承り候処、藤右ヱ門へ被仰付候場所之外拙寺庭前目通向山二本松辺迄水溜候処も水干田面に致候様に御座候、左候時は象潟の旧景少も相残り不申候而は甚以而歎ケ敷奉存候、他国より見物に参へり候人々も殊之外被惜申候、（中略）於御上様格別御障も被不為在候得は拙寺庭前目通計も追々手入仕候而西行桜辺庭近迄水溜り候て古跡之証相成申度奉存候、是迄水溜り候場所は乍恐田畑に被不為成様に被仰付度奉願上候

右願の趣以御憐愍宜敷御執成之程奉願上候、以上

文化七庚午年九月

蚶満寺

寺社御奉行所

冒頭で謝意を示した、去年格別の思し召しで塩越一統へ下されたこととは、文化六年（一八〇九）に村で取り決めた象潟預りの分担が藩に承認されたことを指し、その他の地所が当春鎌田屋藤右衛門へ仰せ付けられたこととは先述した工藤伝作らによる働きかけによって内々の御改が実施され、開田面積が加増されたことを指しているとみられる。こうした過程を経た上で覚林が訴えたのは、加増された地所以外の、蚶満寺から二本松付近の水が溜まっている箇所までも「水干田面に致候」、つまりは開田しようとする動きがみられることであり、

そうなれば「象潟の旧景」が少しも残らなくなってしまうということであった。その上で、他国から見物に訪れた人からも惜しむ声が聞かれることから、水が溜まっている箇所は田畑にしないよう請願したのである。

だが、覚林の願いは受け入れられず、翌文化八年(一八一一)七月、覚林は再度願書を提出する。[46]それによると、この年の三月、水溜りの場所も「水干」に仰せ付けられ、「大半新田御開発」されてしまったことに対し、他国から訪れてこれを憎まない者は一人としていないと訴え、鎌田屋に認めた地所以外は「古跡」として残すよう請願している。

覚林の一連の主張において注目したいのは、文化の大地震後も蚶満寺の周囲には潟が残っていたとされていること、それにもかかわらず開田が遂行され、それは潟内にも及ぼうとしていたことである。隆起して陸化した地所の開田はやむなしとしても、潟の部分は旧景の面影を留める古跡として残すべきである、というのが覚林の考えであった。そして、象潟を訪れた人々がこぞって開田に反対しているという、旅行者の声を背景に開田の中止を要求したのであった。その後の覚林と本荘藩の交渉については、『失われた景観』や『象潟町史』で詳しく述べられている。塩越村民の支援を得られなかった覚林は孤立の度合いを深めていき、結局その請願が認められることはなかった。

開田は実際にどの程度遂行されたのであろうか。天保郷帳作成の際、本荘藩は象潟に関して、「塩入之場所故不熟」であり、これまで書き上げてこなかったが、象潟は名所であり、開田のことは公辺にも広まっていることから届け出ないわけにはいかないとする見解に至る。その上で、「有り来分は反別高等も相減し書上ケ候而可然哉」という意見も踏まえ、田一六町三反八畝六歩、畑三反三畝一〇歩、収納米四四、五俵から五、六〇俵と報告することを「評議」している。[47]結局、象潟の開田高が藩の表高に結ばれることはなかった。条件の悪さから、開田が順調に進まなかった様相がみてとれるが、当初計画の三二町余の約半分の面積というのは経緯からみて過少申告であろう。

文化一〇年（一八一三）、御内証改めによって預けられた象潟の田方に対し、「御竿入」「御検地」が実施される運びとなり、塩越村民は預け主への高請認可を願い出ている[48]。その後の動静は不明だが、早い段階で開田地所での検地が実施されていた可能性が示唆されよう。なお、一〇〇町余の開田に尽力したとされる工藤伝作はこの年に没している。時代が下って、明治六年（一八七三）の村の年貢項目には、象潟新田五九〇石八合六勺、貢米一七四石六斗一升四合が計上されている[49]。九七四石余という近世の村高を考えると、これは相当な新田高であるといえよう。一〇〇町というのはいかにも切りのよい数字だが、後年に工藤が顕彰されていることからみても、一九世紀前半には当初計画を上回る規模の開田が実施され、最終的には相応の収穫が成果として得られたと考えられる。

3　残っていた象潟―紀行文『奥羽行』から―

開田の過程はおよそ以上であるが、これを歴史的に意義づけるには、大地震と開田の関係をさらに検証する必要があるだろう。潟内への開田はどこまで裏付けられるのであろうか。大地震から開田までの象潟の情景をより細かく復元してみたい。

文化四年（一八〇七）、越後国から鶴岡・秋田・青森・盛岡・仙台と、奥羽地方を旅した植田勝応と長沢茂好の両人が『奥羽行』（【表1】№62）という紀行文を残している。植田と長沢は共に長岡藩士であり、『奥羽行』冒頭の「凡例」から、藩命により北辺を探索し、地理情報を書き留めて後人の参考に資することが旅と記録の目的であったことがわかる。長沢は享和三年（一八〇三）にも陸奥国磐城・岩代地方を同様の目的で巡察しており、当時幕府の要職に就いていた長岡藩主牧野忠精の命を受け、東北諸藩の政治情勢を探っていたのではないかとも推測されている。(50) ともかく、記録する情報には正確を期す方針であり、『奥羽行』には全八巻にわたって、天候・里程・宿泊先・家軒数その他の地理情報・現地での伝聞・著者の所感等が詳細に記されている。

この旅の途中、文化四年（一八〇七）六月に植田と長沢は象潟に立ち寄り、塩越村に宿泊している。大地震の三年後で、本格的な開田が計画される二年前のことであった。『奥羽行』では、大地震に関して、塩越村の家屋のほとんどが倒壊し、「地嶽《ママ》の有様」であったことなど、伝聞を交えて当時の状況が細かく書き留められている。塩越村に入った植田らは、象潟の当初の印象を、隆起によって干潟となり、草が生い茂って古来の面影はないと綴っている。だが、蚶満寺を訪れ、そこから潟を眺めた際の印象は、これとは異なるものであった。

【史料3】（『奥羽行』、傍線筆者）

此所（＝蚶満寺、筆者注）より潟の眺望誠に目の及ハぬ程也、島々いかさま九十九島もあるべく干満寺《ママ》も則潟の中也、四年已前迄は此島々皆水中なりし故、其風景微妙なりしを、今は波あセて過半丘となり、芦生茂りて島々丘つゝきとなり、偏広大の叢、又は新田を打起したる所もあり、昔の絵図を寺より乞請て引合セ見れは、只其面景の残れるのミにて、目もあてられぬ次第也、然しなから都近き所にもあらば芦原をハ年々に堀穿ち、終には昔の風景をも起すべきに、かく新田を切起す程なれバ、其中に残れる島々も年々に打かきて後には一面の田圃となるへし、仮令此潟残らす田圃となりたり共、何程の事あるへき、利に走る世俗とハいひなからあまりに心なき次第也

傍線部にある通り、蚶満寺からの眺望は大変素晴らしく、島々はあたかも九十九島あるようにみえ、蚶満寺も潟の中にあったという。塩越村の町場は海沿いにあり、その近辺は隆起により陸化が進んでいたものの、中央部には広く潟が残っていたのであろう。一方で、島々の過半は丘となり、昔の絵図と比較すると目も当てられない程であると記されるものの、葦原を掘り穿つことで過去の風景を取り戻せるところを、このように新田

【写真３】『奥羽行』（西尾市岩瀬文庫蔵）中に描かれた文化四年の象潟（一部加筆）

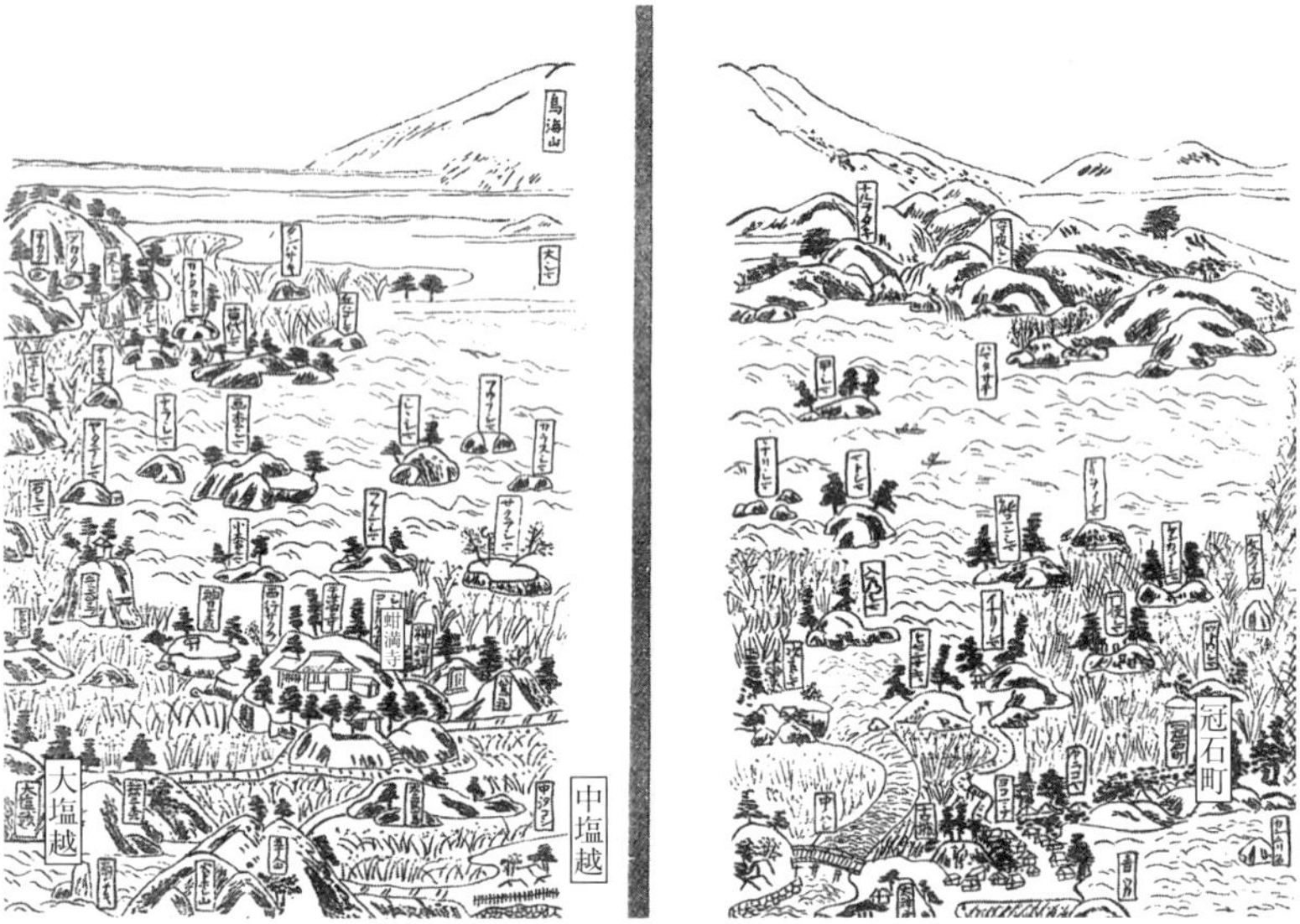

を掘り起こす程であれば、いずれ一面の田圃となってしまい、それはあまりに心無いことであると、植田らは開田を大いに嘆いている。

『奥羽行』には、象潟の情景の挿絵が収載されている（【写真3】）。描かれているのは主に潟の中央部から南部にかけてであり、北部一帯は陸化により草地が広がっていたのではないかと考えられる。この挿絵によれば、冠石から中塩越・大塩越にかけての塩越村の中心部一帯には草地（葦原か）が広がり、潟が陸化している状況が確認できるが、蚶満寺の北東および南東部には潟が一面に広がっていたことが明らかであり、船が浮かぶ様子も描かれている。大地震後も潟は消滅せず、存在していたのである。この二年後、まさに大規模な開田が計画される文化六年（一八〇九）七月、盛岡藩士菊池成章が長崎で折り返す日本縦断の旅の帰路に象潟を訪れた。菊池は、蚶満寺からみた象潟を言葉で言い表せないほどの絶景であると称賛している（【表1】№.67）。この時点においても、相当な潟が残されていたのは間違いない。覚林の主張には正当性が認められよ

【図】 旧象潟復元図（文化４年ごろの状況、『象潟町史 通史編上』577 頁の図面を加工）

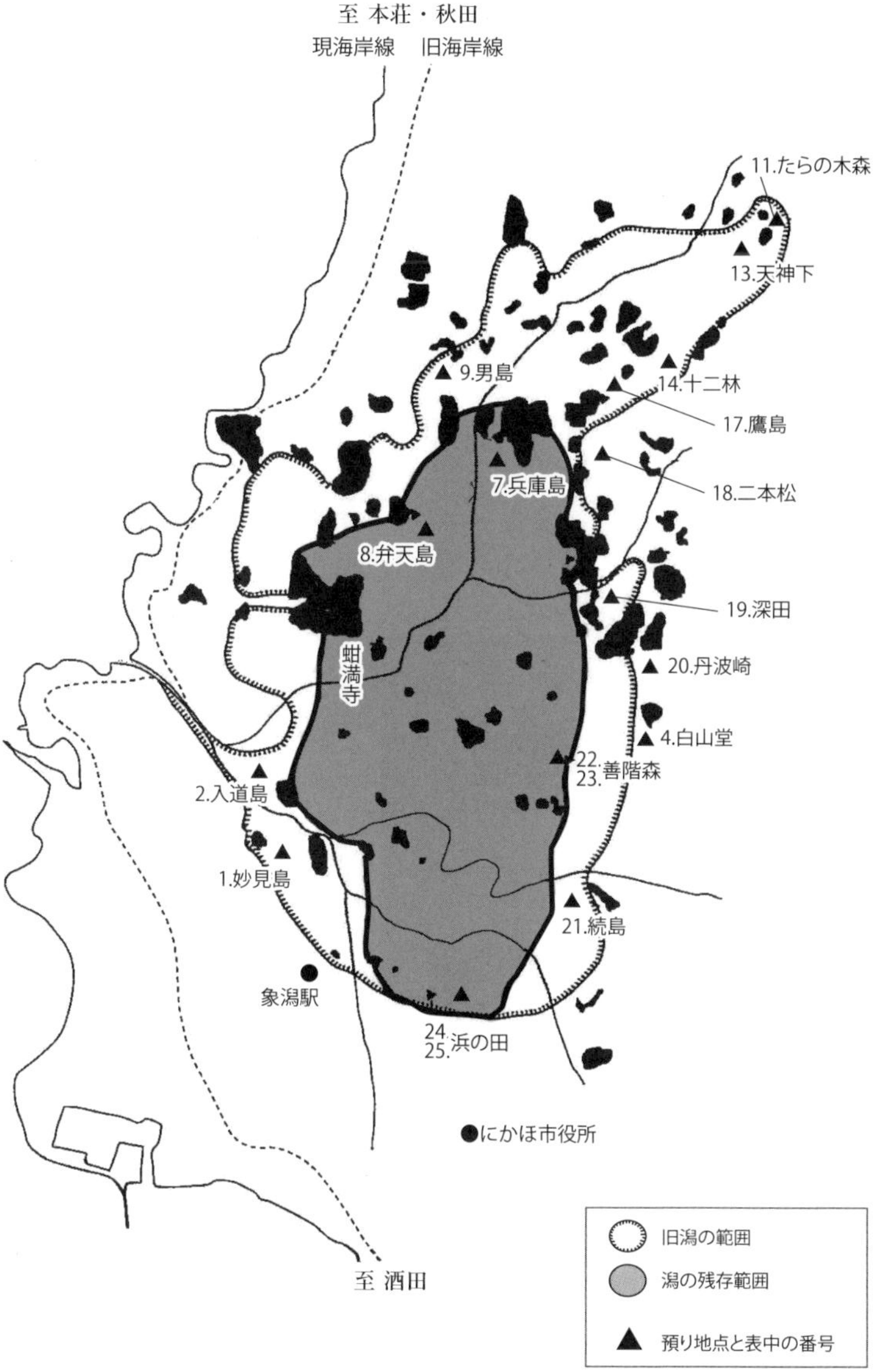

う。

『奥羽行』の挿絵を参考とし、潟の残存部分と文化六年(一八〇九)の開田計画における預り地点との関係を明示したのが【図】である。こうしてみると、預り地点は入道島・浜の田・兵庫島・弁天島と、潟の残存部分を取り囲むように設定されていることがわかる。潟の開田は当初の計画には含まれていなかったのだろう。だが、翌文化七年の御内証改で加増された開田箇所にも弁天島など潟辺の地点が含まれており、塩越村住民による潟の開田への志向性を汲み取ることができる。文化一四年、奥羽旅行の途中で象潟を訪れた長岡藩領の割元長谷川直之によれば、もはや潟のほとんどが田となり、蚶満寺の庭前に僅かにマコモが茂っているのみであったという(【表1】No.72)。

象潟の開田が厳密にいつ、どの場所から、どのような規模で実施されたのかを史料的に確定することは難しい。だが、『奥羽行』の記述、面積を明記した預り地点の指定(文化六年九月)、御内証改めの実施(同七年二月)、工藤伝作の起業(同年三月)、覚林の請願(同年九月)などの推移から総合すると、文化六年(一八〇九)に本格的な開田が計画され、翌七年から八年にかけて残存する潟内も開田することが決定し、順次実行に移されたとみられる。期待されていたほどの収穫が当初上がったかどうかは別にして、長谷川が訪れた文化一四年には、およその開田は終了していたとみてよいだろう。

4　開田の背景

ここまでの分析で明らかになったことを整理したい。重要なのは、文化の大地震によって象潟の全てが陸化したわけではなく、中央から南部にかけての範囲に潟が残存していたこと、そして陸化した場所のみならず、残存していた潟内も開田されたことである。無論、大地震が開田の大きな引き金になったことは疑いなく、大地震と開田を関連づける後年の文献記述の仕方には誤りはない。ただし、潟にも開田の手が及んでいる以上、開田が大地震による潟の部分的な陸化を口実に断行された側面を見逃すことはできないだろう。

従来、象潟の開田は領主的要請が理由であるとされてきた。[51] 開田による石高増加で年貢増収が見込める以上、そのような見方も成り立つであろう。だが、潟の周辺住民の生業活動に焦点を当てた本稿の検討から明らかになったのは、大地震の前後を通じて一貫する塩越村民の象潟開田への旺盛な意欲である。大地震後に自ら預り地点を定めたことや、工藤らの積極的な動きも勘案すれば、開田は塩越村民の要請により、村主導で実施されたとみるべきだろう。『出羽国風土記』[52]は一連の開田を、「無情の農夫等か松を伐り島を崩し己か随意開墾し、今ハ美壌良田と成りたるも、僅八十余年の其間に名負ふ勝地も頓に絶なんとす」と、無常観を滲ませて回顧している。では、象潟の開田は「無情の農夫」、すなわち塩越村民による景観破壊の蛮行だったのであろうか。決してそうは位置づけられないであろう。

大地震の後、塩越村町方の住民が問屋業の経営不振に陥り、藩が補助銭三〇貫文を支給している。その通知（年未詳）[53]には、地震によって湊が損壊し、諸国の船が入津しなくなったため、問屋経営が悪化したと記されている。塩越村の中心は沿岸の町場であり、村の産業に交易や漁業があったこと、二つの湊（大澗・小澗）が地震後の土地隆起の影響で機能不全に陥ったことは、既述した。港湾部の被害により商工業の継続に支障が生じていたのである。そうなった場合、村民が生計の拠り所とするのは農業ということになろう。

また、塩越村で交易業が発展した背景には、そもそも村内の耕地面積が少ないという事情があった。寛政六年（一七九四）、天候不良の荒波による流石で水深が浅くなり、村では湊の普請を計画せざるを得なくなった。藩に銭二〇貫文の補助を求めた村の願書[54]には、「塩越は所ニ応し御田地不足」であり、交易に従事する者が多いと述べられている。田地不足の要因として、まず挙げられるべきは象潟の存在であり、海岸から約一六キロメートルの地点に標高二二〇〇メートル余の鳥海山が聳え、山から沿岸までが急峻な地形となっていることもまたその要因であろう。大地震以前から村民が開田への強い志向性を示してきた背景には、こうした自然・地理的条件があったといえよう。大地震の被害により、村民の開田への期待はますます高まったのではないだろうか。

さらに、近世社会全体の潮流の中でこの問題を把握することも重要だろう。景勝地の景観と生業をめぐる事案は、象潟だけでみられたわけではない。紀伊国和歌の浦では、嘉永三年(一八五〇)から和歌山藩による東照宮お旅所の移転工事が開始されたが、それを動機づけたのは周辺の塩浜化や耕地化であった。[55]丹後国天橋立(現京都府宮津市)においても、周辺漁村が橋立の切断を請願した事例が確認できる。[56]近世は、人々が自然に圧力をかけ続ける時代であり、[57]その自然認識は神秘的な色彩を帯びず、山を荒らし、樹木を伐採し、一途に開発を進めていこうとする志向が当時の一般的風潮であったといわれる。[58]その対象は景勝地の自然にも向けられたのであり、いかに風光明媚で古来より語り継がれた名所であっても、周辺に暮らす人々にとって、そこは生業活動の対象となる空間に過ぎなかったのである。

ただし、近世における自然への働きかけは合理的な問題把握にもとづき、メリット・デメリットを考慮した現実的な対応としてなされるものであった。[59]文化の大地震以降の象潟の開田も、決して塩越村民による無秩序な開発や景勝地の景観破壊といった文脈で語られるべきではないだろう。それは従前の耕地不足や地震の被害といった現実的な問題を解消するために実施された、いわば人々の生存のための開田であった。だからこそ、工藤伝作の功労は称えられ、後年に顕彰されたのである。

おわりに―近世旅行政策の特質―

本稿は、近世における景勝地の展開を環境史的な視座を取り入れて検証すること、具体的には象潟を対象に、名所の展開を周辺に暮らす人々の生業に比重を置いて論じることを課題とした。その結果、人々の生存のために潟の開田が実行されるという、人為的な景勝地の改変の論理を展望することができた。ただ、本稿の軸足はあくまで旅行史研究に置いており、その中での位置づけを目指している。一連の過程を旅行政策的観点から評価して、締め括りとしたい。

象潟を治める本荘藩の政策スタンスは、文化の大地震前後で大きく変容しているようにみえる。すなわち、地震前は象潟の開田を禁じ、地震後はそれを容認しているということである。しかし、この点にもとづく歴史的評価は、政策を表面的に捉えた産物ではあるまいか。

大地震以前、本荘藩は象潟の景観を維持しようと試行錯誤した。これは一見すると、景勝地象潟に旅行者を誘致し、領内経済の活性化を図る政策の一環であったようにも受け取れる。だが、もしそのような評価を下せば、大地震後もなぜ藩は旧景をとどめる「古跡」として景観を維持しようとしなかったのか、という疑問に行き当たることになる。

土地の隆起によって、確かに象潟の情景は大きく変わった。厳密に判定はできないが、潟のおよそ半分は陸化したのではないだろうか。しかし、本稿で明らかにした通り、地震後も潟の中央部から南部にかけての相当な範囲は残存していた。地震で陸化したため、藩が開田を容認したと単純に割り切ることはできないのである。そして、さらに注目すべきは、旅行者が象潟の存続を切望していたことである。これは蚶満寺の覚林の主張のみにみられるのではない。『奥羽行』の植田らは、潟を開田するのはあまりに心無い所業であると嘆息していた。彼らにいわせれば、潟は葦原を掘り深めれば元の景観が回復できる状態であった。このほか、象潟を訪れた人々の「まことさかしらに利をむさぼるもの、一言より、潟のかぎり田となりて、能因島・からす島をはじめ、ありとある島の松もむなしく、早苗吹よのつねの風にかはり果ぬ」（【表1】№73）や、「文化元甲子年六月の大地震にて寄上り今は田畑に相成り古跡計りなり。見る人聞く者惜しい哉、と」（【表1】№84）といった言い回しで表明されているのは、地震ではなく開田による景観変容、言い換えれば景勝地が俗地化したことに対する惜感と虚しさである。開田に反対する旅行者の声は、少なくとも覚林の請願を通して藩に届いていたが、それは黙殺されてしまった。藩は旅行者の声に応えて古跡として象潟を維持するのではなく、領民の声に応えて開田を承認する道を選んだのである。

大地震前に本荘藩が象潟の景観維持に努めた背景には、古来より語り継がれた名所象潟の景観を現存の状態にとどめることが、象潟の歴代統治者の責務であり、ひいては領主の権威・アイデンティティ確保に繫がるとの判断があったと理解した方がよいだろう(60)。藩は現実の潟の景観維持にあたり、それを囲い込むのではなく、開田を禁じる一方で島の管理を周辺住民に委ね、萱草や枯木の利用を認めていた。潟内の水産資源の捕獲が認められていたことも、菅江真澄の記録からうかがえる。今日に目を向ければ、例えば東南アジアのタイでは、稀少価値化された熱帯林を政府が環境保護の名のもとに強圧的に囲い込み、森林から日常的な生活資源を得ていた周辺地域の人々の生活を圧迫するという森林資源をめぐる実態が浮かび上がっているが(61)、本荘藩の政策は、こうした自然資源と地域の人々とを切り離す政治的介入ではない。周辺住民の生活に一定度配慮し、名所であり生業空間でもあるという象潟の多様な資源的可能性を保持しようとする政策であったと評価できよう。

近世領主の旅行政策に関して、筆者は仙台藩を対象に、温泉と周辺地域への藩の対応を検証したことがある。

天明飢饉後の地域復興策として温泉収益を活用しようと試みる地域住民の動きに対し、藩はその実現性に終始懐疑的であり、温泉を保有する村以外の地域に収益を配分する提案を認めなかった[62]。領民の安定的な生計という観点に立った場合、旅行産業への過度な依存は望ましくないとの領主的判断があったと考えられる。本稿の事例は景勝地であるが、領主の政策スタンスは基本的に同じだといえるだろう。地震という自然現象により景観が部分的に変容し、景観の現状維持という象潟統治者の歴史的責務を解かれた本荘藩は塩越村民による開田を承認した。これは、大地震以前からみせていた村民への一定度の生業保障の延長線上に位置づけられる政策であろう。すなわち、藩は旅行産業よりも農業の方が安定した生計の糧になるという現実的判断のもと、震災後の領民の生活を保障するために、残存する潟内の開田を許可したのである。

近世においては、領主によって時に桜の植樹や温泉の掘削が行われることもあったが、これらは単発的な政策である。広域的かつ長期的政策という観点に立った場合、旅先およびその周辺地域の発展を積極的に後押しし、それによって領内経済を安定的に潤そうとする、より現代的にいえば、観光産業の振興により地域経済の底上げや安定化を図る政策を推進しようとする発想を、近世領主は基本的に持ち合わせていなかったのではないだろうか[63]。

［註］

（1）長谷川成一『失われた景観　名所が語る江戸時代』（吉川弘文館、一九九六年）一九九 - 二二四頁。
（2）『今度御上使様御尋被遊候事』（一六八一年、『象潟郷土誌資料　壱』象潟郷土誌編纂部、一九二八年）。
（3）荒井太四郎編・狩野徳蔵校訂『出羽国風土記　巻六』（一八八四年、国立国会図書館蔵）。
（4）萩原恭男校注『芭蕉おくのほそ道』（岩波文庫、一九七九年）。
（5）象潟は昭和九年（一九三四）に国の天然記念物に指定されるが、指定地域内の「島」数は一〇三であった（『天然

記念物「象潟」保存管理計画報告書』象潟町教育委員会、一九九六年)。
(6) 註(1)。なお、本書に先立つ同様の成果として、長谷川成一「近世出羽国「象潟」―名所・名勝における歴史的景観の保存と開発―」(『象潟の文化　郷土史資料』二三、一九九三年)が、後の成果として、同「近世象潟の景観初期象潟図と景観保全」(『季刊東北学』二〇、二〇〇九年)がある。
(7) 本稿では、「景勝地」を眼前の自然美によって衆目を魅了する場所、「名所」を眼前の景観のみならず、歌枕や著名人の来訪など、過去の営みによって人々に認知されている場所というイメージで捉えている。
(8) 薗田香融・藤本清二郎『歴史的景観としての和歌の浦』(著者発行、一九九一年)。
(9) なお、筆者は「近世の温泉運営と領主―仙台藩領村落の災害対応を事例に―」(『近世旅行史の研究―信仰・観光の旅と旅先地域・温泉―』清文堂出版、二〇一六年)において、温泉に対する領主の政策スタンスを、住民の動向を踏まえながら明らかにしたことがある。
(10) 佐野静代『中近世の村落と水辺の環境史―景観・生業・資源管理―』(吉川弘文館、二〇〇八年)序章「日本の環境史研究と「水辺」」、高橋美貴『近世・近代の水産資源と生業―保全と繁殖の時代―』(吉川弘文館、二〇一三年)序章「本書の課題と問題関心」など。
(11) 近年のシリーズ・特集成果には、『シリーズ日本列島の三万五千年―人と自然の環境史』全六巻(文一総合出版、二〇一一年)、『環境の日本史』全五巻(吉川弘文館、二〇一二・二〇一三年)、特集「「資源」利用・管理の歴史―国家・地域・共同体―」(『歴史学研究』八九三、二〇一二)などがある。
(12) 春田直紀「生業論の登場と歴史学―日本中世・近世史の場合―」(国立歴史民俗博物館編『生業から見る日本史新しい歴史学の射程』吉川弘文館、二〇〇八年)。
(13) 水本邦彦「徳川の社会と自然」(『日本歴史　私の最新講義〇三　徳川社会論の視座』敬文舎、二〇一三年)。
(14) 佐野静代「エコトーンとしての潟湖における生業活動と「コモンズ」―近世・近代の八郎潟の生態系と「里湖」の実像―」(註(10)『中近世の村落と水辺の環境史―景観・生業・資源管理―』)。
(15) 本史料は、もとは塩越町の名主金又左衛門家にあり、象潟を訪れた旅行者自身が記帳していたが、明治三七年

（一九〇四）に蚶満寺に寄贈されている。

（16）高橋陽一「旅の行程とその特徴―道中日記・紀行文の統計的分析―」（註（9）『近世旅行史の研究―信仰・観光の旅と旅先地域・温泉―』）。

（17）国立公文書館内閣文庫蔵。

（18）『今度御上使様御尋被遊候事』（『象潟郷土誌資料　八』象潟郷土誌編纂部、一九三二年）。

（19）『（天保九年公儀巡見使）』（註（2）『象潟郷土誌資料　壱』）。

（20）『羽後国由利郡村誌』（『象潟町史　資料編Ⅱ』象潟町、一九九六年）。

（21）『（公文類）』（註（2）『象潟郷土誌資料　壱』）。

（22）註（2）『象潟郷土誌資料　壱』。

（23）預り担当の一覧は、長谷川註（1）『失われた景観』のほか、『象潟町史　通史編上』（象潟町、二〇〇二年）に掲載されている。

（24）註（21）に同じ。

（25）註（21）に同じ。

（26）『覚』（『象潟郷土誌資料　五』秋田県象潟町郷土誌編纂部、一九三二年）。

（27）『（令達）』（註（2）『象潟郷土誌資料　壱』）。

（28）佐野静代「琵琶湖岸内湖周辺村落における伝統的環境利用システムとその崩壊」（註（10）『中近世の村落と水辺の環境史―景観・生業・資源管理―』）、および佐野註（14）論文。

（29）佐野註（28）「琵琶湖岸内湖周辺村落における伝統的環境利用システムとその崩壊」。

（30）以下、地震に関する情報は、特に断らない限り、註（23）『象潟町史　通史編上』の記述に拠っている。

（31）『文化元年六月四日亥中刻地震届書写』（『本荘市史　史料編Ⅲ』本荘市、一九八六年）。

（32）註（31）に同じ。

（33）『六月晦日御用番青山下野守殿え御届案』（註（31）『本荘市史　史料編Ⅲ』）。

(34)『文恭院殿御実紀　巻卅六』(『新訂増補国史大系四十八　続徳川実紀一』吉川弘文館ほか、一九三三年)。
(35)『甲子夜話　巻三・三〇』(『東洋文庫三〇六　甲子夜話一』平凡社、一九七七年)。なお、静山は本荘藩主六郷氏と昵懇の間柄であり、江戸藩邸で象潟の屏風絵を実見している(長谷川註(1)『失われた景観』二一五・二一六頁)。
(36)例えば、註(3)『出羽国風土記』には、「斯る名勝も文化元年六月の地震に埋没して水涸れ沙現れ空く島嶼のみ残り」とあり、註(23)『象潟町史　通史編上』には「古代から数多くの文人墨客が遊んだ天下の景勝地象潟も一瞬にして陸地と化した」(五三六頁)とある。
(37)『秋田県史三　近世編下』(秋田県、一九六五年)五四八頁、『象潟町史』(旧象潟町史、象潟町教育委員会、一九六八年)七五・七七頁。
(38)註(23)『象潟町史　通史編上』五五四・五五七頁。
(39)『覚』(註(2)『象潟郷土誌資料　壱』)。
(40)註(23)『象潟町史　通史編上』五五六頁にも同様の表が掲載されている。
(41)『場所御請書』(『象潟郷土誌資料　十』象潟郷土誌編纂部、年未詳)。
(42)『羽後国由利郡誌』(『本荘市史編纂資料十二　羽後国由利郡誌・村誌抄』秋田県本荘市役所、一九八〇年)。
(43)註(37)『象潟町史』七七頁によれば、工藤伝作は赤石村の人物で、開田指導中に塩越村に転住したという。
(44)註(3)に同じ。
(45)『乍恐以書付奉願上候事』(『象潟郷土誌資料　五』秋田県象潟町郷土誌編纂部、一九三一年)。
(46)『乍憚以書付奉願上候事』(註(45)『象潟郷土誌資料　五』)。
(47)(表題不明)(註(31)『本荘市史　史料編Ⅲ』)、『象潟新田畑御届ケニ付御尋之節心得方之事』(同)。
(48)『上覚』(註(41)『象潟郷土誌資料　十』)。
(49)『明治六癸酉年貢租上納』(『象潟郷土誌資料　九』象潟郷土誌編纂部、一九四〇年)。
(50)『奥羽行』は『長岡市史双書五五　江戸時代の旅と旅日記三　東北への旅二』(長岡市立中央図書館文書史料室、二〇一六年)に解読文が収載されている。また、享和三年の旅は『陸奥の編笠』にまとめられ、『長岡市史双書五四江戸時代の旅と旅日記二　東北への旅一』（長岡市立中央図書館文書資料室、二〇一五年）に収められている。旅の目的については同書の解題を参照のこと。

(51) 長谷川註（1）『失われた景観』一七一-一七五頁。註（23）『象潟町史　通史編上』五五二-五五四頁。

(52) 註（3）に同じ。

(53) （表題不明）（『象潟町史　資料編Ⅰ』象潟町、一九九八年）。

(54) 『公私之用記』（註（53）『象潟町史　資料編Ⅰ』）。

(55) 薗田・藤本註（8）『歴史的景観としての和歌の浦』四二・四三頁。

(56) 長谷川註（1）『失われた景観』八六-一〇二頁。

(57) 水本註（13）「徳川の社会と自然」。

(58) 笠谷和比古「徳川時代の開発と治水問題」（『武家政治の源流と展開―近世武家社会研究論考―』清文堂出版、二〇一一年）。

(59) 笠谷註（58）「徳川時代の開発と治水問題」。

(60) こうした理解は、長谷川註（1）『失われた景観』二二三頁でも示されている。

(61) 佐藤仁『稀少資源のポリティクス―タイ農村にみる開発と環境のはざま』（東京大学出版会、二〇〇二年）。

(62) 高橋註（9）「近世の温泉運営と領主―仙台藩領村落の災害対応を事例に―」。

(63) 本書第一章において、原淳一郎氏は旅人統制と国益政策の関連を論じ、人の移動と領内商品流通の活性化によって領内経済を活性化させせようとする米沢藩の政策意図を汲み取っている。一方、筆者は旅行者ではなく旅先となる景勝地側への本荘藩の政策を検証し、観光産業の推進に積極的ではない領主の姿勢を読み取った。旅という社会現象に対し、藩によって対応が異なっている様相もみてとれようが、現時点ではそもそも両者で研究上のアプローチが異なっていることを指摘しておきたい。旅行者と旅先双方の分析結果を有機的に関連づけることで、より総合的な近世旅行政策が議論できると考えるが、それは今後に委ねたい。

（付記１）

史料調査に際しては、象潟郷土資料館の皆様に格別のご配慮を賜りました。記して感謝申し上げます。

（付記２）

本稿は、ＪＳＰＳ科研費（二六七七〇二一三）の成果の一部です。

第二部　人・地域・交流

第五章　江戸勤番武士と地域

岩淵令治

はじめに

交通史研究において、参勤交代については、交通制度や経路・経費の問題、宿場との関係の検討が中心であったが、近年では文化の相互交流の機会という指摘もなされるようになってきた[1]。しかし、「旅行史」、あるいは人の移動と社会の関係という視点からすれば、藩士たちが繰り返し移動して一年以上滞在する江戸において、どのように生活し、都市社会との関係を築いていたか、という点も看過できない論点であろう。こうした点は、都市史研究における分節構造論の中で提起された、藩邸を磁場とした藩邸社会という視角が重要である[2]。また、鈴木理恵や本書第六・七章の検討、あるいはエゴ・ドキュメント研究にみる個人の〝成長〟にみるように[3]、居所での日常生活や経験と、移動先での体験の関係性も検討すべきテーマであろう。

しかしながら、個人や藩士の集団レベルの行動については、勤番武士の日記や生活マニュアル類の分析がみられるものの、江戸定住者を自負する「江戸ッ子」によって作り出された田舎者（「浅黄裏」）イメージの増幅や、現代の研究者によって「発見」された「行動文化」の担い手という価値付けが中心である[4]。そこで、これまで筆者は、勤務日・非外出日も含めた全行動を検討し、外出については近距離の行動も検討する、という視点から分析をすすめ、江戸在住者ではない彼らからみた江戸像や、江戸の体験（他文化）による自文化の発見、また彼らの消費行動に支えられた江戸の商人や地域を論じてきた。(5)

ただし、これまで検討してきた日記では、日記という史料の性格上、行動の大半を占めた屋敷近辺地域での〝日常〟については、記載が省略されがちであった。そこで、本章では、臼杵藩（五万四〇〇〇石）の藩士国枝外右馬（一〇〇石　大小姓）が天保一三年（一八四二）三月より翌一四年六月までの初めての江戸勤番中に執筆した「国枝外右馬江戸日記」（臼杵市教育委員会蔵　以下「日記」と略記）を素材として、近辺地域との諸関係を明らかにしたい。なお、同史料と外右馬の行動の全体像、および勤務も含めた江戸での異文化体験と自文化認識については別稿を参照されたい。(6)以下、「日記」の記述の引用にあたっては、筆者の注記を（　）で示し、天保の元号を省略した年月日を本文に示すこととする。

一　行動の概要と屋敷の近辺地域

まず別稿より、「日記」と外右馬の行動の概要を確認しておく。「日記」は、外右馬が居住した臼杵藩の愛宕下上屋敷（現港区西新橋一丁目）の長屋から、綴の形態で書状と同様に計一六回国元に送られたものである。その作成目的は江戸での苦労や見聞、体験を国元の家族に伝えることにあった。四五歳と比較的高齢で初めて江戸勤番を勤めたこともあってか記述内容は日常の子細に及び、挿図約一四〇点を伴う詳細なものとなっている。

先述したように、江戸勤番武士について、従来の研究では外出、とりわけ遠方への外出のみを抽出し、行動文化の担い手や田舎者というイメージを増幅してきた。しかし、江戸社会との関係という点で近辺の外出を、また武家社会という観点からは勤務内容を検討する必要がある。外右馬の場合、天保一三年（一八四二）三月二九日の到着から、「日記」が判読可能な翌年五月二九日までの計四一四日のうち、非外出日は二六〇日（六三パーセント）で、外出日は一五四日（三七パーセント）であった。さらに、外出日でも上屋敷より二キロメートル以内（「近辺」）が一〇三日で外出の六七パーセント、全体の二五パーセント、これに対して二キロメートル以上（「遠出」）は五一日で外出の三三パーセント、全体の一二パーセントにすぎない。したがって、外右馬が外出するのは一週間に二・三日で、そのうち遠出をするのは一日程度だったといえよう。このように遠出が少ない要因は、勤務、そして外出回数の制限である。臼杵藩の場合、外出制限は三時限りの湯札、そして下馬札・私用札の三種の札で行われた（一三年四月八日・一八日）。

訪問場所は、場所が特定できるものが一七〇ヶ所で、訪問の回数は合計でのべ五〇九回となる。これを地域に分けると、Ⅰ南郊・西郊が最多で二九八回と全体の五八パーセントを占め、次いでⅡ日本橋・京橋・内神田が一一二回（二三パーセント）、Ⅲ外神田ほか北郊が五八回（一一パーセント）、Ⅳ深川・本所が三三回（六パーセント）、不明が八回（二パーセント）となる。上屋敷が所在するⅠと隣接するⅡが訪問先の八割を占め、Ⅲ・Ⅳ、とくにⅣの訪問は極めて少ない。さらに、上屋敷から二キロメートル圏内が、Ⅰ二二八回（Ⅰの七七パーセント）、Ⅱ六一回（Ⅱの五四パーセント）で、両地域の七〇パーセント、全体の五七パーセントとなる。二キロメートル圏外では、五回以上の訪問が、遊興の場としてひんぱんに訪れたⅠの品川・高縄（二二回）と内藤新宿（八回）、藩主家の菩提所である東禅寺（五回）、Ⅱで袋物類の購入先があった瀬戸物町（九回）のほかは、Ⅲの上野（六回）、滞在中の天保一三年九月より芝居小屋のあった猿若町（八回）のみであった。遠出は省略されている可能性が低く、反対に日常の行動の場である近所は省略されている可能性があるため、さらに近辺への実際の外出の頻度が高い可能性が予測される。このように、行動の主な対象は近辺地域であった。

また、外出の目的は、買物一九五回（三四パーセント）、食事・宴席八四回（一五パーセント）、参詣六七回（一二パーセント）、見物六三回（一一パーセント）、文化的交際四七回（八パーセント）、入湯四三回（八パーセント）、芸能鑑賞一七回（三パーセント）、髪結一五回（三パーセント）、下馬見四回（一パーセント）、その他一二回（二パーセント）、不明一七回（三パーセント）であり、買物が突出している。では、買物の実例をみてみよう（一三年七月二三日　以下傍線筆者加筆）。

（前略）今朝者衣類等調度候処、金少ニ而難出来、夫故赤羽の店抔聞かせ申候得共古物置候迄ニ而不受合候、夫故今朝者拙者出掛、下し物等調度、石田氏[7]（＊重郎治　一三〇石　徒頭）胸痛之見舞ニ参り、夫ゟ下馬札を取り、赤羽根ゟ薩摩屋敷三田の辺ゟ芝へ廻り神明前ニ出、中屋ニ宿元へ下候喜世留を弐本あつらへ、夫ゟ松坂屋ニ参り更紗羽織をととのへ、夫ゟ木綿掛合候得共六ケ敷由、夫（ゟ脱カ）萬屋利右衛門に参り木綿拾反程遣候様申置、日入ニ引取食事仕舞（後略）

衣類の購入に出かけようとした外右馬は、所持金が少なかったため、同僚より赤羽根（港区赤羽　㊲～㊶　番号は【図1】と対応　以下同じ）を教えてもらったようであるが、同僚を見舞った後、「下馬札」で「下し物」（国元に送る物）の購入に向かったのは、赤羽根ではなかった。その理由は、「古物」だという理由であった。東海道と並行して展開する繁華街神明前（㉗～㉙）の中屋できせるを二本購入し、三井越後屋の芝口店である松坂屋（㉓）で「更紗羽織」を購入している。また、当時の臼杵藩の勤番武士は国元より木綿を取り寄せて、江戸で販売しており、この日は松坂屋に取り扱いをもちかけ、屋敷に隣接する万屋利右衛門（①）には一〇反の販売依頼をしている。ここで登場する買物の場はいずれも屋敷の二キロメートル圏内の地であった。古物や上等品（松坂屋）など、目的に応じてさまざまな店が存在していたのである。

ここで注目したいのが、別稿で概要を紹介した外右馬自筆の屋敷近辺の絵図である（【図2】）。この絵図は、外右馬のいわば日常の生活圏を示したものといえる。本章では、制作過程から検討したい。外右馬は、まず

【図１】国枝外右馬の外出先（近辺）丸番号は本文と対応する。画面上が北である。

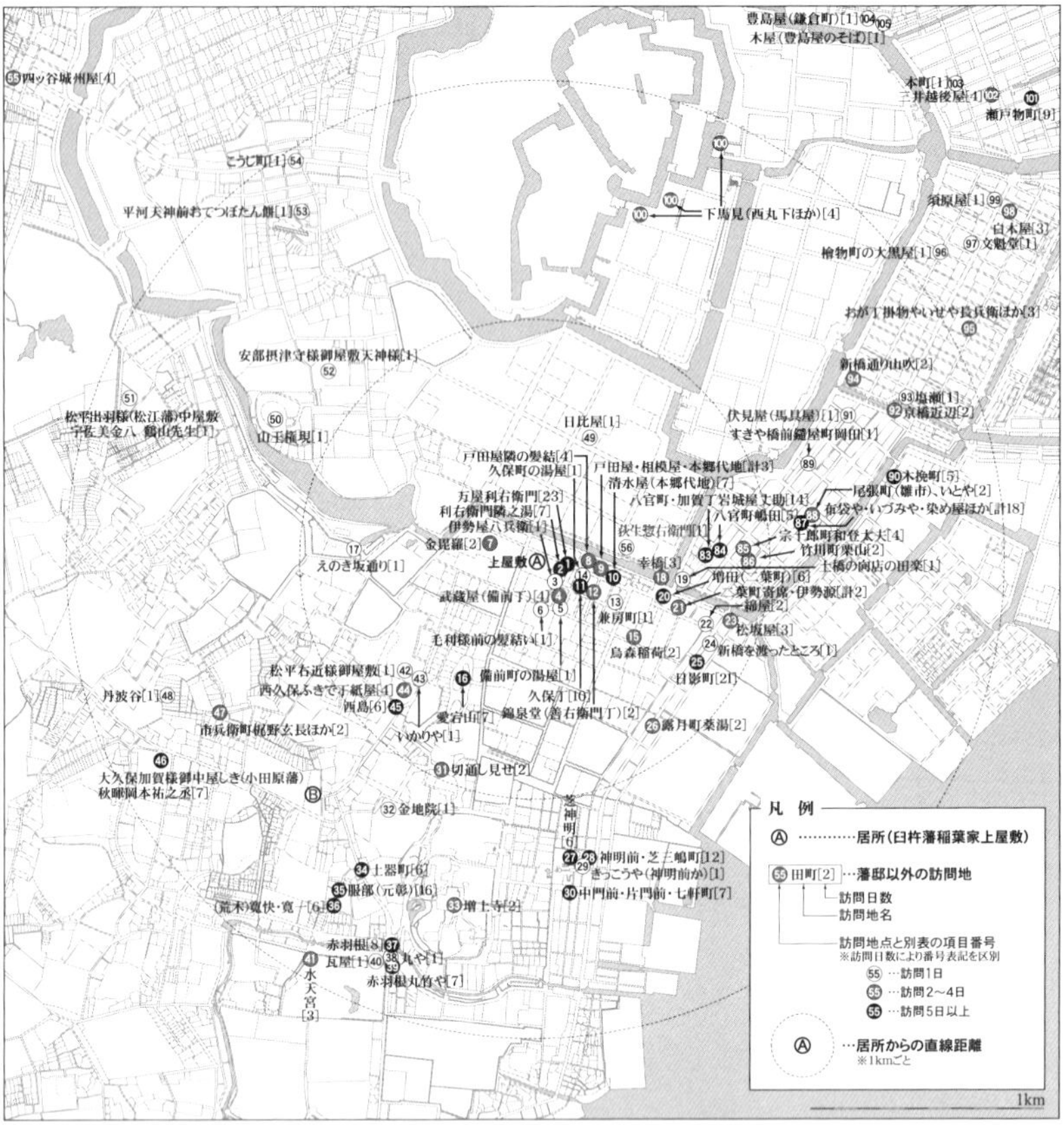

一三年四月一二日に自身の住む長屋の図を作成して一五日に国元に送付する。次いで、立ち入れないため未見の奥部分（「御奥御殿不可知」）を除く屋敷の全体図「御屋敷之図」を作成する。一度送付したあと、四月二一日に書き直すなど入念なもので、外形は日の出・日の入から判断すると不正確な部分があり、修正したいとしつつも（「（前略）東西は少し御屋敷よりハすじちがひ心にて御座候、只今日の出幸橋ニ当り、日入火の見の上ニ当り申候、然は窓より少しすじちがひに新橋ニより申候、高々六十間余の竪ニ横は

【図２】国枝外右馬の“メンタルマップ”読み取り図 丸番号は本文と対応する。画面左が北である。

三、四十間くらひならんか、追々試置可申候」)、「右の図式を見候而、御屋敷中の咄行、勤出抔の始末書付御覧可被成候」と書き込んでいる。すなわち、「日記」執筆の主眼は屋敷内の出来事と勤務におかれ、これらの図は読み手である国元の家族の便を図るために作成されたものであった。そして、四月二三日には、この屋敷近隣の地図(【図2】)の作成に至る。

(前略)家込と申候ハ方角は勿論、広狭之ワかりかね申候ものにて御座候、久保丁など図式ニ見候得者わすかの様御座候而、見物致候得ハ店の見物有之候而中々遠く広き様覚え申候、此節図式を拵候而御大名屋敷と寸尺をくらべ作立申候処本図式之通り、町屋の中ハ家居至而せまき事ニて御座候、乍併臼杵本町ゟ唐人町の幅長サ御使者屋まて打廻し候分ハ大様三増倍の上も可有之と被存候、(中略)御屋敷之図ばかりにてハ御屋敷四方の釣合、且つ久保丁用事、且つ者入湯等数々有之候而御裏門ゟ何方ニ向候而参候哉と承知致度事故、次手愛宕下辺、幸橋、日影丁当りまて又々図式相添、且御出入之町家・茶や等江戸図より委敷書込作立申候、前之御屋鋪之図と引合せ御熟覧可被下候、しかし同道無之、人に踊り咄致候様之事にて、定而此方半分之うまみと被存候(中略)此絵図為御見申上候処、章三郎殿[8](※藤田　一〇〇石　馬廻)拙者気おく宜敷段大ニ御感心被成候而夫ゟ壱、弐ケ所批判を受又々書直し申候(後略)

本図の作成目的は、販売されている切絵図等を指すと思われる「図式」では町屋(「家込」)は細かい距離感や大きさが分からないため、これまで作成した「御屋敷之図」のみでは不明な屋敷に近接した行動範囲、および「御出入之町家・茶や等」を示すことにあった。そして、「御屋敷之図」とこの「図式」(以下【図2】の原図を「図式」と表記する)を併せて熟覧せよとしている。四月八日の初めての外出後、何回かの近隣への外出時の「気おく」(記憶)に基づき、「江戸図」からの情報にも拠りながら作成し、同僚(章三郎)の添削を経て完成したものであった。したがって、まだ半分は人の話に従った記述(「踊り咄」)で未見のところもある、としている。このいわばメンタルマップで注目したいのは、「御裏門」からの日常の外出が、まず近接する[9]「久保丁用事」、「入湯」であったこと、これについで「愛宕下辺、幸橋、日影町当りまで」も「図式」に入れたという記述である。すなわち、頻度の高い外出先は藩邸に近接する「久保町」（後述）であり、ついでこの「図式」の範囲にあたる後者の近隣地域までがこの時点の外右馬のおおよその日常の行動範囲だったとみることができよう。さらに、描かれた店は単なるランドマークではなく、臼杵藩士がなじみのあるもので、藩の「御出入」の者も含まれていた。本稿では、この【図2】の近接地域・近隣地域を中核としつつ、滞在中の行動の拡大も考慮し、最短の外出単位である湯札の規定時間三時（六時間）の行動範囲として、屋敷より半径二キロメートルを近辺地域として検討する。以下、地域ごとに行動の詳細をみていきたい。

二　近接・近隣地域―「図式」の世界―

1　近接地域―久保町と久保町原（幸橋広小路）―

屋敷の東側は桜田太左衛門町と接し、ここから東側にはまとまって町が展開していた。これらの近隣地域の町は、桜田を冠する七つの町（俗称「桜田七ヶ町」）太左衛門町、備前町、久保町、善右衛門町、鍛冶町、伏見町、和泉町）と兼房町・本郷六丁目代地の九つの町からなり、俗に「久保町」と総称された[10]。霞ヶ関辺にあった桜田村が外堀端に移されて桜田七ヶ町が成立したのち、兼房町とともに寛政六年（一七九四）の桜田火事後の火除地設定によって武家地跡にまとめて移転されて八ヶ町となった[11]。さらに、移転後の火除地の一部に文政一〇年（一八二七）の大火にともなって本郷六丁目が移転して本郷六丁目代地が設けられ、【図2】のような町並みとなった。この町場は、以下のような存在であった（天保一三年〈一八四二〉四月二三日）。

（前略）大様之入用一色ハ上中下品まて此町中ニ御座候而、新橋内の大名ゟ葵坂辺までの物買ハ皆小屋下をぬけ此町ニ参候、此外愛宕下の大小名皆此町与被存候、通行人抔此小屋下与藪小路通り多く御座候由、其中此小屋下一番と被存候由、其訳者小屋下菓子うり・陰陽子等毛利様前ゟハ多御座候よし、田村小路ハ半分も無之由、此釣合ニ而押はかられ申候（後略）

この町ではおおかたの必需品については上中下さまざまなランクのものが揃っているため、【図2】「図式」の西北部分（葵坂【図2】⑦の西）から新橋の北あたりの大名屋敷の者は、外右馬たちが居住する長屋（「小屋」）の前を通って買物（「物買」）に来ており、また外堀外の愛宕下地域の大名ほか武家も同様であった。その結果、町の北側を通る外堀沿いの通りは、並行する道（田村小路、藪小路）よりも人通りも振売なども多かったという。広義の久保町はこの界隈の武家地の中で随一のまとまった町場であり、麹町・牛込界隈の旗本に物資を供給した飯田町と同様の性格を持ち[12]、武家にとって重要な場所だったといえる。

臼杵藩にとっても、久保町は重要な存在であった。屋敷に隣接する太左衛門町や久保町が焼けた一四年三月二六日の火災[13]では、久保町の類焼した家々に握り飯を配り（「久保丁焼候家々に御にぎりめし一々被下候」一四年三月二六日）、さらに久保町と「御屋敷隣之十三軒」（太左衛門町）に米一俵ずつ、「御出入之者」には「別又壱俵そへ」て渡し、評判がよかった（「御評ばん大ニ宜敷也」一四年三月二九日）と「日記」には記されている。近接地域との関係の維持や、さらに隣接した町の出入町人の存在がうかがわれる。こうした関係は、八戸藩上屋敷が市兵衛町を「前町」と呼ぶように、他藩でも同様であった[14]。

以下、この近接地域の訪問場所と具体的な行動をみていきたい。

①仕立屋　萬屋利右衛門（①太左衛門町）

久保町の中でも屋敷に隣接した太左衛門町の者で、二三回登場する。【図2】で「仕立ヤ利右衛門」とあるように、染め直しや仕立ての依頼がほとんどである点が注目される。染め直しや洗いについては、紋付の晒（「紋付手織次通りをさらし相頼ミ申候、是ハ昨日箕浦氏（＊右膳　一五〇石　勘定奉行・長柄頭・聞番〈江戸留守居〉）おば様・三之介殿（＊上川　二〇〇石　弓頭）打より、此帷子ハ越後縮ゆへさらし候得者けつこふに相成候よし」〈一三年七月七日〉）、絽の羽織の「色揚」（一三年五月八日・一五日）、下馬布や袴・単物の染と洗張（「萬や利右衛門方仕立や御在所才蔵の先生下馬布麻半下着弐ツ・青がう夏袴色上ケ洗張単物千すじもうか（真岡）つねぎの木綿ちゞみ相頼申」〈一三年九月二三日〉）、「かたびら洗張」（一四年五月二〇日）が確認できる。また、仕立については、「縮緬単物之襟袖口を頼ミ候処、同じきれと申てハ無之由咄申候ニ付、しばらく此相談を致し」（一三年四月二七日）、「今日宿元ゟ参候しつふせぎの木綿一重三尺二の二重弐尺二重きやはん弐ツの白木綿利右衛門ニ持参ニ而、さるもも引を頼ミちりめんの尺をあわせ」（一三年一〇月九日）、「利右衛門方ニ頭巾猿股引きをたのミ」（一三年一〇月二五日）、石帯・合切袋・股立取の紐（一三年一一月一九日）、「めひせん織をうすわた（薄綿）か袷ニ仕立」を「物入」でとりやめる（一三年一一月一九日）といった記事が確認できる。作業自体は多岐にわたるため、とくに設備が必要な染めをはじめ、針仕事の内職など他の下請けに出していた可能性もあろう。

　こうした染め直しや仕立てのほか、簡易な依頼の記事もみられる。「肌着」の「せんたく」と修理（一三年一一月二〇日）、「行がけに下着之すそいきつき候ニ付利右衛門ニ惣うらを頼む」（一三年一一月一五日）、濡れた袴に「火のし・あらいはり」と羽織の襟直し（一三年一二月二八日）、「のしめのしわのし」（一四年二月一〇日）など、こうした日常的な作業は、おそらく裁縫や服の扱いに不慣れな者の単身生活に伴うものであろう。もちろん、外右馬自身がこうした作業を全くしなかったわけではなく（一四年一二月一七日「火のしを借、琥珀の袴にかけ、着物たたみとり大くたびれ」）、個人差もあろうが、万屋が被災した際には「上下袴上わ着共惣而御屋敷ゟ預り物一切焼不申候よし」（一四年三月二八日）とあることから、他の臼杵藩士との関係も深かったと思われる。さらに、他藩士の広い需要も想定できよう。

このほか、外右馬は先にみたように木綿の販売も依託していた（前掲一三年七月二三日）。

②両替屋　三文字屋（太左衛門町）

万屋と同じく、屋敷東隣の太左衛門町の商人である。「日記」では、「今日是まて金を四文銭ニ引替させ申候三文字屋と申町家を見申候、大分大そふニ有之、只今弐朱ニ八百四拾八文なり」（一三年四月八日）、「此節銭無之、弐朱三文字屋ニて引替、八百拾弐文なり」（一四年一月六日）とあることから、外右馬が支給された金を銭に両替する際に利用する比較的大身の両替屋で、屋敷に出入りしていたことがうかがわれる。おそらく、嘉永七年（一八五四）版『両替地名録』の三組之部拾四番組に記載された「両替屋　三文字屋又兵衛　桜田太左衛門町家持」が該当すると思われる。このほかの商人名鑑類より、本業は水油問屋・仲買で伊勢商人の出店であった(15)。こうした勤番武士の需要は、両替屋の経営にとっても重要であったと推測される。

③湯屋・髪結

同じく太左衛門町の②「利右衛門隣之湯屋」が七回、ほか久保町の湯屋としては⑤備前町の湯屋・久保町の湯屋（⑤と同一か）が各一回で、【図２】の範囲内に湯屋として描かれたのはこの二ヶ所である。また、㉕日影町の湯屋が二回、㉖露月町薬湯が二回登場する。薬湯については、この天保改革期に薬湯を名目とした「男女入込湯」や、実際には普通の湯を使う「白湯」が摘発されているが(16)、藩士たちが通った薬湯の子細は不明である。

このほか、行き先の記載がない入湯の記事が二六回、行き先不明の薬湯への入湯が二回確認されるが、おそらく【図2】の範囲内の湯屋だったと思われる。太左衛門町の湯屋は初めての外出で立ち寄った場の一つであった（天保一三年〈一八四二〉四月八日）。大勢で出かけたが、さびの臭いが強く、湯が熱すぎて、我慢して入っていたがあまり心地よくなかったと述べている（「大勢行込候、さびつろく湯もあつくて容易ニ入不被申候、其中皆様御入故こらゑて入申候、中々［　　］しくらく至而快よからす、拙者・佐左衛門（＊国枝　縁戚　二五〇石　鉄砲頭）［　］出候、追々皆出家来ニ背をすらせ申候」）。

また、髪結については、【図2】の範囲で⑧戸田屋隣の髪結（本郷代地「床」）が四回、ほか6「毛利様前」の髪結いが一回確認でき、このほか場所の記載がないものが一〇回となっている。

「日記」には、長屋で湯水を使って手足を洗う記事や、家来に髪を結ってもらう記述もみられるが、邸外への入湯や髪結の頻度はさらに高かったと思われる。とくに【図2】の範囲については記載が省略されることが多かったと考えられる。

④食事

一四年四月二六日の記載で、「増田屋を見候処売切と札有之、綿屋ニ行もつらく久保丁ニ入リ、武蔵やと申候得共十内（※荒巻重内　勘定方）嫌候故、蕎麦屋ニ寄り大坪（壺）酒抔のみ帰る」とあるように、この【図2】の範囲には、日常的に立ち寄る飲食店があった。

売り切れで店じまいとなっていた⑳増田屋は二葉町の店で、計六回登場する。「増田ニ而酒・ちやわん物・さしみ・煮あげ・味噌吸物食事まて取り寄合、夕暮帰る」（一四年一月三〇日）、「増田ニ入、隼介をも呼ひ六百何十文、吸物・蓋物三通りニさしみ・めし・香物」（一四年二月一七日）など、仲間内で集まる安価な店だったと思われる。次に、同僚が嫌がった④武蔵屋は計四回登場する。「武蔵屋に寄り壱朱斗リ食事を致し、おくめさんのお酌にてあかりを付候而帰」（一三年五月二八日）とやはり食事と飲酒をする比較的安価な店であった。一三年一一月二〇日の「武蔵屋ニ寄り酒出させ候処、毛利大膳大夫様御家来出合酒をさされ候ニ付、吸物申付、毛利の侍ニ出す、毛利の侍青山ニ帰候と申、先ニ帰る、佐藤作右衛門と言人の由、拙も名を名乗申候、夫食事致し帰候」という記載から、居合わせた長州藩の青山下屋敷の侍と交流したことが確認できる。おそらく、江戸南部の屋敷に住む武士たちの憩いの場になっていたのであろう。「蕎麦屋」は特定ができず、綿屋は【図2】の芝口一丁目の「ワタヤ」と思われるが、「日記」には記載がみられない。

このほか、【図2】の本郷代地の「田舎チヤツケヤ」については「田舎茶漬ニ而酒・鴨の吸物・たこ煮上ケを為出、十内へふれ《(る)》まい、六ツ時前帰る」（一四年二月九日）・「久保丁田舎ニてまぐろを喰ひ」（一四年三月一八日）・「田舎茶漬ニ而めしをくひ帰る」（一三年一二月二七日）の記事がある。また、「ウナキチャヤ　伊勢源」へ寄っていることが確認できる（一四年二月二二日）。ただし、このほかの図中の「チャヤ」「ニウリ」への訪問は「日記」には記載がない。また⑱幸橋の広小路で鮨を長屋への土産に購入しているが（一三年四月二七日「小屋土産ニすし一包相調え」）、おそらく、床店での購入であろう。「日記」では、床店も含む日常的な外食の場は省略されることが多かったと思われる。

また、一四年一月二九日に入湯後に訪れる店を同僚と相談し、武蔵屋をあげたところ、食事がまずいというので清水楼に出向いたという記事がある（「武蔵やと申候へバ食物悪敷様申ニ付清水楼へ向候」）。これは、備前町の料亭「清水楼善右衛門」（【図2】④）であった。この際には、「口とり〆いつ参候も手ぎれひな事」と納得している。また、一三年一〇月二四日に「楼ニ登り両人ニ而拾六匁五分取られ申候、但し食事も有之、会席料理清水屋〆ハまたよろし」と記している。ここで比較として出てくる清水屋も本郷代地の料亭⑩清水屋善兵衛であった。この両料亭は、『江戸名物酒飯手引草』（嘉永元年〈一八四八〉）でも確認でき、[17]「日記」での記載は計七回見られる。清水屋には一三年八月一日の時点で「早く〆両三度も参候茶屋」で、このときは五人連れで訪れ、「料理酒えん、おときさん・お鶴さんにきうじ、皆々大酔にてかへる、但し三味線ハ只今ひかず当夏より淋しき事ニ相成候得共、矢張料理はよろしく候」とあり、天保改革の影響で芸者の音曲はなくなったが、料理は美味だとしている。清水屋には、広尾への逍遙の際の弁当も注文していた（一四年二月一五日「一重ハ玉ずし、一重ハ清水屋煮あげ肴」）。

このように、【図2】の範囲には、床店や、日常訪れる店から料亭までのさまざまなランクの飲食店が存在していたことがうかがわれる。

⑤買物と娯楽

買物の記事としては、屋敷への土産の酒（一三年四月一二日「久保丁にて御土産の評定仕り」）や、土産の梱包（一四年五月二一日「久保丁釜屋ニ鉄ひん花生をつゝみくれ候様申遣す」）といった日常的なものから、訪問先への手土産の購入（一四年二月一七日「久保町ニ而かつを節弐本紙ニ包ませ」）、同僚の娘への土産の購入（一四年二月九日「久保町ニ而かんざし十内〈※荒巻重内　勘定方〉殿姫に調へ」）、兼房町では新発田藩邸（「溝口様」）前に出ていた店で「夏袴を見暮々ながら調へ」ている（一三年五月四日）。

また、【図2】の範囲では、⑮烏森稲荷と⑦金毘羅を各二回参詣し、また芸能鑑賞としては、⑱幸橋広小路で「咄抔聞」（一三年一〇月一〇日）、㉑二葉町にも「咄し聞」に出向いたが「刻限おそく」叶わなかった（一四年二月二二日）という記事が見られる。また溝口家裏門向かいは、「咄場」があった。

【図2】の範囲には、さまざまなレベルの商品を扱う商店や、信仰・娯楽の場が存在していたのである。

2　近隣地域―日影町と東海道沿いの町―

次に、「図式」の中で「久保町」とならぶ繁華街として、日影町と東海道沿いの町をみておきたい。まず、㉕日影町とは、東海道の西側を並行する道筋の町の俗称で、別稿で明らかにしたように、古着・古道具類をはじめ、さまざまな商品を取りそろえ、勤番武士や旅行者が買物に訪れる場であった[18]。外右馬もすでに情報を得た上でこの地を訪れていた[19]。「日記」では、二一日分の記事で登場し、目的は先の入湯二回のほか、買物二〇回、見物一回、不明一回となっている。次に示したのは、最初の買物の記事である（一三年四月一八日）。

（前略）聞及ぶ日影町なり、是また無き品ハ有之間敷、左ハ仙台中やしきの後通りと成、段々やしき有之、中川様（＊岡藩）本上屋しきと申事ニ而、此御屋しき塀際ニハ五尺幅斗の堀有之候、但し以前ハ此御屋敷ニ樹木おひしげり此片町は暗き風有之候由、夫ゟ日影丁と皆人呼候由石田氏の話なり、只今ハ大分あかるく御座候、店も大様ハ広き店有之、雪荷様ゟ頼み候ゆかけ（弓懸）店、中屋と申柄糸且糸類の店、馬具屋も三四軒、森屋庄二郎とて御屋敷御出入も有之候、湯屋も有之、大半は大小道具と衣類店ニ而数々有之候、石田氏しやくどう小尻を御見付被成候由ニてゆる〳〵見物致候中、何方屋敷侍やら参りかゝり、夏袴を見せよと申候処、うさんニ候へ共、仙台平の袴を壱歩弐朱弐歩弐朱抔と申候、大様新らしく垢も無之、四時くらひの地合なり、小八郎殿（※矢野　一〇〇石　大小姓）被申候ハヽ、此方買被申候ハヽ、御同心可申と申しけれと、あまり安き物故不審しく被思候而両人共先其儘ニ行過候、此節拙者内々近きうち袴の寸尺を取置き神田参候ハヽ、相調可申と存含候、又先ニも此釣合之もの有之候処、成ほど尺ハ短く腰板のはばなどせまく小キ様ニハ御座候得共、値段の安しあんばひ壱歩弐三朱弐歩弐朱ぐらひならば実々ふしんの事ニ被存候、此外衣類絹物数をかぎらす有之候、追々工夫可仕と存うくみ申候、通行ハ道はゞ弐間半三間半ぐらひにて人々ちら〳〵行当るくらひの通行なり、但し掛物店ハ此町ニハ一軒も無之、江戸錦絵・あぶら絵抔ハ二三間も有之候、本通りハ此うらニ壱軒大そふの掛物屋御座候

すでに得ていた日影町の情報と、同僚に聞いた「日影町」の由来を記した上で、実際には明るく、大きい店が多い、あるいは道幅が二、三間半とやや狭い、といった実見した様相を伝えている。そして、通りがかりの勤番武士(「何方屋敷侍」)が夏袴地の価格が妥当かを助言してくるなど、勤番武士が行き交っていた様子がうかがえる。また、外右馬が注目し、あるいはのぞいてみたのは、馬具・弓屋・刀の柄糸などを扱う糸屋(中屋)、刀や刀装具(「大小道具」)といった武具を扱う店、そして「衣類店」・湯屋であった。「江戸錦絵」・「あぶら絵」(泥絵か)[20]を扱う店が二、三軒あるが、書画を扱う「掛物屋」が無いとしており、外右馬が関心を持っていたものが知られる。販売している商品の質は、馬具屋の森屋庄二郎のような「御屋敷御出入」が店を構えている一方で、「尺ハ短く腰板のはばなどせまく小キ様」な中途半端な夏袴(仙台袴)の中古品(「大様新らしく垢も無之」)を低価格の金一歩二朱から二歩二朱で販売するなど、玉石混淆の状態であった。外右馬は今後うまく「工夫」をして購入するとしている。

その後、自身の衣装については、「江嶋や何屋抔」で「夏袴仙台平」を探しているが(一三年四月二七日)、結局日影町では購入の形跡はみられない。最も熱心に見学し、購入したのは、武具と土産品であった。

まず武具のうち、目立つのが刀装具である。「近江屋ニ而目貫壱掛、みのやにて鍔壱掛相伺」(一三年六月五日)、鍔の見物(一三年一一月一五日)と下見を重ねた上で、一二月に入り、鍔の購入を果たしている。「鍔・目貫を存分見付而」(一三年一二月一八日)ののち、「釘貫の目貫先日ハ弐歩と申、今日ハ三歩と申候、わかぬ事又人を見る事妙々」(同年一二月二四日)と日や相手によって変化する値段を調べた上で、一二月二七日に安値で購入している(「鍔弐歩ニ而調へ」)。また、四月には、虎の模様の鐺と笄を求めて複数の店を探し回った上、最初に訪ね

た近江屋と同じ店と思われる近江屋宗兵衛で鐺を購入し、後述する加賀町の岩城屋にも鑑定を頼み、さらに紋が付いているので使えないとしながら縁飾りも購入している（一四年四月四日「虎の模様こじり◈のかうがへを店ごとに尋ね候処、数十軒の店ニ無之（中略）、夫〻又虎のこじりを尋候処、しぶいち（四分の一　銅三と銀一の合金）に金すりはがしの近江屋宗兵衛方上虎壱有之、直ニ調へ返し候様申置、岩城屋ニ為見候様申置、夫〻丸蔦の七子ニ紋付赤胴の縁を調へ、是ハ紋付故入用無之候へども調へ置」）。

　このほか、武具については、鎗の穂先の修理を頼み、「溝側の小店」で柄袋を五匁で購入している（一四年五月一日・四日）。さらに、五月一五日には中屋に寄り、柄糸を購入している（「中屋ニより、中西氏さゞ浪柄糸大小分、おなんど柄糸大小分とゝのへ、風呂しき大中三ツ絹糸五色別ニ五色糸壱包、是にて五拾何匁となり」）。

　馬具については、基本的には先にみた屋敷出入の森屋庄次郎に注文している。縁戚の臼杵藩士国枝佐左衛門（＊二五〇石　鉄砲頭）用の押掛（羈・鞅・鞦）を森屋で注文し、鞭を見たのち（一三年一一月一五日）、一ヶ月後に「弓屋」で値段をまけさせて購入している（一三年一二月一八日「昨日百文と申候鞭を五拾文ニ而まかせ頼置」）。一四年四月四日には、森屋で自身の押掛と牽馬で用いる「三尺縄」の値段を確認した上で購入し（「押掛を吟味致候処、三歩にて本幅九寸房びろうどの飾にて三歩と申、三尺縄も惣金百疋の由申候ニ付、是ニも書付を遣候様先申付」）、同月二二日に「直段書」を求めに寄っている。また、同月二四日にも「馬具を尋」、五月一日には再び押掛と三尺縄を指示も加えて注文している（「おしかけ三尺縄申付、うるしニまけ候」）。

　土産については、煙草・煙管・紙（一三年一二月二七日「多葉粉壱丸・きせる壱本、在所土産のけ引、銭十五枚とゝのへ今日三枚ととのへ」）、「茶わん絵」（一四年四月二二日　値段は「壱匁五分位」）、髪飾り（一四年四月二四日「夫〻笄屋に行、耳かきをたのミ、銀の弁当はしをたのミ」）、衣装や装身具ほか（一四年五月一九日「おちの用と存し、本嶋ちりめん表地壱歩三朱ニ而ととのへ、ぎやまん目鏡・釣道具・太布かみかけ弐ツ、江戸絵少々ととのへ、伝次きせる立花屋に買帰る」)を購入している。

このほか、「木爪屋」では「きり大小中小刀・灰おさへ」(一四年四月二四日)・「つめ灰をさへ・香ばし・とびんのつる」(一四年五月一三日)、雪駄・猪口(一四年五月一三日)といった日用品を購入した。また、書画にいそしんだ外右馬は、松屋(筆屋)梅次郎に「琉球朱墨」を注文し、しばしばその入荷を確認して(同前一四年四月二二・二四日)ようやく「朱墨并上和下睦の小形墨壱丁」を入手し(同五月一三日)、さらに絵画、「木爪屋」で「小刀」や「文《(分)》廻し(コンパス)」を購入している(同四月二四日)。

一方、主要街道である東海道沿いへの訪問は、呉服・木綿問屋で三井芝口店である大店㉓松坂屋にほぼ限られる。以下は最初の訪問の記事である(一三年五月四日)。

> 長濱よりの方五六の蚊屋三歩三朱ト弐匁五分五厘ニ而、紐とも相調、即御客ニなり申候、時ニ二階へ上り見候得者、布袋屋とハちがひ横十二間、入八間の二間つい立ニ而段々しきり、広き事肝かつぶれる、入八間ゟ先者段々八畳六畳位襖立候而間取り有之而、艾をすえ候人やら、写物する人抔見え申候、扨料理平汁なり　平者角堅しんじよ弐切　椎茸大壱ツ越前豆なり　早い物じゃ　汁者うさんな魚の鯛とろろ　塩梅はみりんにて至極よろし　飯四ツト茶漬一抔　五盃程やり申候　酒者角硯蓋にゆり貝　牛蒡ニ何にか白弁物入し酒蒸なり、拙者一向呑す、めしを喰申候、隣之間居候六郷村百姓ハめつたに酒をのむけしきじや、扨夫ゟ二階を下り候へ者布袋屋通り受取書添へ、つりまて呉候

蚊帳の購入によって「御客」となり、二階で接待を受け、先に接待を受けていた尾張町の布袋屋(後述)以上の広さに驚き、その酒食に満足している。こうした大店の接待は、隣部屋で百姓も受けていたことから、武家に限らなかったことがうかがえる。しかし外右馬の場合は、同年七月二三日に国元への下し物として「更紗羽織」を購入して、木綿の依託販売を断られたためか(「木綿掛合候得共六ケ敷由」)、合計で三回しか訪れておらず、松

坂屋による接待は無駄に終わっている。

このように、近隣地域のうち、外右馬は東海道筋の町々にはほとんど出向かず、むしろ身近だったのは日影町であった。武具・馬具・装身具や国元への土産など、久保町・久保町原では購入できないものを調達できる身近な場所であり、時には日用品も購入するなど、訪問の頻度は高かったのである。

三「図式」の近辺地域

次に、【図2】の周囲にあたる近辺地域の訪問先（【図1】）を、方角に分けてみてみたい。

1　南方

①神明前（㉘・㉙）

日影町の通りをまっすぐ南下すると、芝神明宮の麓に到達する。この芝神明宮下の㉘芝三島町・芝七軒町は俗に「神明前」と呼ばれ、日影町に連続する繁華街であった。[21] 外右馬は、「いわゆる神明まへの店を見候而花露屋抔ならひ《（並び）》、本屋三、四軒、筆屋・すず細工・かみさし店・目鏡店・茶碗・反物、無きものハあるまじく被存候、夫〻大小道具木具や段々うちつゞき見事ニ御座候」（一三年四月一八日）と、評判通りの多彩な店による品揃えに目を見張っている。この神明前の訪問は計一三日で、目的は買物一一・食事一・見物一となっている。

まず、神明前の買物で特徴的な品が、書籍・刷物である。この地には、和泉屋市兵衛をはじめとする書肆・絵双紙屋が店を連ねていた。一四年四月二二日には、「群類考」（儒者冢田大峯〈一七四五～一八三二〉の著作「論語類疑考」〈文化一一年（一八一四）自跋、文政五年（一八二二）序〉か）という書籍を求めて、神明前の尚古堂（岡田屋

嘉七　『江戸買物独案内』掲載）、柏悦堂を訪れたが置いておらず、五雲堂（播磨屋徳兵衛　『江戸買物独案内』掲載）でも見つからなかった。五雲堂で流行遅れなのか尋ねると、そうではないが売り切れであるという回答を得ている（「冢田本ハ流行不仕哉と尋候得者、左様にても無之候得共当時売切之由」）。このうち五雲堂では、天保一三年（一八四二）七月一六日に、「朱硯箱朱墨」を金一朱で購入し、その契機を遊学の意識の芽生えとしている（「是ハ近々ゟ遊学すき〴〵にはじめ候おもひにより調候」）。ちなみに、五雲堂は「芝神明前東側中程」に店を構え、丸合組筆墨硯問屋株を所持しており、「尾州御用」も務めた。(22)このほか、七軒町の「横丁本屋」で「百人一首ト判付弐枚」を（一四年四月二四日）、ほか店は不明だが「あぶら絵三枚、江戸絵百ニ六枚」を購入している（一四年五月一五日）。

次に服飾の購入で訪れたのが㉙「神明まへきっこう屋」である。店の詳細は不明であるが、「うわぎの仕立」の依頼（一三年一〇月一七日）、「唐ざらさの表ニつむきの裏を付させ候様」という仕立の依頼（一三年一一月六日）と催促（一三年一一月一五日）で訪問している。断片的な記述ではあるが、先に見た久保町の萬屋利右衛門より高度な仕立てを頼んだようである。

また、装身具の購入先としてよく訪れたのが、地張煙管屋の中屋万吉である。(23)一三年七月二三日の下し物の二本（「宿元へ下候喜世留を弐本」）の注文を皮切りに、一〇月一七日にも注文、一四年四月二四日には落としてしまった紋付の煙管の代用品を注文し（「中屋ニ而喜世留を誂へ紋付、先日落候故なり」）、このほかにも店に立ち寄り（一三年一一月一五日・一四年五月一五日）、時には茶を飲んで休息する関係となっていた（一三年一二月一八日）。また、装身具や化粧品の購入では、一四年四月四日には国元の土産として、「杉村伊三郎方」で耳かき弐本紋付を、「松井玄蕃」で「櫛いすにて《ママ》二ツくし壱組百八十八文・七十弐文、まけくし壱枚五拾六文、ひんくし壱枚九拾弐文、すき櫛壱枚〆四百廿文はらい」、「花の露屋よりすき油・水あぶら」を購入している。このうち「花露屋」は、白粉・紅・髪油を扱う有名店であった[24]。

このほか、日用品の購入として、「さじをかひ、百文ニ而菓子ぼんを求め」（一三年一二月一八日）、下駄とつま革（「向ふかけ」　一三年一二月二四日）が確認される。

飲食については、錦絵のシリーズ「江戸高名会亭尽」などでもとりあげられる有名料亭車屋を訪れている（一三年一二月二四日）。

名をいふ車や内車と申名高き茶屋なり、是ニ与四公（※金子与四左衛門　四〇俵五人扶持　厩別当役）をいざなひ楼へのぼり候処、庭作り、石とうろう・池す・まち合ぐらひハ候へとも、清水楼ゟはうさんに御座候、座敷は十二畳弐間、南に十二畳又弐間、此間ハ六畳ニ八畳十畳弐間、随分二階ハ広く、畳ハ石たゝみのびんごニ候へども至而古く、掛地などもうさんに御座候、口とりはきす・やき魚・くずの白さとうかため・玉子むし、らく焼の鉢三嶋ニもり、盃せんハ船にて御座候、吸物ハあんかうとうぐ抔いれ、ミそのあんばひあまくこれなく上ひんなり、されどもしやくは廿四五の女両人ニて始終あちこち立まわり候てひつたりとこれなし、隣の間ハ御ちかづきと見へ、若女二三人いで、なんこのけんなどきこへ、あまりおもしろくなく、平めのにあげまでにて六匁五分がな、かん定いたさせ直にかへる、家ハひろく候へども清水屋・清水楼ゟは大ぶんまづく相見候、

外右馬は料理には納得したものの、行き馴れた清水屋・清水楼と比べ、庭や建物の古畳を使用している内装、そして接客が不満だったようであり、常連とはならなかった。

②芝神明社（㉗）

㉗芝神明社は、『江戸繁昌記』（天保五年〈一八三四〉刊）にみるように、境内で花相撲の興行や宮地芝居が許

された、見世物、講釈・落語、楊弓で賑わう江戸の名所であった。天保改革の最中にあっても、境内で寄席および楊弓場一〇軒が許されていた(25)。外右馬の訪問は六日で、目的は参詣四回、食事二回、興行見物二回となっている。最初の訪問は一三年四月一八日で、名物の「太々餅」を食べてからの参詣であった。同年九月一六日には祭礼（生姜市）を見物し、併せて「芝居」として足芸の軽業と思われる「桶の足持」を見物している。同年一二月二四日には、境内の「菊茶屋」で茶を二、三杯のみ、楊弓場を眺めている。そして、一四年一月三〇日には花相撲を見学し、以下のように記述している。

神明の角力何程ニ可有之哉と存候處、鳥井《(居)》前御入可被成とたかり候ニ付、かき込屋卯吉と申候者之方に大小羽織をあづけ、百三十弐文の札銭ニ而入る、桟敷五百之処立ぎわゟ見候而最早日も下り候ニ桟敷代高し、是ゟ見物可致抔と申候内、臼杵宮角力之関取位結合申候而是を見候、土俵入御座候、尤西方斗之角力ニ而引わかれ取候故、東之関稲川、西之関鰐石・剣山と改候由、八枚ツ、東西出候、是ハ中々大きな者じや、せいはひくゝでも鳴戸嶋ぐらひは皆有之候、其中壱人三百文ツ、ニまけ候ゆへ高桟敷ニ上る、是ゟ番附三段目ゟ取候、まわしきぬなり、禹王角力芝居、小結御上ぐらひと見受候、弐段目ゟは禹王芝居之時関取へんの大人ぐらひならん、弐段三四枚になつては已前之時勝・鳴戸嶋・八万騎ぐらひ、上ゟも大人御座候、夫ゟ幕之内ハ中いれ後とも紋布里・高根山・荒馬くらひ、四かわりのみ取申候、土俵入斗致候者斗リ、花角力故如此よし、角力ハ弐段ゟ余程ちかひ候ふやふ見受候、合桟敷之屋敷物《(者)》酒肴抔取寄候而居候得共、一向ニ不取合、日入ニすみ申候、誠ニ今日限りにておら《(え)》ひのどうあげ土俵三ツ四くずし申候、よき仕合と存候

神明社での興行は予想より桟敷代が高かったが、途中より桟敷代をまけてきたので高桟敷に移動しての見物となった。段があがって取り回しも面白くなったようで、国元でみた相撲（臼杵城下より六キロメートル南西の家

野村で行われた禹王市の奉納相撲(26)と比較しながら叙述している。西方の力士だけで行ったため、この場限りで西と東に分かれての対戦を行ったという点や、土俵入りしかしない力士がいたり(「土俵入斗致候者斗り」)、なかなか取り組みが始まらない(「一向ニ不取合」)といったところは、庶民が身近にみることができる花相撲の実態が垣間見えて興味深い。そしてこの見物は、「只今神明にてハ花角力不知火大関西角力なり、猿若町ハ春曽我三芝居とも真最中なれとも御屋敷ゟよりハいまだ誰も得不参候、上野之花ハ先日御供にて見候得者、いまた梅斗ニ而御座候、茶店ハ所々最早設有之、梅屋敷ハ今を真盛と承り候」(一四年一月二七日)という臼杵藩の勤番武士同士のいわば行楽情報に基づいての訪問だったと思われる。猿若町の芝居、上野の花見と並び、神明の花相撲が評判をよんでいたことがうかがわれよう。

③増上寺門前(30)

芝神明社から少し南に下ると、増上寺の門前町である(30)中門前・片門前に着く。外右馬は六回訪問しており、そのうち五回は買物であった。最初の訪問時に「此町馬具紫を染候家御座候、江戸壱両所之由、紫なれは先此所と被申候」(一三年六月五日)と記していることから、勤番武士の間では紫の馬具染で有名だったようである。しかし、外右馬は、在所から持って来た押掛を持ち込んだところ、亭主が留守で妻が対応し、江戸では押掛は出来ず、仕上げの時に染めるだけだと困惑して答えてきたが、色々と見せて、せっかく遠方から来たのだから亭主が帰って来たら相談して欲しい、と頼んでいる(一四年四月四日「片門前染屋ニ寄り押掛在所より参候まま出候処、かみさん以の外とうわく、江戸にてハ押掛出来不申仕上ケを染候までにて御座候と申シ、仙台押掛色々出し為見候、何分遠方ゟ為登候事故何とぞ拵へ度由申、亭主留守ゆへ返り次第相談致し被下候様申」)。結局、交渉は成立したらしいが(一三年五月四日)、すでに見てきたように馬具への関心は高かったにもかかわらず、江戸の風習を理解していなかったことがうかがわれる。こうした失敗談は国元への情報として記したと思われるが、あまりこうした事例はみられない。勤番武士同士での情報の蓄積がかなり進んでいたためと思われる。

また馬具以外の買物では、一三年一二月一八日に「かうしやないんろう小店」を訪れて五百文で印籠を購入し、また「鼠のいらぬやうの下駄箱くらひ」の箱をみつけたが高かったため「本箱」を買ってすませるか悩んだ末、「下駄箱くらひの絵半紙入と書付ある白木の箱を百五拾ニてかい」、一四年五月四日には火鉢を見立てるなど、奢侈品や日用品を買う範囲にも入っていたことがうかがえる。

2　南西

①愛宕山(⑯)

⑯愛宕山は江戸市中で最も高い山で、『江戸名所図会』で「美景の地」としているように、山頂では眺望を売りにした茶屋が愛宕社を取り囲み、勤番武士や僧侶たちも集う江戸の名所であった[27]。屋敷の正門を左に出て愛宕下通りを六〇〇メートルほど行った場所で、外右馬は計七日、食事三回、見物三回、参詣一回で訪問している。

まず、到着してから二度目の外出(一三年四月一一日)で、この地を訪れ、山頂の茶屋より茶を呑みながら江戸の各所を一望し、国元の臼杵にたとえながら江戸の大きさに目を見張っている。「此上ニ茂神田明神ニ登リ候へは北西ニ家斗りと申事ニ而広ひ事ハ言もさらなり、目も及ぬ様存候」という記述から、この愛宕山と神田明神からの眺望が江戸のパノラマを楽しむポイントだったことがうかがえる。また、初めて江戸で接客を受けた感想として、この茶屋の娘の美貌とてきぱきとした物腰を描写している(「娘抔手顔殊之外きれいにてジレッテイナ事一向に無之シヤン〳〵ト物言御座候、狂歌など口ニまかせいふて候」)。同年五月八日には、夕方八ツ時より愛宕山の柏屋で四人で酒を飲んでいる。同年の七夕には、昨晩の憂鬱を晴らすため（「昨夜ゟ気うつをさんじ」）、江戸名物である短冊を結びつけた竹が立ち並ぶ情景を眺めに行き[28]、その光景を絶賛し（「誠ニ見事と申候ハ家々立候而次第ニ遠くなり遠方ハ竹山のごとく」）、茶屋で菓子を頼み、同行者と「久々ニ而ゆるりと咄し」て過ごしている。

また、毎月二四日の愛宕社の縁日は参詣者が多く、櫻川沿いの山下の通り（愛宕下通り）で植木の市などが出ることで有名であった[29]。外右馬は、一三年六月二四日に最大の縁日である千日参りを訪れ、見世物や覗きからくりなどで賑わう縁日を見物している（「なかなか賑々敷、見セ物のぞき抔参り、大そう人が出申候」）。さらに一三年一二月二四日には、「愛宕の門松市」の見物に出かけ、愛宕下からの年末の雑踏を観察している。愛宕下通りは「藪加藤」（【図2】大洲藩上屋敷）の前あたりから混雑が始まり、道路の両側には縁起物や子供の玩具、松・梅などの植木を商う床店が建ち並び（「左右ともにぎわい、かや・かちぐりゑんきと申、いろ〳〵面や子供の手遊ひ、てまり抔は少し、うら日根松、やふかふし、うへ木梅紅梅又作り花の梅なり」）、通りの角の旗本本多家のあたりは混み合っていたという（「本多様前などハぎちと行とまりこみあひ申候」）。人出は浅草鷲神社の酉の市より多く、女性は男性の一〇分の一で、男性も武家が少なかったとあり（「酉市などゟは人がせわしく、尤女も屋敷者ハ少し、まづ男の十分一の女なり」）、武家地の集中する愛宕下地域に町人が押し寄せていた様子がうかがえる。さらに、本多家の通りの角を曲がった場所（「広小路」）には床店が並び、さまざまな芸能が展開していた（「一間作りの店三筋も出来、浄瑠璃、咄し、いやいぬき、いく嶋（＊私娼）もこれあり、しゃく《（釈場カ）》馬も人が立わたり見物御座候」）。愛宕社の祭礼では、外右馬の住む愛宕下一帯が賑わいをみせていたのである。

②赤羽根（㉟～㊶）

新堀川にかかる赤羽根橋周辺の地域も外右馬は頻繁に訪れている。

第一の目的は買物である。特定の店として登場するのは、買物で七日訪れている丸竹や長右衛門（㊴）である。紹介があったのか絹物の相談に行って自身の服を誉められたこと（「拙者さがら羽織おうめ嶋を大ニ亭主珍重仕候」一三年一一月一五日）を皮切りに、年玉をもらい返礼に行くような関係となり（一四年一月二一日）、外出先で雨にあったので下駄を借りに立ち寄って進物の準備をしつつ、つい買物をし（「下駄を借り、本包ちりめん大ふくさ唐つむぎ相調へ、夫ゟどうしたひやうしやら綜ちりめん壱ツととのへ申候、是ハ袷ニ可致存念なり」（一四年二月二四日）、その後も陣羽織（一四年三月二九日　金二歩二朱）、肩衣二つ、絹ふとん一つ（同年五月二〇日）を購入している。その一方で、四月二五日には「袴并ちりめん単物」を購入しつつ、木綿の委託販売を強く頼んでいた（「木綿を少々なり共世話致しくれ候様強而たのミ」）。また、店は不明であるが、買物に六日訪れている（㊲赤羽根　ほか不明二日）。先述したようにこの地では安い「古物」を扱う店が中心だったらしく（一三年五月四日）、一三年六月二四日にも袴・帷子が足りなくなったので、同僚から情報を得て購入を果たし（「兼而袴・帷子ふつていニ付、赤羽根ニ罷越相調申候、是先日源五兵衛殿（＊飯沼　一〇〇石　勘定奉行）ゟ古物有之由習らひ置候ニ付、習らひ通りニ参り、結城袖単物・仙台平之袴極上越後縮取調」）、九月二五日にも火事装束の下着（「きやふき茶嶋ぐんなひの半下着」）を「壱両壱歩・弐匁五分」で購入している。

第二は、久留米藩上屋敷の中に設けられていた㊶水天宮の参詣である。初めて参詣し、札を受けたおりには、朝行ったために丸亀藩邸内の金毘羅社ほどの人出は無かったが、路上の露店は多かったとしている（一三年六月五日「朝ゆへか丸亀昆平様程ニハ無之候得（共脱カ）、随分道のうり物抔追々出候様相見へ」）。外右馬の参詣はその後一三年一〇月五日、一四年三月五日の二回で、後者では初回より時刻が遅かったためか「参詣人夥しく、橋の上抔ハ歩行なんぎニ候、此所ニ而足袋をぬぎ参詣」という盛況ぶりであった。外右馬は行けない日にも「きやふハ水天宮じゃがにぎやかであろふ」と述べており（四月五日）、同僚たちや、外右馬の家来の参詣もあり（五月五日）、藩主自身も向かいの秋月藩上屋敷より例年賑わいを見物するなど（一四年一月五日「殿様今日黒田様ニ水天宮人通り御見物例年有之候由」ただしこの回は延期）、臼杵藩士にとっては、共通の恒常的な訪問先になっていたと思われる。

第三は、服部南郭以来、多くの儒者・画家・文人らが居住した芝森元町の㉟服部元彰、および㊱荒木寛快・寛一への訪問である。外右馬は、文雅に関心があり、江戸の勤務生活にも慣れてきたのか、一三年八月一日に邸外での稽古願を許され、江戸の文人の門をたたくこととなった。勤務が落ち着いた八月五日に、江戸定府の藤井権左衛門（※納戸元〆　三三俵上下二人扶持）の紹介でこの芝森元町の服部・荒木ほか、後述する西久保の西嶋宅へ挨拶に回っている。[30]

㉟服部元彰（清三郎）は尼崎藩抱の儒者で、服部南郭の子孫にあたる。この時期の服部家の日記「芙蕖館日記」によれば、元彰は飯野藩・小倉藩・新庄藩・長瀞藩などにも出入りしている。[31]臼杵藩邸にも出入りしており、一三年五月四日に臼杵藩主に講釈し、同月には村井八十太郎の仲介で、稲葉栄三郎・久保田勇・保住源之丞（＊一〇〇石　大目付）・倅今朝之助の四人の臼杵藩士が入門し、翌年六月五日には臼杵藩士八人が暇乞いに行っている（「芙蕖館日記」）。一四年一月一九日や五月二九日には上屋敷で発会し（「芙蕖館日記」）、三月四日には上屋敷で「尚書（書経）多士の篇」の講釈を行い、いずれも外右馬は聴講している。外右馬は、面会できなかった日も含め計一六日、服部邸を訪れた。一四年一月六日には「文則宋人一巻（宋の陳騤の詩文評書）・四家雋壱本」を携えて年始の挨拶に出向き、「芙蕖館日記」によれば帰国の際も挨拶に行って「琉球扇弐本」などを餞別で貰っている。

日記で受講の様子がうかがえる記事は二日である。まず、一四年三月五日は、『左伝』の講釈を望んだが、議論だけで終わり、荻生徂徠が韓・柳・王・李の四人を優れた文章家として論じた『四家雋』について聞くこともできず、他も討論で終わり、講釈など思い通りの指導は受けられなかった（「服部方ニ而左伝之序を読ミ講釈と望候得共不仕、唯論しニて相休め、夫ゟ四家雋を出し兼、承り度事なれハ送元美之序（巻之三李王の「送王元美序」か）を一篇読む、其中時刻ニも成り候へバ、赤飯菓子盆ニ入り出る、かへて食し、夫ゟ又読ミ候処、清三郎殿ニも討論斗先ツ委敷一篇を終る、乍併どうも一篇が拙者まだ貫通不仕、其段を申候へば古文字とハ申候得共何分一風作立ニ而古文程ニハ私共も無之候と申、此中少々ヅ、は益をうけたし、此次は何とぞ討論之上講釈と願ひ置候、其間已ニ八時と相成り、清三郎も客ニ参り候とて同道ニ此家を出る」）。また、同年三月二一日には服部家主催の漢詩を作って鑑賞する会合（「詩会」）に参加している。外右馬は「格別の人も無之候」と評しているが、「友二郎（＊服部）、清三郎（＊服部）、壺井対介甲斐公（大和郡山藩）の臣[32]、北条様（狭山藩ヵ）儒、京極様之臣、松平主殿様（島原藩）の臣、木下様の臣、近所旗本やろうの若手弐、三人」が来ており、武家と大名抱の儒者が集まっている様子がうかがえる。「芙蕖館日記」によれば、この日の会場は「麻布蕎麦屋」であった。

㊱荒木寛快（一七八五～一八六〇）とその従兄弟の子で養子の寛一（一八二七～一九一一）は、ともに画家である[33]。寛快は旗本片桐蘭石の画塾に学び、四〇歳に至って芝森元町に居をかまえ、人物画を得意とした。天保一三年版『広益諸家人名録』では、「会日一六」とあり、定期的に書画会を開催していたことがうかがわれる。寛一は弟弟子の寛畝（一八三一～一九一五）とともに、寛快と交流のあった岡本秋暉（後述）にも学び、花鳥画を得意とした。寛一は秋月藩・三春藩・延岡藩・出石藩に、寛畝は土佐藩より扶持を得ていた。後述する西久保の表具屋に関する記載で「寛一之筆きぬじに極彩色くじやくなど四枚、此方様ゟ被仰付候よし、はり立有之千疋の由」（一四年二月一日）とあり、臼杵藩邸の奥日記にも名前が確認できることから[34]、臼杵藩の御用も担っていた。また、寛一は服部家と江ノ島に旅行に行くなど、親交があった（「芙蕖館日記」一四年三月二一日）。こうしたことが外

右馬の訪れる契機になったと考えられる。八月五日の挨拶で「殊之外風雅人」という印象を持ち、「拙者扇子抔絵を書」いてもらって以降、面会できなかった日も含め、外右馬は荒木のもとを六日訪れている。ただし、会話はするものの、絵の手ほどきをうけられたわけではなく、実際には絵の注文がほとんどであった。その絵とは絹本で、実見した外右馬は「一枚ハ寛快蓬生之筆寒山十徳、一枚寛一杜子美紅葉紅於二月花のけしき妙々」と述べている（一四年四月四日・二五日）。

なお、食事をする場としては、一杯一四文の蕎麦を食べた㊳丸や（一三年八月五日）のほか、国元から江戸に到着した際に待ち合わせで使用した㊵瓦屋（一四年三月二九日「今日は去年江戸着にて九時分品川ゟ赤羽根瓦屋ニ付候処、箕浦氏御出る、御屋しきニ九時半ニ着致候」）を一四年四月二五日にも待ち合わせで使用している。

③西久保（㊷～㊺）・土器町（㉞）

まず、西久保葺手町に住む儒者㊺西島俊助（俊佐・周道・城山　一八〇六～一八八〇）を計六回訪問している。最初の一三年八月五日の挨拶では、「弐本の絵ろう（蝋燭）」を進物として携えて行ったが不在であった。この後五回の訪問が確認できる。一四年三月二四日は「左伝二ノ巻荘・閔の処（『春秋』の注釈書の荘公・閔公の項）」の講釈で、「出席は丹羽様（二本松藩）何々直次郎、仙台様内富之助、大和様（川越藩）内多蔵、神明前柏屋何某、下屋（西久保新下谷町）の医者、極々若者子供三四人皆々まだわかひし弱きものなり」で、七つ前に終了している。周辺の各藩の屋敷の藩士や近辺の町人が学んでいる様子がうかがえる。西島は臼杵藩をはじめ計一四藩に出講していた[35]。

㊹西久保葺手町の「紙屋と申表具師」には、四回訪れている。基本的には描いてもらった絵の仕立てに関することで、当主である臼杵藩主の発注で作られた寛一の四枚の絹本の仕立て代が千疋だったことなどを確認し

ている（一四年二月一日　前出）。この葺手町では、㊸いかりや（「吹手町右近様前」）で茶漬を一度食べている（一三年六月一六日）。

㉞土器町とは、西久保通をさらに南下し、東海道に向かう道と交差した西久保（飯倉）四つ辻で、繁華な地である。訪問は六回で、いずれも買物である。うち二回は進物で、このうち一回は「醤油壱樽、かいぼし」（一三年一二月二八日）、一回は先述した服部への菓子と紙であった（一四年五月二〇日「窓の月一折五寸ニ八寸斗の箱二百四拾文、紙小杉弐束四匁百疋の祝儀を清兵衛〈※小園　定府　臼杵藩御台所〉より借候台にのせ」）。こうした武家の進物に対応する店があったことがうかがえる。このほかの買物は、仕立屋で「羊毛織」の見積もり（一四年三月一日）、「きせるさし弐本黒皮壱・たふあみ（籐編）壱」・「大小柄はらひ、壱本と丶のへ」（同月一一日・四月二五日）、「硯をもとめ四百三拾弐文」（三月一八日）であった。

また、一四年二月一八日には、㉜金地院の書画会に参加している。「関其寧の後、ばん亭に字を望み」とあり、すでに入手していたと思われる関其寧（一七三三～一八〇〇　土浦藩の儒者・書家）の書に続き、「ばん亭」の書を得ることにあった。小田原藩の絵師岡本秋暉（後述）に立ち寄ったところ、秋暉が同道して外右馬を「盤梯先生」に引き合わせている。書画会の様子は次のようなものであった。

今日会ハ大ニ雑人ませの会にて、盤梯先生床前江書を初め、其次一子源蔵殿書を致し、其次堀田摂津守（佐野藩）内好之（鳥居好之ヵ）女画を致し、次の画人三人ならび画を致候、縁ゟ庭、雑人のなミ人山のごとし、唐紙うり・扇子うり左右ニ居申候

「ばん亭」は、会津藩の右筆を務めた書家糟谷磐梯（弘蔵　一七七八～一八五二）であろう。[36]一四年三月五日には、㉛切通しの磐梯の家を訪れ、その子供源蔵に印判を彫ってもらっている。

④六本木・赤坂（46〜48・51）

訪問の目的は、文人への訪問である。

一四年二月一日に初めて訪問した(46)「大久保加賀様御中屋しき秋暉岡本祐之丞」とは、小田原藩中屋敷で抱えられていた絵師岡本秋暉（一八〇七〜六二）である。[37] 前述の荒木寛一が、外右馬に師匠の秋暉を紹介したのであろう。秋暉の子孫の記述によれば、秋暉は芝の彫金家の生まれで、大西圭斎に師事し、渡辺崋山らとも交流があった。明清の画風にならった花鳥図を得意とし、とくに四〇歳代から五〇歳過ぎの「濃密華麗な花鳥画」が知られるが、このほか長崎派風の吉祥画題の作品や、墨画、即興的作品も残している。酒食を振る舞われ、外右馬は、秋暉が月琴も嗜むなど「雅興不一方」人物だと評している。この時の訪問は、一〇日後の書画会に参加する前の挨拶だったと思われる。一四年二月一一日の書画会は以下のような様相であった。

秋暉方書画会に権左衛門（※定府　藤井権左衛門）と参る、せんだい袴黒上着羽織、祝儀を右膳殿封箱を借弐朱つつむ、権左衛門はかいぼし、夫より市兵衛町より六本木大久保様御中屋敷秋暉岡本秋之丞大会にて人集り候事、八九十斗、南湖の後南瞑は五拾五六斗画人大関江戸にて当時一方の画人のよし、二階両方わかれ八畳・六畳、人は頼人とも重り申候、画人は六七人位下手は見人となり申候釣合、酒肴少々ヅツ所々出候、坊主と医者松平主殿様（島原藩）御内の人、詩論文論厳敷片隅にて有之候、此方左右は京極様御内加藤新介当時世子の御附の由寺社奉行のよし、木下半蔵芸藩の医者、毛利左京介様（府中藩）の人、水戸藩平井介右衛門、其次は南瞑なり、拙者よりのち南瞑参候処紙を打つみ頼候数山の如し、夫より追々席上ひらけ段々頼度候得共、中々唐紙もしわがより又半切に致度候得共人込合切るもならぬ釣合、下に下り候処八畳にて又画人四人入替り出候由、其中春水と中人は此方御用所にも出候女のよし、元服いたし子供両人つれ参候、書画ともに名人、木挽町より拾六七の娘参り是も名人、おそれ気もなく画申候見事々々、勿論今

> 日草履に札をつけ大小に札を附袴着の若者まかない五六人、左五郎抔は玄関にてむしもの・酒出候、此方も食事、平　猪口　汁なり椀めし　夫より権左衛門と帰候処、池田様の内何某と京極様の内加藤氏、木下氏同道ニ而帰る、（中略）今日左衛喜殿（＊津末　定府　六〇俵七人扶持　勘定奉行勤方席大小姓格　破損奉行兼）より唐紙五枚所望致し、画は寄合書のつもりにて勘八さんもらい候きれに南暝・錦江・春水・広湖と書画致しもらい、扇子五本人々より致しもらい、唐紙は三枚持参る、弐枚は失い申候、明朝手紙ニ而秋暉へ人を遣し候存念

会は、秋暉が居住する小田原藩邸の長屋での二階の二部屋と一階を使っての開催であった。書画会の引札によれば、絵師の私宅が会場になることもあったが、会場は中心部や勝景地に立地した料亭が主であった(38)。場が藩邸で、参加者が武家であることからみて、武家を中心とした会だった可能性があろう。絵師は六・七人であったが、外右馬が気に入ったのは春木南湖の子南暝（築地三枚橋　南画家　一七九五～一八七八）・錦江（原町薬種屋桑名屋与左衛門　婆阿は古人　狂歌師）・春水（仙石篤子　芝水〈外桜田　磯村直蔵　備中松山藩儒〉女　書）・広湖で、このうち子連れで参加した春水という女性書家・絵師は屋敷にも出入りしていた。このほか、木挽町より一六・七才の娘も「名人」だったとしている。たいへんな混雑ぶりで、持参した唐紙に皺が寄ってしまったが半切りにする場所もなく、ようやく描いてもらったが唐紙二枚は紛失したとしている。さらに、一週間後の二月一八日にも「しおがまの包菓子百文調へ」て訪問し、しばらく話した後「幼少八歳の子らんをかきてもらい」、さらに「寄合書致しもらい」、「小香にも絵をこい」ている。その後、秋暉とは四回面会している。

　このほか、一四年二月七日には、定府の藤井権左衛門と赤坂の(51)松江藩中屋敷の「宇佐美鶴山」を尋ね、詩会に出席している。宇佐美は、徂徠の弟子で宇佐美灊水にはじまる松江藩儒者の宇佐美家四代鶴城（金八　一七九八～一八五九(39)）を指す可能性が高い。メンバーは、「主席は尼崎大夫、桜井殿、右ハ拙者・権左衛門、北

条様儒臣、尼ヶ崎木下何某、左ハ薩州の人――彦介（橋口　後述）子静、壷井対介甲斐様か内、阿部何某、服部清三郎、尾州の人両人、紀州の若手両人、阿部氏の子」で、前述の服部家主催の詩会のメンバーと重複している。おそらく、同じ結社であろう。「徂徠先生閣筆巻物・系図書、且諸賢席且持参の作」を見せ合ったが、酒食も進んだため、外右馬は一句作ったものの不本意なものだったと述べている。

3　北方

屋敷より二キロメートルの範囲は、幸橋の北側より京橋地域をへて日本橋地域の北半分までが該当する。ここでは頻度の高い場所をみておきたい。

①八官町・加賀町（83・84）

一七世紀末の『江戸惣鹿子名所大全』によれば、加賀町には刀脇指細工類が多いとされている。外右馬も刀装に関して加賀町および隣接する八官町に通った。刀・刀装具に関しては、先に確認した日影町・神明町での購入、ほか訪問二回の他町の86竹川町栗山も確認されるが、外右馬が最も重視したのはこの八官町・加賀町であった。隣長屋の隼介が「定紋付小づか」を「八官町梅屋弥平」で購入しているように（一三年六月二六日）、臼杵藩士にとって刀装具の購入場所の一つと認識されていたと思われる。とくに臼杵藩士は、84八官町嶋田とのつきあいが深かった。外右馬の訪問は五回であるが、嶋田は藩の出入で[40]、屋敷の長屋の勤番武士たちの所も頻繁に訪ねてくる目利きの「刀屋」であった。嶋田については、嶋田の刀の見立てをめぐる藩士たちとのやりとりを含め、稿を改めて論じることとし、ここでは嶋田に次いで関係が深かった83岩城屋丈助（訪問計一四回）との関係についてみておきたい。

岩城屋には、一三年一〇月九日に「大小の金具を見」て以来、柄に用いる「大小さめの事とひ合せ」た上で「鮫を渡し」(一四年一月一一日・二六日)、「虎の縁頭」を預け(一月二三日)、注文を決め(三月二四日「大小をきまり」)、目貫の購入と研ぎを依頼し(一四年三月二八日「五両見こみ」)、「ぬり手本を吟味致し、こじりの道具を見」(一四年四月一日)、「塗手本をかへし金磯草にのぞみを付け、こじりハかろうとめん、真ちうに金焼付、七子と致候而大小四拾目のよし、是を刀斗廿目ニきわめ」(四月四日)、と、質問や見本の吟味を繰り返した上で、刀の修理を依頼している。前述したように、神明前の近江屋宗兵衛で購入した鐺の鑑定を依頼していることから、神明前の刀装具の職人よりも格上とみなされていた可能性があろう。雨天時の外出の際に下駄を預かってもらって草履に履き替えるなど(一四年三月七日)、懇意になった結果、三月二八日には自身の木綿で刀代の相殺を図り(「加賀丁岩城ニ参り、木綿拾反おしこむ」)、二〇反の請取書も書いてもらっている(四月二四日)。ただし、結局五月九日の時点では一八反が売れ残っていた(「木綿何程大小料何程と大様を書付もらひ十八反残り有之」)。

②呉服木綿問屋布袋屋(87)

外右馬は、呉服・木綿問屋が集中する京橋地域の尾張町の中で、(87)布袋屋に一四日訪れている。布袋屋は江戸のトップクラスの大店の一つで、[41] 二回目の外出(一三年四月一一日)で先着していた同僚に連れられて訪問し、「御手入《(出カ)》の呉服屋布袋やと申店」とあることから、藩の出入商人で、藩士たちも利用していたと考えられる。最初の訪問の記載は以下の通りである。

夫御手(*出カ)入の呉服屋布袋やと申店ニ寄り候処、横八間半入十二三間斗有之、手代共六人嶋を立て居敷、伊勢子と申十二三・十四五ぐらひの人弐・三拾人斗りよひかけ〳〵声々にてあちらこちらいたし、至極やかましくのぼせ候様御座候、しかし大坂三ツ井程ハかかり無之候、調物、佐左衛門殿　あついた踏込

絽肩衣、拙者　後仙平袴地　絽肩衣、三十郎殿　馬のり袴地　後仙平袴地　帷子さらし染共、小八郎殿
調物無之、〆五両　以上、右調物相済候と算用候間、先ニ階ニ上り被下候様申候而、二階ニ上り候処、
聞き及候通り膳具出候、汁ツミイレ・トウフ　平シイタケ・花フ・ヤワラカハンベン・モヤシノ三ツ葉
猪口ニ黒マメ・香のもの　酒ニ口取出候得共、先刻山吹の茶漬ニて一向ニ皆様もすすみ不申候残念々々

店の規模や丁稚のあわただしさに圧倒されながらも、大坂の三井ほどではないとしている。また、事前の情報通り、二階で接客をうけたものの、直前に食事をとったためあまり食べられなかったと悔やんでいる。こうした最初に入った布袋屋の印象が、その後の江戸の大店の判断基準となり、先述のように松坂屋との対比がなされた。結局松坂屋ではなく布袋屋の常連となったのは、木綿の委託販売や個人的な好みの選択以上に、藩の出入商人という関係性が強かったと思われる。ただし、この時は同行者とさまざまな衣装を購入しているが、その後の購入としては、蚊帳（一三年四月一二日「かや五六ト四六ヲ為出、四六ニ致候、代金五拾弐匁八分」）、「下馬布のさらさ　拾四匁八分之きれ壱丈七尺五寸」・「戸澤ぎぬ表地一着」（同九月二三日）、琉球人行列で道が混み合っていたので火消衣装のための「石帯」を運ばせる（同一一月一九日）、「ちじみのむらさき」（一四年四月一日）、鬢付油（一四年五月一日）、「布袋屋ゟおちの・おみつの帷子弐具参り、松五郎あつらへの懐中多葉粉入色々あつめ」（同年五月二三日）といった程度である。古着も含め、先にみた久保町や日影町、赤羽根と目的・用途に応じて購入先を変えていたのであろう。それでも、「白もめんを松坂や・ほていやの中に申付すハなるまいか」（一三年五月二九日）としていた姿勢は変わらず、あるいは夏冬の入れ替えで木綿を二〇反返されて「大迷惑無限」（一四年四月六日）とし、家来に注文の「袖口寸法」の注文の手紙とともに「木綿拾反無理ニおしこみ」（一四年五月一日）など、木綿の委託販売で布袋屋に依存しつづけた様子がうかがえる。

③芸能鑑賞（(85)・(90)）

当該地域には、江戸三座が置かれた(90)木挽町という一大興行地が存在した。外右馬は合計五回、うち四回舞台をみている。ただし、天保改革にともなう強制移転で、滞在中の一三年九月には二座が移転し、移転が遅れた森田座一座のみが残る状態となっていた。外右馬の芝居鑑賞の見方の変化については、別稿を参照されたい[42]。

このほか注目されるのが、(85)宗十郎町の浄瑠璃語り和登太夫である。以下は初回の記事である（一三年八月一六日）。

然処拙者今日常盤浄瑠璃聞ニ参候由話候得者、三十郎殿可参被申、則両人同道ニ而お信さん（＊定府津末左衛喜の娘）・おかうさん（＊稲葉林介〈盛木　定府　四〇俵三人扶持　書札方〉の娘　一四才　一三年七月一〇日）日傘をさしかけ、八間町より横宗十郎町和登大夫方ニ参る、三十郎殿ハ道ニ而髪月代致し、跡ゟ和田益吉同道ニ而御出被成候、両人ニ而祝儀弐朱つゝみ段々聞申候、初ハ六・七、十二・三を取ませ、大夫相手ニなり、高棚ニ緋もうせんをかけ、まきゑのけんたひ《（見台）》に申候、後十三・四・五位の姫かたり申候、なか〳〵こしらへがうつくしひ、緋ちゞみ・緋かのこぐらひハぞくでおひかけゑりなと見られぬ、黒びろうどこはくのきれいの織もの嶋ちりめん・極赤のちりめんなど着候者ある方ごろは語り壱番見事ニ候、甲斐様（大和郡山藩カ）、御屋敷つきしの人などハくろびろうどにきんしのぬひ有之、おひかけえり抔ハなか〳〵見よひ、かたびらと申ても、上総上ふぐらひなり、子供の事故、われ壱とこしらへると見へた、其中ゆかたに黒ひろうと嶋ちりめんの帯びろうどのおびなどハかゑつてうさんても見よひ、在所の女子衆へ見せたひ、此人々廿二・三人も朝ゟ相すみ、おひ〳〵十四・五ぐらひになり候処、三十郎殿和登大夫ニねがひ候処、月見之酒同板橋の段と申候げだひを長く一切申候、なか〳〵しづかにて、江戸ぶしときわずもきゝ、よく御座候、大夫ニ又壱朱しうぎをつゝみ申候、拙者今朝之思ひとちかひ少々物入と相成候、暮々もまた御座候得共姫子を引つれ帰申候、此あとがけしておもしろき事と被存候、若イもの七・八人も参居候故、取しまり有之事と存候得共、何分御門限有之候得者帰申候、当春早々まで八十七・八、二十一・二の女相勤居候由、夫故小屋物などハべつしてうちやうてんになり候由、まづ休て仕合ならんか

和登大夫は明治時代に常磐津名人として知られた常磐津林中の最初の師匠であった。林中の回想録によれば、和登大夫は芝露月町の常磐津和歌太夫の門人で、「小笠原様」など武家屋敷に出入していたが、安政のコレラで没したという。常磐津は家元制を取っていたため、名披露目会などの名目で弟子のいわゆる発表会を開くことも多かった(43)。おそらく出入などを契機に臼杵藩士と関係が生じ、定府の藩士の娘とともに、こうした発表会を聞きに行ったのであろう。武家の娘など弟子たちの衣装に目を見張り、はじめての常磐津を堪能した外右馬は、その後、和登太夫の家を三回訪れている。紀州田辺安藤家医師の「江戸自慢」では、西国の義太夫節に比して、豊後節は音の上げ下げが少なくふくらみがない下卑たものと揶揄しているが、外右馬の耳には合ったようである。邸内の生活の記述では、常磐津かは不明だが、勤番武士は浄瑠璃を謡って楽しんでいた。外右馬自身が常磐津を謡ったのかは不明だが、一四年九月一四日の日記では、洒落で「於愛宕下武左衛門座序まく、昨日の出し大評判々々々」として、江戸勤番の悲喜を浄瑠璃の歌詞にして示し、最後を「浄瑠璃勤大夫　三味線気分　常盤津　養生常業」と結んでおり、常磐津への関心の高さがうかがわれる。

④文人との交流(56)

外右馬は、幸橋を渡って左にあった㊻大和郡山藩上屋敷も訪れている(一三年一〇月一六日)。その目的は、同藩の抱えとなっていた儒者荻生惣右衛門(維則)の「詩会」への出席であった(44)。惣右衛門は荻生徂徠家の当主で、

兎園会のメンバーであった。

夫ゟ拙者ハ権左衛門と荻生惣右衛門殿詩会ニ参る、今日集候人、荻生先生長や住居ニ而玄関有之、右の壱番松平播磨守（常州府中藩）儒臣森左兵衛四十八・九位、戸沢能との守（新庄藩）儒臣服部友次郎三十四・五位、薩州の儒臣橋口彦助三十二・三位、壷井対介三十二三くらひ、北条彦之丞（狭山藩）御留守居佐藤良右衛門、夫ゟ稲葉（臼杵藩）内権左衛門・拙者、左の壱番荻先生五十七・八、肥後様（会津藩）儒臣岳九儀六十四・五、松平出羽守（松江藩）儒官宇佐美鶴山、服部清三郎尼崎儒臣、此外船田作右衛門同、甲斐様（大和郡山藩）儒臣・諸生と見へ廿四五七八の人両人、のこりハ若手子供両三人、皆きゅうじニて酒吸物みそニてあわひとふふ　すずりぶた　にしめ一ツ　なまこ一　かますのやき入一　むすびきすしょういう　なり、拙者先生方ニ皆様とねがい持参ハ菓子なり、出題は初冬小集懐井如春飛誓郷祇役北越の題なり、皆夕方まで不出来、夫ゟ引取宇佐美氏昨日伯墳に遊ばれし詩あり、園林葉落夕陽晴——惣天錦軽又有芙蓉含岱色山霊知代主人情、この作なとかくべつとも不存候得共、さすが先生家ゆへ面白く御座候、諸先生一首も是まで不出来、権左衛門ハ絶句を作り申候、尤拙者斗ニは韻もふり不申候ゆへ、作りも不致候、毛利到（ママ）くらひならば作りも可致候、久々休ニて口へ句がうかばぬ、此家さすが旧家故、掛物大主の徂徠へ被遣候字両方のれんの徂徠の字を刻し屏風、襖は皆享保中之由、南郭僧主抔の詩、或ハ短文なり、床には唐さらさのきれに包候、大きな琴が立かけて有之、扨六時まへに帰り

このうち薩摩藩の儒臣とされる「橋口彦助」は、熊本藩校時習館の訓導であった木下韡村（一八〇五～一八六七）や飫肥藩校教授の平部嶠南（一八一五～一八九〇）と交流があり、弘化三年（一八四六）の段階では「薩州高輪邸ノ留守居」で「文会」を開く人物であった[45]。また、会津藩の儒者と記載されている岳九儀（武陽　?～一八四六）[46]は芝新銭座の同藩下屋敷に居住していたと思われる。このほかのメンバーの多くは、服部元彰をは

じめ、さきの服部家および宇佐美鶴山の詩会と重複していることから、同じ詩社だった可能性があろう。

おわりに

本稿では、臼杵藩士国枝外右馬の「日記」より、江戸勤番武士の行動の中心でありながら、従来検討されることのなかった近辺地域をとりあげ、外右馬自身が記したいわば身近な生活圏である「図式」の範囲（近接地域・近隣地域）と、さらにその近辺地域に分けて検討をすすめた。検討の結果、明らかになったのは以下の点である。

一、最も日常的な生活圏である「図式」の範囲には、最も身近な近接地域であった久保町および広小路（久保町原）と、近隣地域の日影町および東海道沿いの二つの繁華街が存在した。この地は、臼杵藩士のみならず、近隣の武家屋敷の住民が利用しており、日常品から進物・武具・装飾品までさまざまなレベルの買物、食事、衛生、芸能鑑賞、学問や書画への関心を満たす、商人や文人・芸能者が存在していた。

二、近辺地域については、日用品を購入する場合もあったが、「図式」の商人よりもより高級な品や特殊な商品を求めることが可能であった。さらに、文人との交流、巨大な縁日や多様な芸能鑑賞も楽しむことができた。

三、このように、藩士たちは屋敷より二キロメートル圏内の近接・近隣および近辺地域で大方の生活を維持することができた。また商人・職人たちも、馬具・武具といった職種に限らず、こうした複数藩の勤番武士の需要で生活が成り立っていたと考えられる。勤番武士の側の需要については、特定品目に絞って、購入する商品のレベルと店の選択を検討する必要もあろう。この点については、服飾と刀について別稿を検討している。また、個々の店の選択は、各藩の勤番武士の中で蓄積されていった情報と、藩の御用出入という信用が契機となったと考えられる。ただし外右馬の強引な木綿販売の依託にみるような、関係を利用した横暴というものも存在した。代金の未払いなども含め、こうした藩士と町人の関係も検討課題である。

四、また、文人については、長期滞在とはいえ、個人的な資質のほか、勤務との関係もあり、必ずしも交流が深まったとは限らない。とくに内容をみてみると、外右馬の場合、「遊学」には目覚めるものの修学に専念できておらず、希望する講釈を受けられず、漢詩会や書画会への参加と絵画の注文で結局終わっている感がある。書画会については、流派を越えた文人の交流の場として評価される一方、この時期には収益を目的とした組織化をめぐる対立が起こっていたことも明らかにされている[47]。書画会の通俗化は、書画の大衆化をもたらしたともいえるが、こうした中で、江戸の〝文化〟を求める勤番武士が江戸の文人にとって格好の〝お客さん〟だった可能性も否めない。今回検討した地域のほか、下谷の谷文晁の子谷文二ほか北郊の文人との交流も含め、引き続き、今後の検討課題としたい。

〔註〕

（1）コンスタンチン・ヴァポリス『日本人と参勤交代』（柏書房、二〇一〇年）。

（2）吉田伸之「巨大城下町」（『巨大城下町江戸の分節構造』山川出版社、一九九九年、初出は一九九五年）。

（3）鈴木理恵『近世近代移行期の地域文化人』（塙書房、二〇一二年）、岩淵「巨大都市江戸における居住者と自己認識」（『自己語りと記憶の比較都市史』、勉誠出版、二〇一五年）。

（4）西山松之助『江戸ッ子』（吉川弘文館、一九八〇年）。山本博文「江戸勤番武士の生活」（『江戸を楽しむ』中央公論社、一九九七年）ほか。

（5）岩淵「八戸藩江戸勤番武士の日常生活と行動」（『国立歴史民俗博物館研究報告』一三八、二〇〇六年）、同「江戸勤番武士が見た「江戸」―異文化表象の視点から―」（『同』一四〇、二〇〇八年）、同「庄内藩江戸勤番武士の行動と表象」（『同』一五五、二〇一〇年）。本文で触れる八戸藩・庄内藩・紀州田辺安藤家医師の「江戸自慢」・海保青陵『東牖』の事例は、この拙文による。

（6）岩淵「他国者がみた江戸―江戸勤番武士の江戸表象―」（『総合誌歴博』一七一、二〇一二年）、同「臼杵藩勤番武士の江戸における行動」（『国立歴史民俗博物館研究報告』第一九九集、二〇一五年）、同「江戸勤番武士がみた「江戸」と国元」（『歴史評論』七九〇、二〇一六年）。また、同日記の概要については、酒井博・容子『勤番武士の心と暮らし』、文芸社、二〇一四年（初出は「國枝外右馬の江戸詰中日記考察」その一～八〈『津久見史談』七～一四、二〇〇四～一〇年〉）も参照。

（7）＊は「日記」および「諸執役後録」（臼杵市教育委員会蔵）より同時期の役職と石高を示した。なお、「日記」の記載のほか、「日記」に所載されている藩邸絵図の住居が、「図式」の藩邸内の「定フ小屋」の位置にある者を定府と推測した。

（8）※は『臼杵藩士録』（臼杵史談会、一九九五年）所収の「鼈城藩臣分限録」（天保二年〈一八三一〉）・「元臼杵藩士族卒祖父以来明細書」（明治五年〈一八七二〉）より参考として役職と石高を示した。定府の判断は＊と同様である。

（9）ケヴィン・リンチ『都市のイメージ』（岩波書店、一九六〇年）、中村豊・岡本耕平『メンタルマップ入門』（古今書院、一九九三年）ほか。

（10）『日本歴史地名大系　東京都』（平凡社、二〇〇二年）の「兼房町」の項による。

（11）文政四年（一八一九）銘の丸亀藩邸内の金毘羅社に寄進された銅鳥居には、「桜田八ケ町鳶中」の記載がある（岩淵「武家屋敷の神仏公開と都市社会」〈『国立歴史民俗博物館研究報告』一〇三、二〇〇三年〉）。

（12）吉田伸之「『御堀端』と揚場」（『別冊都市史研究　パリと江戸』山川出版社、二〇〇九年）。

（13）火元は太左衛門町で、近辺の町が類焼した（『武江年表』二、平凡社、一九六八年）。

（14）蓮池藩と麻布龍土町（岩淵『江戸武家地の研究』塙書房、二〇〇四年）、八戸藩上屋敷と「前町」市兵衛町（岩淵「八戸藩江戸勤番武士の日常生活と行動」）、人吉藩中屋敷と赤坂田町（岩淵「塀の向こうの神仏」〈『都市・建築・歴史』六、東京大学出版会、二〇〇六年〉）、弘前藩邸（阿部綾子「弘前藩江戸藩邸をめぐる町人訴訟の実態―天和期を中心に―」〈浪川健治編『近世武士の生活と意識』岩田書院、二〇〇四年〉）、丸亀藩金毘羅社と桜田八ヶ町（岩淵「武家屋敷の神仏公開と都市社会」〈『国立歴史民俗博物館研究報告』一〇三、二〇〇三年〉など。
(15) 田中康雄編『江戸商家・商人名データ総覧』（柊風社、二〇一〇年）。
(16) 『江戸町触集成』一四（塙書房、二〇〇〇年）一三四六一・一三四九一・一四〇五五。
(17) 『江戸名物酒飯手引草』（国立国会図書館蔵）。清水屋は「会席即席御料理　桜田本郷代地　清水屋善治郎」、清水楼は備前町ではなく「会席即席御料理　桜田久保町　清水楼伝兵衛」として登場する。
(18) 前掲岩淵「八戸藩江戸勤番武士の日常生活と行動」ほか。
(19) 前掲岩淵「江戸勤番武士がみた「江戸」と国元」。
(20) 油絵は、泥絵具の使用や遠近法など、西洋画を意識した画法で描かれたもの全般を指すが、「錦絵」と区別していることや、場所から考えて、泥絵と推測しておきたい。
(21) 岩淵「錦絵の町・芝神明」（『錦絵はいかにつくられたか』国立歴史民俗博物館、二〇〇九年）。
(22) 『江戸買物独案内』（文政七年〈一八二四〉刊、国立歴史民俗博物館蔵）。
(23) 「江戸芝神明前　御誂喜世留所　中屋万吉」「地張　現金無掛直」の引札が残されている（早稲田大学図書館蔵西垣文庫）。
(24) 「御おしろい　御笹色紅　御伽羅之油所」「江戸芝神明前花露屋伊勢大掾」の五四種の商品を記した引札が現存する（国立歴史民俗博物館蔵「懐溜諸屑」、前掲岩淵「錦絵の町・芝神明」）。
(25) 『江戸町触集成』一四、一三六三一・一三六二二。
(26) 『臼杵市史』上（臼杵市、一九九〇年）六六四頁。
(27) 岩淵「江戸の名所・愛宕山」（『風景の記録―写真資料を考える―』国立歴史民俗博物館、二〇一一年）。
(28) 広重の「江戸名所百景　市中繁栄七夕祭」の光景など。勤番武士の江戸生活マニュアル「江戸自慢」でも触れられている（前掲岩淵「江戸勤番武士が見た「江戸」―異文化表象の視点から―」）。
(29) 「月ごとの二十四日は、縁日と称して参詣多く、とりわき六月二十四日は、千日参りと号けて、貴賤の群参稲麻のごとし　縁日ごとに植木の市立ちて、四時の花木をここに出だす。もつとも壮観なり。」（『江戸名所図会一』筑摩書房、一九九六年、二六三頁)。
(30) 前掲『日本歴史地名大系　東京都』。
(31) 『芙蕖館日記』天保一三年(一八四二)・一四年(早稲田大学図書館蔵服部文庫)。服部元彰については、その思想と尼崎藩における現実的な行動を検討した前田結城「幕末維新期における封建論とその論者　尼崎藩儒者服部元彰を題材に」(『ヒストリア』二四八、二〇一五年)がある。元彰は、明治維新による廃藩後は内務省に出仕し、地理局第三部編纂課長となった(『服部文庫目録』早稲田大学図書館、一九八四年)。
(32) 幕末の大和郡山藩の分限帳には、郡代並で「御取次兼」六五石の壺井対助が確認できる(『分限帳類集　下』柳沢文庫、一九九四年、一八頁)。
(33) 松沢更青「荒木寛快とその祖」(『郷土目黒』六、一九六三年)。『箱根旅行絵巻』(土佐山内家宝物資料館、二〇〇七年)、久保木彰一「飜刻『荒木寛畝翁自伝』」一～六(『ＭＵＳＥＵＭ』四一二・四一四・四一七・四一九・四二〇・四二二、一九八五～八六年)。
(34) 『御奥日記』(臼杵市教育委員会蔵)天保一一年六月一四日条。
(35) 名倉英三郎「幕末江戸の漢学塾」(『幕末維新期漢学塾の研究』渓水社、二〇〇三年、二三四・二五一～二頁)。
(36) 『広益諸家人名録』(天保七年〈一八三六〉)。なお、前稿では大槻盤渓と判断していたが、このように訂正したい。
(37) 郡司亜也子「岡本秋暉の画業と作品に関する基礎的研究―干支印作品群を中心に―」(『鹿島美術研究(年報第二〇号別冊)』、二〇〇三年)、同「岡本秋暉の画業と作品」(『岡本秋暉展』報徳博物館、二〇〇六年)。前者によれば、安政五年(一八五八)の「順席帳」では、広間番(切米七石　三人扶持)として確認できる。
(38) ロバート・キャンベル「天保期前後の書画会」(『近世文芸』四七、一九八七年)。
(39) 佐野正巳『松江藩学芸史の研究』(明治書院、一九八一年、五六・四六六～六九頁)。
(40) 「嶋田吉兵衛参る、今日外向御出入火事の節働呉候面々へ御酒被下」(一四年四月　五日)とあることによる。
(41) 西坂靖「近世都市と大店」(『日本の近世』九、中央公論社、一九九二年)ほか。
(42) 前掲岩淵「江戸勤番武士がみた「江戸」と国元」。

（43）　前原恵美『常磐津林中の音楽活動の軌跡』（武久出版、二〇一三年、二二〜二三頁）。小野田翠雨「常磐津林中」（『演芸倶楽部』六―一五、一九〇〇年）。家元制と発表会の関係については神田由築氏よりご教示を賜った。「名弘」の会については、天保一三年（一八四二）三月に禁令が出されている（前掲『江戸町触集成』一四、一三五四〇）。また、天保改革の寄席の統制に伴い、前年の一二年一一月には女浄瑠璃語り四〇人と席亭一二人が捕縛されており（『江戸町触集成』一三〈塙書房、二〇〇〇年〉一三四一九）、活動の範囲が限定されていることも背景にある可能性があろう。

（44）　前掲岩淵「臼杵藩勤番武士の江戸における行動」では、居所を牛窪火之番町と判断したが、天保七年（一八三六）版『広益諸家人名録』に「桜水　儒古学　徂徠曾孫　郡山藩　幸橋内　荻生惣右衛門」とあることから、このように訂正したい。

（45）　島善高『木下𨻶村日記』（一）（『早稲田社会科学総合研究』一三（二）、二〇一二年　翻刻は継続中）、『六鄰荘日誌』（青潮社、一九七八年）八一頁。また、崎山健文氏の御教示によれば、天保一二年九月二六日付の伊集院兼誼より伊地知季安への書付の碑文に関する情報で彦助が登場する（「漢学紀源」『鹿児島県史料　伊地知季安著作集九』二〇一一年、一一二頁）。

（46）　関山邦宏「江戸の漢学者とその塾」（前掲『幕末維新期漢学塾の研究』二〇一頁）、『広益諸家人名録』（天保七年〈一八三六〉版）。

（47）　小林忠「江戸時代の書画会」（『現代のエスプリ別冊　江戸とは何か1　徳川の平和』至文堂、一九八五年）、前掲「天保期前後の書画会」。

第六章　民衆の旅と地域文化―阿波商人酒井弥蔵の俳諧と石門心学・信心―

西　聡子

はじめに

酒井弥蔵は、文化五年（一八〇八）から明治二五年（一八九二）までを生きた阿波国美馬郡半田村（現徳島県美馬郡つるぎ町）の商人である。「芭蕉をめざした男」として知られ、旅を好み多くの「旅日記」を残した人物である。[1] 村役人でもなく豪農・豪商でもなかったといわれる弥蔵は、日頃は生業にはげみ地域での俳諧や石門心学等の文化活動に活発に取り組み、かつその記録を膨大に残した。[2] また、百味講（弘法大師の忌日の法会）の世話人や氏神八幡宮祭礼の「宰領人」もつとめ、地域における信仰・宗教行事にも精力的に取り組んだ。このように多彩な顔を持つ弥蔵であるが、俳諧や心学、信仰などの居住地域での日常の文化活動は、どのように連関し合って旅好きといわれた弥蔵を形成したのだろうか。弥蔵の思想形成において旅がいかなる意味を持つのだろうか。

一般の民衆を含む多くの人々が行った近世の寺社参詣の旅については、旅の参詣経路・交通体系をめぐる研究[3]の進展と相俟って、地域文化や生活文化史研究においても重要なテーマとして取り上げられるようになっている。農民にとっての農閑期の旅は、日頃の生産活動や勤勉・倹約等の通俗道徳実践にとっての息抜きや解放をもたらすと位置づけられ、こうした旅と日常のサイクルが文化の創造を促していくと考えられているのである[4]。近年ではこれらの研究を受け、日頃地域で享受した芸能知識や書物知と旅先の行動との関連を探る研究[5]や、学びの機会としての旅の意義を考察する研究[6]等が行われ、地域文化の担い手の形成に旅が大きな意味を持つことが提起された。さらに、俳諧活動を通して形成される人的交流の場が漂泊の旅への憧憬を抱かせる等、文化活動を通した人的交流と旅へと赴く意識の深い関連性も指摘されるようになっている[7]。このような研究動向は、旅の内実と日常の地域文化の営みが密接に関わって展開していることを明示すると同時に、人々にとっての旅の意味を理解するには、日頃どのような関心をもとに文化活動や人的交流を行っているのかを明らかにしていくことが重要であることを示しているといえよう。

このように見た時に問題となるのは、近世の旅は日頃の通俗道徳実践の息抜きや解放をもたらす、あるいは寺社参詣の旅は行楽・遊山の面も強いとされている一方で、石門心学に代表される通俗道徳は、こうした解放や行楽とは対照的な厳しい自己鍛錬として論じられていることである[8]。旅と密接に関わって展開しているはずの日常の営みとしての石門心学・通俗道徳は、旅にともなう意識と対照的に捉えられているのである。こうした点を踏まえると、旅の背景にある日常の諸文化活動は、意識面でどのように結びついているのか、その具体相の解明が重要となってくる。この点を明らかにするには、旅先での行動分析だけでなく、旅に赴いた時とは異なる日常において、各々の文化活動がいかに関わり合って旅の背景をなしているのかという点を問う必要がある。

筆者は、近世後期の四国遍路を主な研究対象とし、先に紹介した酒井弥蔵の旅にともなう信心のありようの分析をすすめ、信心と俳諧への関心の深い関連性や、遍路と他の寺社参詣の旅の共通性と差異性を検討してきた[9]。そうした中で、遍路の旅にともなう信心を理解するには、従来から重視されている弘法大師信仰のみならず広く、神仏への信心を含めて分析することや、日常の俳諧活動を通じた交友関係のあり方を解明していくことが検討課題として浮かび上がった。そこで本章は、酒井弥蔵が俳諧を通じてどのような人々といかなる交友を行っていたのかを検討し(一節)、こうした交友と石門心学活動はどのように関わって行われているのかを検討し(二節)、さらに俳諧・石門心学活動と神仏への信心がどのように結びついて寺社参詣の旅の文化的・思想的背景となっていたのかを検討する(三節)。こうした検討を通して地域文化の営みの中での旅の意義について考察したい。

一　酒井弥蔵と俳諧を通じた交友

1　酒井弥蔵について

まず最初に、半田村及び酒井弥蔵について確認しておきたい。半田村は、徳島県北西部吉野川中流の右岸(一部左岸)に位置し、江戸時代を通じて徳島藩領である。吉野川の舟運により撫養《むや》・徳島・脇町・池田・祖谷《いや》を結ぶ物流の拠点に位置するという地理的条件により、在郷町として発達した。半田村では、天明三年(一七八三)頃から俳諧が、寛政五年(一七九三)頃から石門心学が盛んに行われていた(後述)。村高は文化一〇年(一八一三)四四七石余、[10]旧高旧領取調帳によると四六八石余(うち蔵入地三七石余、残りは藩家老稲田九郎兵衛ら給人四人の知行地)、家数は安政三年(一八五六)に三六八軒、人数は九八四人である。[11]

酒井家は「堺屋」と号し、弥蔵が慶応元年(一八六五)に書いた「堺屋先祖早繰系図[12]」によれば、徳島佐古町七丁目の町人堺屋吉左衛門を初代として元禄一五年(一七〇二)から半田村に居住した。酒井家の檀那寺は半田口山村にある龍頭山神宮寺（真言宗御室派）である。

弥蔵は文化五年（一八〇八）に堺屋武助の長男として生まれ、春耕園農圃という俳号を持ち、祖父の四代孫助（農人）の代から、父（梅月）・伯父（花山）とともに俳諧を嗜んでいた。大福帳を分析した真貝宣光氏によれば、弥蔵の生業は小野浜での川舟への積み込み・川舟からの浜揚げや運送（弥蔵はこれらを「運賃」収入としている）、他の商人に「雇れ」て配送業・出張代行業・委託販売業等（弥蔵は「日雇」収入としている）、さらに、「家徳」収入として農業生産物の販売を行っていた。元治元年（一八六四）からは前年に病気をしたことでそれまでの「運賃」収入が減少し、それに替わるものとして易筮による謝金が収入源の一つとなる。慶応元年からは従来の細々とした日雇い仕事に替わり、半田村の商人敷地屋兵助（後述）に「雇れ」、長期間出張するようになる。[13] このような生業形態により、弥蔵は「小売商」あるいは「雑貨商」であったと指摘されている。[14]

では、次項において、弥蔵が日常の俳諧活動を通していかなる交友を行っていたのかについて検討したい。

2　『俳諧雑記』『俳諧年行司』に見る交友

弥蔵が俳諧を通じて人々といかなる交友関係を取り結んでいたのかを検討する上で、手がかりとなるのが、『俳諧雑記』（巻一〜三）・『俳諧年行司』（巻四〜一二）である。[15] この史料については、すでに佐藤義勝氏が紹介し、天保五年（一八三四・弥蔵二七歳）から明治二二年（一八八九・八二歳）までの五六年間の「弥蔵の俳諧日記ともいうべき」もので、「年行事・旅・交友・そして私的記録を含めて、その時々の事柄が述懐や句・狂歌を交えて書かれ…農圃（弥蔵）の行動範囲や人間関係」等が分かる「農圃を知るための貴重な資料」と位置づけているが、その内容に関してはこれまでほとんど分析がなされていない。[16] 表題と記録が収められている期間は以下のようになっている。

『俳諧雑記』巻一　天保五年正月〜天保一四年三月※ただし文政期の記述も貼紙で加わる／『俳諧雑記』巻二　天保一四年三月五日〜弘化三年（一八四六）七月／『俳諧雑記』巻三　弘化三年八月〜嘉永二年（一八四九）正月廿二日／『俳諧年行司』巻四　嘉永二年正月廿五日〜嘉永五年正月／『俳諧年行司』巻五　嘉永五年正月廿五日〜嘉永七年三月／『俳諧年行司』巻六　嘉永七年四月廿五日〜安政三年（一八五六）五月／『俳諧年行司』巻七　安政三年六月一日〜安政五年一二月／『俳諧年行司』巻八　安政六年正月元日〜文久二年（一八六二）八月／『俳諧年行司』巻九　文久二年八月一五日〜慶応元年（一八六五）八月／『俳諧年行司』巻十　慶応元年九月廿五日〜明治六年（一八七三）正月／『俳諧年行司』巻十一　明治六年正月廿五日〜明治一二年一二月／『俳諧年行司』巻十二　明治一三年正月〜明治二二年六月一七日

（以下、『雑記』巻○、『年行司』巻○と略記）

『雑記』『年行司』には、弥蔵と俳句や狂歌を通じて直接やりとりがあった人物が登場する。これを一人一人挙げたのが、【表1】である。【表1】には、各人物の人名表記（多くは俳号）、実名・他の号（先行研究等により判断[17]）、居住地、生没年等を挙げた。居住地については、「（阿波国三好郡）辻町如岱」（【表1】における番号＝81）のように村名・町名が肩書きとして表記されているので、これにしたがった。ただし半田村に居住する人物は、肩書きの村名が記されていないことが多いため、その人物が半田村の住民かどうかの判断は酒井家文書の諸史料により行った（その他、各人物の生没年については【表1】の注記を参照）。【表1】の右三列については後述する。

【表1】を見ると、総数は一七一人、うち女性が九人確認できる（4・39・73・92・95・102・107・108・149）。人物の居住地は、半田村が多く（少なくとも七二人）、中でも半田村の二系統の大商人といわれる敷地屋（大久保）系と木村系の商人が各一四人以上は確認できる[18]。敷地屋系の商人は近世中期頃から、木村系は近世後期頃から台頭し、漆器・質・酒造・油締・米穀等の主要商品を取り扱い、「半田経済界はこの二系統の商家の寡占状態にあっ

【図】堺屋の商圏図

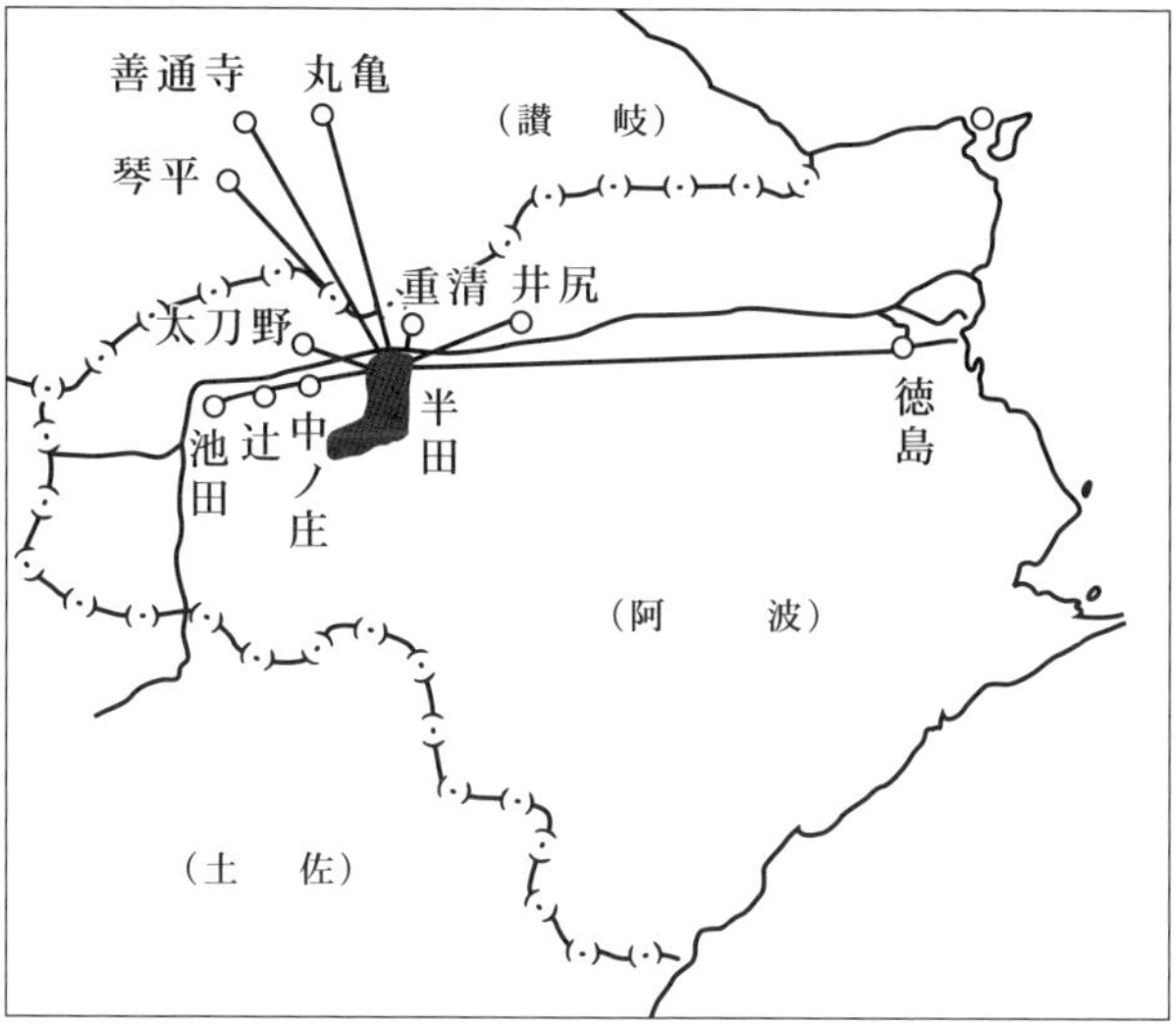

半田町誌出版委員会『半田町誌』下巻（半田町、1981 年）354 頁より転載

た[19]」といわれ、半田村における俳諧や石門心学活動の中心も担っていたと指摘されている（弥蔵はこのどちらの系統にも属さない商人）。

半田村以外に居住する人物については、徳島藩領内では三好郡東井川村（「辻町」）が八人、美馬郡脇町が六人、美馬郡郡里村が四人、美馬郡重清村が四人、三好郡池田村が二人、三好郡清水村が二人、三好郡中ノ庄村が一人、美馬郡貞光村が一人、美馬郡拝原村が一人、麻植郡学村が一人、三好郡昼間村が一人、板野郡西條村が一人確認できる。脇町は、弥蔵の伯父花山（7）も居住しており、脇町で編んだ句集には半田村の俳人も集う（その逆もあり）等、半田村と俳諧を通じたつながりが深いとされている。また、池田・辻・中ノ庄・重清・脇町（井尻）は、「堺屋の商圏図」に見られるように弥蔵の「商圏」にある地域である。さらに清水・貞光・拝原・昼間・学村は、これらの「商圏」にある地と半田村を結ぶ線上かその線上から近い距離にある村である。このような地域の人物は、弥蔵の日常の生業や取引で結ばれる人々であると予想されるのである。

他方で、【表1】には徳島藩領外の人物も含まれているが、そのほとんどは一度きりの登場である。

【表1】『俳諧雑記』『俳諧年行司』人名一覧

番号	人名表記	実名・他の号	居住地	生没年・備考	巻	芭蕉塚	石門心学	旅の同行者
1	雅弘・雅厚	敷地屋兵助／謙山居	半田村小野	1809 ～ 1877 ／敷地屋系	一～十一	○	○	○弘化4年『散る花の雪の旅日記』
2	鼡友・鼠友・素友・素遊	大久保岩吉／福寿堂	半田村小野	1814～／敷地屋系／文久元年長州「征伐」に動員	一～十二	○		○弘化2年『弘化二春中旅日記』
3	北斗			1807～／敷地屋系	一・二			
4	女 右京	大久保岩吉母	半田村小野	1787～／敷地屋系	一～九	○		
5	孤竹庵・梅雅	木村由蔵	半田村木ノ内	1771 ～ 1853 ／木村系／半田水音分社社長二世／弥蔵の俳諧の師	一～六	○		
6	梅月	堺屋武助	半田村小野	1762 ～ 1835 ／弥蔵の父	一			
7	花山	堺屋新兵衛	美馬郡脇町	弥蔵の伯父	一・三	○		
8	可笑				一			
9	花暁	兼松氏／春月堂花暁	半田村小野	～ 1852	一～五	○		
10	硯渕	沖津鹿太／何龍	半田村小野		一～四	○		
11	蚊山			～ 1841	一			
12	松柏堂	松柏堂加璋	半田村小野		一	○		
13	巨泉		半田村		一			
14	臥林庵	山下壬生右衛門／臥林庵蘭室	美馬郡脇町井尻	1761 ～ 1841 ／稲田氏の臣	一			
15	阿久		三好郡中ノ庄村		一・七			
16	南香	大久保重兵衛／一貫齋	半田村木ノ内	～ 1846 ／敷地屋系	一～三	○		
17	与次郎		半田村小野西		一			
18	鍛冶屋庯八				一			
19	如水		半田村		一・二・四	○		
20	貫道阿闍梨		半田口山村	「神宮寺精舎の現住」	一			
21	雨柳		半田村小野		一・八	○		
22	梅似	木村総平／孤竹庵／孤竹坊	半田村木ノ内	1809 ～ 1883 ／孤竹庵梅雅の嗣子／明治2年小高取／木村系	二～四、八・十			
23	志道	迎月亭	半田村小野	1807 ～	二～八	○		

24	祖父江氏	祖父江多賀之助／楊柳園梅室ヵ	半田村		二			
25	雲観	北嶋屋主人	三好郡池田町		二			
26	稲田筑後様御家臣藤本氏			稲田筑後家臣	二			
27	稲田筑後様御家臣定方氏			稲田筑後家臣	二			
28	杏邨醉者				二			
29	隣家なる若者		（半田村）	天保15年石鎚山へ参詣の門出を見送る	二			
30	隣家の男子		（半田村）		三			
31	辻町井後蘆州子	中村屋	三好郡辻町		二・三・五・八			
32	沢齋	春林軒沢斎	半田村小野	1815～／「隣家沢齋」（巻五）	二・五	○		
33	讃葭原松岡氏		讃岐国葭原		二			
34	如竹	木村与平／仲秋庵	半田村木ノ内	～1851／木村系	二～四	○		
35	素仁	祖父江貞六／楊柳園素仁	半田村逢坂		二・七	○		
36	疊波	虚心亭疊波	半田村小野	1799～	二・八	○		
37	（疊波坊）		半田村小野		七			
38	如流	東屋文左衛門／石川如流	三好郡辻町	1804～	二・八・九			○嘉永2年『出向ふ雲の花の旅』
39	たつ女				二・三			
40	二夕		半田村小野	～1848／雅弘（敷地屋兵助）の父／敷地屋系	二・三			
41	文十				二			
42	竹齊				三			
43	貞光石堂		貞光村	1804～	三・七			
44	朴鶴				三			
45	花蔵院善通寺僧		讃岐国善通寺	善通寺僧	三			
46	三久	波月（「波月三久事」とあり）			三・七			
47	がく（学）の人仲三		麻植郡学村		三			
48	今津屋角蔵		半田村		三		○	○弘化4年『散る花の雪の旅日記』
49	大久保堯平		半田村	敷地屋系	四			
50	似竹	三崎屋半兵衛／木村	半田村	木村系	四			
51	蔭山先生	蔭山雲園	郡里村	郡里村出身の俳人／嘉永2年に半田村へ移住	四・六・七・八			

52	花翠	大久保花翠	半田村	1838～	四・十～十二			
53	花水				四			
54	三時庵風阿				四			
55	美山		半田村小野		二・四	○		
56	南枝				四	○		
57	京都方圓斎				四			
58	池田花兆		三好郡池田町		四・十			
59	辻昏風		三好郡辻町		四			
60	辻碧渓		三好郡辻町		四			
61	竹雅	木村金蔵／豊秋庵	半田村木ノ内	1805～1878／半田水音分社社長五世／木村系	四・九・十	○		○嘉永2年『出向ふ雲の花の旅』
62	松甫		肥前国平戸		四			
63	五葉	中出杉助／楊柳庵・不易亭五葉	半田村逢坂		四～七・十二	○		
64	鹿鳴		美馬郡拝原村	1793～	四			
65	脇町讃岐屋徳蔵		美馬郡脇町	弥蔵妻お臺の弟	五・十			
66	木ノ内出来や林右衛門事里笑子	出来屋林右衛門（1813～）	半田村木ノ内	木村系	五	○「里鐘」		
67	大泉居春水		半田村		五・六・八～十			
68	尹春		半田村		五・七			
69	其翠	曦松亭／「篠原其翠」とも	半田村	1833～／父は篠原福太郎／稲田氏家臣（『半田町誌』上巻370頁）	五～十二			○嘉永2年『出向ふ雲の花の旅』
70	春田春水	（春田宗三郎ヵ）	半田村		六			○嘉永5年『梅の花見の旅日記』
71	海辨尊衲		讃岐国綾松山	嘉永5年龍頭山にて法華経講釈する	五			
72	南都の人		南都		五			
73	女梧鳳	弥蔵の姉	半田村		五・六			
74	慎々	木村貞右衛門／木村莓谷／一渓舎慎々／森々	半田村木ノ内	1799～1862／半田水音分社社長四世／木村系	五・七・八	○		
75	晴堂				五			
76	辻石居		三好郡辻町		五・六・八			
77	一章		三好郡辻町		六			
78	霞夕	芙蓉園露夕	半田村逢坂		六	○		
79	梅鼎	五葉の妻	半田村逢坂		六			
80	辻竹酔		三好郡辻町		五			
81	辻町如岱		三好郡辻町		五・六			
82	安斎	大久保（敷地屋）熊三郎／養気堂一信	半田村逢坂	1813～／嘉永5・安政3・4年に取立役／敷地屋系	五・七	○	○	

83	蕙風	結城玄通	半田村小野		五・六・十一			
84	敷地屋国蔵		半田村	1801～／安政2年6月親孝行表彰／敷地屋系	六・八・九		○	○弘化4年『散る花の雪の旅日記』
85	敷地屋芳太郎		半田村	安政2年6月親孝行表彰／元治元年から五人与／敷地屋系	六・八			
86	常磐園松雨				六・七			
87	春江亭亀往	亀十			六～八			
88	観風亭半山				六・七			
89	長楽居金糸				六			
90	如跡	根心舎如跡／木ノ内元木屋／木村新蔵	半田村木ノ内	1819～1895／半田水音分社社長七世／安政2年6月親孝行表彰／木村系	六・九・十・十二	○		
91	二楽		半田村		七・十			
92	自貞尼		半田村小野		七	○		
93	梅世		半田村逢坂		七	○		
94	烏旭		半田村逢坂		七・十二			
95	元女				七			
96	大泉為之丞		半田村	安政6年から庄屋	八・十二			○弘化4年『散る花の雪の旅日記』
97	不老亭亀翁		半田村		七・八			
98	斤士	大島亭斤士	半田村	半田水音分社社長八世	七～十二			
99	昼間村大和屋直兵衛		三好郡昼間村		七			
100	(「古人」) 路友先生	敷地屋卯兵衛	半田村	～1831／弥蔵の石門心学の師／敷地屋系	七			
101	鼎山		郡里村		八・九			
102	山城谷雪女				八			
103	竹岱				八・十・十一			
104	烏聲				八			
105	南長次郎				八・十			
106	敷地屋幾兵衛			敷地屋系	八			
107	清水村の雅女		清水村	耳順の祝吟を乞われる	八			
108	清水雪女		清水村		九・十			
109	梅谷				八・九			
110	橘井堂臥龍				八・十			
111	郡里梅林		郡里村		八			
112	中藪庄助		半田村中藪		八			
113	敷地屋和平		半田村	敷地屋系	八			
114	郡里竹裏楼		郡里村		八			

115	里雪	紅粉屋春次郎	板野郡西條村		八			
116	「朋友村上至道」				八			
117	貴泉	平尾氏貴泉		1823 ～	八・十二			
118	敷地屋亀助			敷地屋系	九			
119	「去る浪人」				九			
120	重清鶴年		重清村		九			
121	不石				九・十			
122	里跡	木村林右衛門／出来屋	半田村木ノ内	1812 ～／木村系	九・十			
123	花雄				九			
124	持宝院慈覚				九			
125	烏暁		半田村逢坂		九	○		
126	一釣		半田村		九			
127	讃芳野住青節老人		讃岐国芳野上村		九			
128	堺屋卯兵衛		美馬郡脇町		九			
129	大久保庯平		（半田村）	1812 ～／敷地屋系	十			
130	小笠原雲岱		美馬郡重清村	1812 ～	十			
131	菊好堂主人			1830 ～	十			
132	冨永氏主人			1831 ～	十			
133	敷地屋貞吉		半田村	敷地屋系	十			
134	西者				十			
135	山居				十			
136	小笠徳蔵				十			
137	素扇				十			
138	春斎				十			
139	春居				十			
140	口山大床三楽	重本伊平ヵ	半田口山村		十・十二			
141	大久保百太郎		半田村木ノ内	1834 ～／敷地屋系	十一			
142	木門庵主覚心			1814 ～	十一			
143	西浦梧鳳			1838 ～	十一			
144	南嶺	万寿居新吉	半田村		十一			
145	喜楽	梅の喜楽	重清村	1804 ～／明治8年に「七十二翁」	十一			
146	木村与一郎		半田口山村	明治9年戸長に（『半田町史』1950年／68頁）	十一			
147	智勇				十一			
148	保竹				十一			
149	大坂仲女				十一			
150	橋本源八		半田村逢坂	1839 ～	十一			
151	藤本久平		半田村中藪	1819 ～	十一			
152	岩倉村西野氏		美馬郡岩倉村	1809 ～	十一			

153	龍頭山我佛		半田口山村		十二			
154	井上梅渓				十二			
155	佐藤氏				十二			
156	大坂徳左衛門		明治14年半田村へ移住		十二			
157	寿仙				十二			
158	脇町真福寺住僧・如龍	如龍	美馬郡脇町		十二			
159	中山氏の主人				十二			
160	大泉池塘		半田村	1849～	十二			
161	脇町の千葉氏主人		美馬郡脇町		十二			
162	重清村の宇山氏主人		美馬郡重清村		十二			
163	淇水山人	木村豊太郎	半田村	1829～1916	十二			
164	娯水庵莓谷	木村新吉	半田村	1831～1917／半田水音分社社長九世	十二			
165	瑞気園桃翠				十二			
166	大坂氏露光				十二			
167	立木舎如流	木村半平	半田村木ノ内	1816～1891／木村系	十二			
168	木村源太郎		半田村	木村系	十二			
169	木村豊助			木村系	十二			
170	木村時太郎			木村系	十二			
171	木村勇太郎			木村系	十二			

サカイ 00963～00974『俳諧雑記』（巻一～三）・『俳諧年行司』（巻四～十二）により作成。人物の生年については、例えば還暦を迎えた年が『雑記』『年行司』によって確認できる人物については、その年から一回り前の干支の西暦を記入した。人物の没年も『雑記』『年行司』に死去に関する記述がある人物については、その年の西暦を記した。

例えば嘉永四年に「平戸の行脚」として来た松甫(62、『雑記』巻四)や、讃岐国善通寺花蔵院の僧(45、『年行司』巻三)等、半田村を訪れた旅人や、弥蔵が旅先で会った人物と考えられる。

　人物の身分については、徳島藩中老である稲田筑後の「御家臣」(26・27)が一度登場している(天保一四年閏九月二二日夜、「前田氏(稲田氏家臣)へ君臨」した時に弥蔵が易筮を乞われた(『雑記』巻二)が、ほとんどが百姓身分である商人と思われる。

　弥蔵の交友関係で目を引くのは、半田村に居住する人物との関係である。例えば、雅弘=敷地屋兵助(1)は、後述するように石門心学の師の墓碑建立の際に弥蔵とともに「世話人」をし、嘉永七年(一八五四)から「筆小屋」の師をしていた(『年行司』巻五)人物であるが、雅弘の病気が快方に向かい弥蔵が酒と句を送っていたり(『雑記』巻三)、雅弘の父が亡くなった時には「孝子雅弘雅君の悲涙を推察して」弥蔵が句を送っている(『雑記』巻三)。また、弥蔵の俳諧の師であり半田の俳諧社水音分社二代「社長」であった孤竹庵梅雅[20]＝木村由蔵(5)や、孤竹庵の嗣子で明治二年に「小高取」格(郷士格に近い格式の百姓で、御目見も許される)となった梅似＝木村総平(22)、弥蔵の「大福帳」において「日雇」の雇主として多く登場し、安政二年(一八五五)に徳島藩から親孝行の表彰を受けた敷地屋国蔵(84)、度々家を訪れ合い、「眼疾全快の様子を見て」弥蔵が句を送る(『雑記』巻二)等、折々に交流した単友＝大久保岩吉(2)などは、『雑記』『年行司』に度々登場している。これらの人物たちとは、歳旦・端午の節句・月見、二月一五日の涅槃会、三月二一日の御影供(弘法大師忌日の法会)、四月八日の仏生会、八月一五日の放生会、一〇月一二日の芭蕉忌等の年中行事として集い、句を詠み合っている。また、各人物が初老・不惑・耳順・還暦・古稀等の年齢を迎えた時や、人生の節目となる出来事(病気と平癒、婚姻、「男子出生」、旅立ちの見送り、大泉為之丞(96)の庄屋役「昇身」[21](『年行司』巻八)など)があった際は句を送り合い、人物が死去した時には複数で集い、追悼・手向けの吟を送っている。

このように半田村に居住する人物とは俳諧を通じて頻繁に交流をしている。ただし半田村以外の地域に居住する人物の中にも、例えば辻町の井後蘆州(31)には、嘉永元年(一八四八)に「長男の誕生ありしを賀」(『雑記』巻三)し、同年に「内室身まかりしを悔ミて」(同)句を送る等のように、弥蔵と親密な交流をしていることが窺える人物もいる。

3　蕉風の継承

こうした交流を通じて、弥蔵は蕉風(正風)の継承者という自己認識を持つに至る。安政五年(一八五八)に、弥蔵は芭蕉からの道統を次のように書く[22](傍線は筆者、以下同)。

芭蕉翁九世　春耕園農圃主人
　　道統
芭蕉翁桃青　獅子庵支考　黄麗園蘆元　五竹房琴左　朧庵再和　轉化坊雲行　楊柳園梅室　孤竹庵梅雅
春耕園農圃

この史料からは、芭蕉に連なる弟子の中に自分（春耕園農圃）を位置付け、「芭蕉翁九世」にあたる道統を有しているという認識を強く持っていることが窺える。このような記述は、天保一三年（一八四二）にも見られる。[23]ただしこの時は芭蕉から孤竹庵梅雅までを書いたものであり、前掲のような「芭蕉翁九世」であるという認識は、俳諧活動を重ねることで深まっていったものと考えられる。

蕉風を継承するという意識は、半田村での芭蕉塚（句碑）建立の活動にも表れている。天保一四年、芭蕉一五〇年遠忌にあたり、小野峠にある慈雲閣境内に「雲雀塚」という芭蕉塚が建立された。その時に歌仙を巻いた一人である敷地屋兵助＝雅弘（1）の「年代聞見録」には「当卯三月より発起いたし候、…卯月十二日開眼の後四方雅人同莚に集て、当日俳諧七十二作を修行して手向く、委敷義は農甫志道両君の書蔵に有　発願人農甫　志道」とある。[24]弥蔵（農甫）は志道（23）とともに「発願人」であり、当日は「俳諧七十二作を修行して手向」けたこと、「委敷義は農甫志道両君の書蔵に有」とある。実際に酒井家文書にはこの時に弥蔵が作成した『雲雀集』[25]があり、雲雀塚建立の興行の様子や半田村木ノ内・逢坂・小野の三地区の六四名と、脇町等の八名、計七二人（「七十二作」）の句を載せている。この七二人の中で『雑記』『年行司』に登場している人物は二八人確認できる。【表1】の右から三列目「芭蕉塚」の列に〇をつけた人物である。

4　人物評価の応酬

このような様々な活動・場面を通じた交流に関して注目されるのは、婚姻や病気平癒、還暦に際しての俳句のやりとりの中に、相手を思い合い、評するような言葉があることである。例えば次の史料は、文久三年に梅似(22)が、農圃（＝弥蔵）の病気平癒を「悦び」、一句を送ったもので、『年行司』巻九に弥蔵が書き留めたものである。

此人にして是病なりとの古言の当れるかな、農圃雅鳳ハ心栄へ正敷賢を尊み、世の濁れるに染ず風雅に心を澄しけるが、斗らず流行の病におかされたり、予も同年の因ミ浅からず歩行を運び病脳を尋ぬべきに名にしおふ、小野の峠を隔、老足の心に任せず、音信のミにて信薄といふべし、しかハあれど日をおふて快気に□き虎口を逃れるを蔭ながらも悦び一句を呈し侍る

薄氷を踏み勝老の肥立哉　　梅似拝（『年行司』巻九）

この史料は、弥蔵の文化活動に対する評価を端的に示しているといえよう。冒頭は『論語　雍也篇』にある「斯人也而有斯疾也」から出た「古言」（＝このような善人がこんな悪い病気にかかるとは）を引き、弥蔵を「心栄へ正敷賢を尊み」、「風雅に心を澄しける」人であると評価している。『雑記』『年行司』にはこのように弥蔵を評している人物が七人、逆に弥蔵が各人物を評しているのが四人確認できる。【表2】は、弥蔵が評し評された言葉を年代順にまとめたものである。これを見ると、弥蔵は「諸芸に達し中にも俳諧正風の道をもつぱらに修行して楽しむハ世の人の知る所」（松柏堂12の評価）であり、「はたちに四ツ余れる孝にまさつて篤敬」があり（硯渕10からの評価）、「唐倭の書籍に遊び、はた易道に通達し給ひ、実に此人ハ此里の賢人とやいはん、又一村の宝とや言ハん」（如跡90からの評価）とも評されていることが分かる。酒井家文書にある俳書・歌書、易学、漢学等

の書籍と弥蔵による写本の多さは「唐倭の書籍に遊び」という評価を裏付けるものである。句集を筆写・作成したり、芭蕉塚建立への積極的な関与が「俳諧正風の道をもつぱらに修行して楽しむ」という評価につながっているものと考えられる。

一方、弥蔵も安政七年に敷地屋国蔵（84）の還暦にあたり、「敷地屋の主じハ、若冠より家業に出情し、財宝乏からず。酒飯に飽満し其余慶に家門の棟梁余多建立ある。今年還暦の春を迎へるに…衣更着や是から先きの日ハ長し　春耕」（『年行司』巻八）との言葉と俳句を送っている。

このようなやりとりからは、家業に出精しながら風雅（俳諧・諸芸・「唐倭の書籍に遊」ぶこと等）に没頭するような、近世の在村文人がめざす業と雅の両立＝業雅両立論[26]にも通じる生き方が、交友の中で意識されていたと見ることができるのである。

二　石門心学活動と生活実践

1　俳諧による交友と通俗道徳

一方で注目されるのは、このような俳諧によるやりとりに「孝子」や「篤敬あり」等という評価があるように、この交友は純粋に風雅に特化した交友というわけではなかったことである。次の史料は明治四年（一八七一）、里跡＝木村林右衛門（122）が還暦を迎えた際に弥蔵が送ったものである。

里跡雅君ハ若冠より家業に出情《ママ》し父母に孝行なる人也、今年還暦の春を迎へ志す風流に遊び其祝物のかち

内容
天保6年武助（梅月、弥蔵父）への手向けの吟：「春陽亭梅月翁ハ若きより正門に入て、草木に春秋の栄枯、獣鳥に花の夕べ露の朝の哀楽を弁へ、世の反化道の虚実に自在を得、二十年の峠より跡へ戻れバ、修行地ハ三十余歳なるべし。鶴に乗術も阿提羅波羅提羅に功徳無量有事も羨まず、是も非も因縁に任せ、娑婆も易一期の夢と悟り、日々夜々風雅百練に近かるべし。ことし雪見月廿一日無常の風誘ひ来り終に冥道の旅立あり。孝子農甫雅友其別れを惜事少からず。香花ハ言もさらなり。手向の水に魂を浮め奉らんと吊ひけるに捧る　父慕ふ殊勝や雪の墓参り　硯渕観何龍」（巻一） 天保9年「何龍」（硯渕）より春耕園（弥蔵）病気快気によせて：「春耕園の主人ハ正門に入て平生を能く慎ミけり、はた諸道に進む。その中にも易学に抽して元龍の悔ひ有事を忘れざれば、其功ものにことなりける。母公にハはたちに四ツ余れる孝にまさつて篤敬あり。老母も又獨り子のよふに朝夕思ひけるとなん。実に志しを世に惑せざるハなし。然るに仲秋の比より流行の□（病垂れに時）□（病垂れに役）に取伏られ、終の首途も明やけふやと粗からぬ人々の神仏を祈り、良医を撰び、厚き介抱に助りしと快気の後眉を合せ語りけるに　野分にハあふた色せず笹の露　何龍」（巻一）
農圃（弥蔵）婚姻を祝し「春耕園農甫雅君ハ、諸芸に達し中にも俳諧正風の道をもつぱらに修行して楽しむハ世の人の知る所なり、今年葉月末七日隣村某より月雪花の風情にもまさりし息女を輿入、猶幾千代の契り目出度を祝して一句を捧る」（巻一）
農甫（弥蔵）の家を訪ねるが、留守のため書付と句を残す：「農甫雅君の徳行ハ今に始ざりし事ながら、予信友の深きにつれ数度此庵を訪ふに、いつとなふもてなし呉るに、折から主人留守なれども、誠に其信躰の備ハりしを見て　嵩や何あさからぬ薮の主 志道　と書机の上に残して立帰ぬ」（巻二）
閏9月22日夜（弥蔵、稲田氏家臣藤本氏・定方氏が「前田氏へ君臨ありて」、筮を乞われた後）：「農圃雅友のトに遊べる事、予始て前田氏の宅に相しる。其占活溌さするに云言葉なし。しかはあれど、云ざれば又腹ふくるゝのならひ、酒も止まず。　一時雨洗ひ出し皃山の骨 好ひ花も咲くと指さす落葉哉　右杏邨酔者草」（巻二）
「敷地屋の主じハ、若冠より家業に出情し、財宝乏からず。酒飯に飽満し其余慶に家門の棟梁余多建立ある。今年還暦の春を迎へるに、子孫の衆より時腹（服）数々献進する。誠に此君の齢の長き事ハ予が易術の天眼通にもよく知れり。別而其趣意を述るものなり　衣更着や是から先きの日ハ長し　春耕」（巻八）
農圃（弥蔵）病気平癒に対する梅似の祝吟：「此人にして是病なりとの古言の当れるかな、農圃雅鳳ハ心栄へ正敷賢を尊み、世の濁れるに染ず風雅に心を澄しけるが、斗らず流行の病におかされたり。予も同年の因ミ浅からず歩行を運び病脳を尋ぬべきに名にしおふ小野の峠を隔、老足の心に任せず、音信のミにて信薄といふべし。しかハあれど日をおふて快気に□き虎口を逃れるを蔭ながらも悦び一句を呈し侍る　薄氷を踏み勝老の肥立哉」（巻九）
農圃（弥蔵）還暦祝いに際して：「農圃雅君ハ農事を業とし其閑を閑とせず唐倭の書籍に遊び、はた易道に通達し給ひ、実に此人ハ此里の賢人とやいはん、又一村の宝とや言ハん、今年還暦の賀莚を開き、世は丸かれの餅と和歌とを贈られける其厚志を感じ侍る　真心を照す春日の耳順哉　如跡」（巻十）
雅弘還暦の祝吟：「謙山居雅弘君ハ若年より筆道を好ミ習ふに上達し今此里の文章博士とハ言ん、今年還暦の賀莚を開くといへ共其形躰筆勢共に健なる事昔に替らず、猶此人の齢長かれと祝し侍る　命長き遊びや筆芽花　春耕」（巻十）
「梅似雅君の富貴有福ハ世の人の知る所なれバ言ふも更なり、国主より小高取御目見へ格式ニ撰ミ出され給ふ、齢ハ還暦にして万事取扱ふ事健なり、誠に此人の立身出世思ふ侭なるを羨み敬首百拝して　仰ぎ見る雲井の春や鶴の舞」（巻十）
還暦に際し：「里跡雅君ハ若冠より家業に出情（ママ）し父母に孝行なる人也、今年還暦の春を迎へ志す風流に遊び其祝物のかちんを予も賞翫す、此人の心栄へ廉直なるハ天道に叶ひ金銀有福にて万貫長者と謂べし　正直な人に実はあり花の春　農甫」（巻十）
春興：「竹岸居（弥蔵の俳号）大人の易学廣きを称美して　明らけき聖の教へ学び得て 見るにたがはぬ易術めど　鳥旭」（巻十二）

【表２】『俳諧雑記』・『俳諧年行司』に見る各人物との評価の応酬

年【弥蔵の年齢】	人名（【表1】における番号）	居住地
天保６年（1835）・天保９年（1838）【弥蔵 28・31 歳】	硯渕（10）	半田村小野
天保９年（1838）【弥蔵 31 歳】	松柏堂（12）	半田小野
天保 14 年（1843）【弥蔵 36 歳】	志道（23）	半田村小野
天保 14 年（1843）【弥蔵 36 歳】	杏邨酔者（28）	?
安政７年（1860）【弥蔵 53 歳】	敷地屋国蔵（84）	半田村
文久３年（1863）【弥蔵 56 歳】	梅似（22）	半田村
慶応４年（1868）【弥蔵 61 歳】	如跡（90）	半田村
明治２年（1869）【弥蔵 62 歳】	雅弘（1）	半田村小野
明治２年（1869）【弥蔵 62 歳】	梅似（22）	半田村
明治４年（1871）【弥蔵 64 歳】	里跡（122）	半田村
明治 13 年（1880）【弥蔵 73 歳】	烏旭（94）	半田村

サカイ 00963 ～ 00974『俳諧雑記』（巻一～三）・『俳諧年行司』（巻四～十二）により作成。太字は弥蔵が評された言葉。下線は弥蔵が各人物を評した言葉である。

んを予も賞翫す、此人の心栄へ廉直なるハ天道に叶ひ金銀有福にて万貫長者と謂べし

正直な人に実はあり花の春　　農甫（『年行司』巻十）

弥蔵が里跡を「家業に出情し父母に孝行なる人」と評し、「正直な人に…」という俳句を送っている。これを見ると、いわゆる通俗道徳の徳目の実践が交友の中で意識されていることが窺えるのである。

安政二年に敷地屋国蔵(84)・芳太郎(85)親子が徳島藩郡代役所から「親孝行」の誉れがあり、褒美をもらったときには「誠に面目此上なし、予、此事羨敷賀し」て「蕗茗荷芽出度家の茂りかな」(『年行司』巻六)と句を詠んだ。

このような通俗道徳に関する記述は他にも見られる。弥蔵は生涯四人と結婚しているが、最初の妻(「重清村某藤田氏の息女」)とは弥蔵が三一歳の時である天保九年に結婚し、天保一三年(一八四二)に離縁する。その時の経緯について『雑記』巻一に記述がある。それによれば妻と「不和合」になり、天保一〇年七月六日に妻を「親里に滞留さ」せた。脇町に住む伯父の花山(7)は「農甫夫婦の者を閑居さし」、弥蔵は八月朔日から家を転々として過ごしていた。その間に訪れたのは半田村の「与次郎殿(17)の家」、「鍛冶屋乕八殿(18)母公の家」、兼松氏花暁(9)の家である。伊勢参宮へも行っている。そしてついに約二年後の天保一二年七月に家に帰ることを「己亥《(天保一〇)》年八月より今月《(七月)》に至迄二たとせ也、今我家に帰るを侍りて　二巡り廻りて戻る踊かな」と詠み、「家内和合を喜びて　盆の月弥陀の浄土ハ是ならん」と詠んでいる。さらに、如水(19)からは、「春耕園家内和合と聞、猶々已後を謹ミ給へと示して　我物としがたき玉や芋の露」(芋の葉に置く露は玉のように美しいがそれを我が物にしようとして手を触れると玉は壊れこぼれ落ちてしまう。だからわがままを慎むように、という意味であろう)[27]という句を送られている。

ところが「和合」から一年も経たない天保一三年四月、「妻の心変りたるに」「離縁」となった。離縁後約一年間は『雑記』巻一に「独寝」の吟をしばしば記述しており、弥蔵の人生にとっては大きな出来事であったことが窺える。

これらのことから、俳諧を通じた交流を基盤にしながら、その交友の中では風雅の交流だけでなく通俗道徳の実践による人格形成・修養が強く意識されていたといえよう。

2　半田村根心舎と弥蔵の石門心学活動

この点に関して注目されるのは、弥蔵が石門心学に取り組んでいたことである。弥蔵は、自身の石門心学活動について『心学御題控』巻一〜五という会輔（心学の修行）の問答記録を残している。[28]『心学御題控』巻一の表紙には文政一一年（一八二八・弥蔵二一歳）とあり、巻五には「天保九年」（一八三八）とある。巻五の中を開くと「天保十亥年二月九日答之」という記述があり、その後も八丁続く。『心学御題控』の作成は文政一一年〜天保一〇・一一年頃であると推定される。

中身を開くと、心学的徳目に関する質問とそれに対する答えというように、問答が記されている。例えば『心学御題控』巻一には、次のようにある（丸数字、傍線は筆者）。

一、男伊達の仕様ハいかに
①誠の男伊達と言ハ主人江忠義を尽し、親江孝行を尽し、夫婦兄弟朋友和合する事なり、②此絵の五人男ハ父母抔を泣し人を殺したる者故、人之除て通すを強と心得たる弱みそなり、骸にいき筋を張たるか看板也、

歌に
天に負己に勝て我たてす義理を立るが男伊達也

傍線部は『やしなひ草』初編下（天明四年刊）の一部である。『やしなひ草』を見ると、「男伊達のはなし」という項目で「②此絵の五人男ハ父母一家などをなかし、心をいためくるしめたるつはものゆへ、人のよけて通すをつよいとこゝろへたるよハみそなり、からだにいきすじ張たるがまことの勇気なきよハもの、看板なり、①まことのおとこだてといふハ主人へ忠義をつくし親に孝行をつくし夫婦兄弟朋友和合する事なり　人にまけ

おのれにかちて我をたてず義理をたつるがおとこだてなり　勇気とハわが人欲のわたくしにちつとも負ずかちぬくをいふ」とある。[29] 丸数字・傍線は『心学御題控』巻一との対応・一致部分である。これを見ると、全てに一致が確認できないため、『心学御題控』の史料の性格についての考察はまた別の課題にする必要があろう。

引用した史料の前半の内容を見ると、「親江孝行」や「夫婦兄弟朋友和合」等、弥蔵が俳諧を通じて意識していた徳目が記されている。孝行や和合に着目して他の巻も見てみると、天保二年～七年の間に書かれた『心学御題控』巻三には次のようにある。

一、孝立而万善調此訳を示し給へ

答　孝行さへ能ととのふときハ五倫の更《ママ》りよりも余日用万事万端よく斉ふものなり。如何となれば先主君へ臣として不忠なれば。父母の心安からず。故に主君へよく忠を尽すなり。主君として臣に礼なく不仁なれハ父母の心安からず。故に臣によく仁恵を施し尽すなり。又妻の夫トへ貞順あらざれバ、父母の心安からず。故によく節操を守りて貞順を尽す也。夫トにして妻へ義和を失ひ不和合なれハ、父母の心安からす。故に能教へ導き別義を正して夫トの道を尽す也。…又家業を怠れハ渡世乏しく父母の心安からず。故に我受得たる職業を太切にし、力を尽すなり。其外日用万事万端少しにても道に違ふときハ父母の心安からすと也

亀屋九兵衛

問いに対し、亀屋九兵衛（＝中沢道二、手島堵庵に師事）が答えたというものである。傍線部については後述する。内容に注目すると「孝行」をよくととのえれば、「万事万端よく斉ふ」ということの具体的な実践例が挙げられている。その中に夫婦が不和合となれば・家業を怠れば「父母の心安からず」、故に「夫トの道を尽す」ことや「我受得たる職業を太切にし、力を尽すなり」と説かれている。つまり、石門心学の会輔で、孝行や家

内和合、家業へのつとめ等は徳目として出てきており（弥蔵はそれを書き留めており）、実際の生活の場でこれらの徳目を実践することで人格形成をはかるということが、弥蔵の俳諧を通じた交友の中で意識されていたのである。

さて、『心学御題控』に記された様々な問答を見ると、その多くは心学の書物の抜き書き集であることが分かる（各々どの書物からの引用かは記されていない）。今引用した史料の傍線部は、手島堵庵『会友大旨』（安永二年刊）の「講義旨趣」にある言葉と一致しており、内容についても、随所にある「父母の心」を「本心」に置き換えると非常によく似ている。[30]

この『会友大旨』については、京都明倫舎によって半田の心学講社根心舎の「読書次第」に指定されていることが、半田村の大久保熊三郎（安斎82）の父太兵衛が残した記録にある（徳島県立文書館寄贈大久保家文書）。[31]また、先に引用した『やしなひ草』上下・第二篇上下は、酒井家文書に版本として現存しており四冊とも「弘化五年歳次戊申四月三日堺屋弥蔵」と記されている。[32]弥蔵は弘化五年（一八四八）に購入したか少なくとも手に取って引用箇所を含め知識を深めようとしていたのである。酒井家文書にある石門心学関係の書物には、石田梅岩『都鄙問答』巻一～四・『倹約斉家論』や、手島堵庵『私案なしの説』・『前訓』・『かなめぐさ』新板上・下、『道二翁道話』等いずれも版本があるが、[33]このうち『かなめぐさ』にも「弘化二年歳次乙巳二月廿九日堺屋弥蔵」とある。すなわち、弥蔵は会輔に励むとともに、書物により知識を深めていたのである。

ここで半田村の心学講社根心舎について述べておこう。先行研究及び大久保太兵衛が文化二年（一八〇五）に著した「根心舎夜鷲」によると、半田村に石門心学が普及したきっかけは、半田村の篠原長久郎（少なくとも寛政七年に庄屋）[34]が、寛政五年（一七九三）春、大坂で中井典信（静安舎舎主、堵庵直弟）に入門したことであるという。[35]寛政六年に撫養の里見平兵衛（「上田翁（上田唯今）初入」）・南方の林喜十郎（「手嶋先生直弟」）が来村し、篠原長久郎宅で道話をしたのが半田村における講義の始まりであった。寛政七年、篠原長久郎は上田唯今（紀州・和歌山の修敬舎舎主、中沢道二に入門）の講話を徳島城下で聴聞し、半田村に彼を招聘した。その時に数十人が入門した。文化元年（一八〇四）、桑原源兵衛（冬夏、貞光村出身）・田村祐之進（備中の人、丹波伝習舎舎主谷川物外の門人）の来村により再び活況を呈し、半田村での石門心学への入門者が増えるに従って心学講舎設立の機運が高まった。そして文化二年二月、三六名の出銀者によって半田村木ノ内に根心舎が造立された。「根心舎夜鷺」には、その時の出銀者の名前がある。弥蔵の俳諧の師木村由蔵（5）（「芳蔵」）や、半田村において俳諧の宗匠格でもあったと言われ[36]『雑記』において弥蔵と俳諧のやりとりをしていることが確認できる大久保（油屋）重兵衛（一貫斎南香16）、そして田村祐之進から講師を認可され、弥蔵の心学の師でもあった敷地屋卯平（「路友先生」、一七七七～一八三二）がいた。

弥蔵が「路友先生」に私淑していたことは『心学御題控』巻三の末尾にある次の記述から分かる。

石田先生（勘平）――手島先生（嘉左ヱ門）――手島先生（和庵源右衛門）――上河先生（庄左衛門）
　　　　　　　　　　　　　　└物外先生（助之進）――田村先生――路友先師生（敷地屋卯平）――五養齊（堺屋弥蔵）

『心学御題控』巻三は天保二年（一八三一）から書かれ、次の巻四は天保七年三月から書き始められている。この記述は「路友先生」の没（天保三年）後、自身の石門の系譜を確認しようとして書かれたものと考えられる。

この時期、半田村では路友先生の「石碑」（墓碑）建立のために動き出す。弥蔵が記した「路友先生石碑造立控帳[37]」を見ると「石田勘平梅巌先生」・「手島嘉左衛門堵庵先生」の「流れを汲」む「根心舎の社中三四人ハ」、師が天保三年に没した後、「あんかんとくらす事三ト年」(天保六年)となった。そこで「横田の何某」が言うには「我々師に請し恩ハ須弥よりも高くし報しかたきといへ共」、「せめて石碑を建てしかるべし」と。そこで、人々は「喜び、是ぞ誠に報恩ならむ」として石碑を造立することとなったという。実際に石碑造立が「成就」したのは、「弘化三丙午年(一八四六)二月下旬」であった。「路友先生石碑造立控帳」には「根心舎社中」二一人の出銀者の名前と「脇町社中」三人の出銀者の名前が記されている。注目されるのは、このうち、根心舎社中の敷地屋兵助(雅弘1)・今津屋覚蔵(48)・三宅熊三郎(歩雪)・大久保熊三郎(安斎82)・敷地屋国蔵(84)は、前節で見たような、弥蔵と俳諧を通じて交流していることが明らかな人物である(【表1】「石門心学」の欄に○をつけた人物)[38]。ただし、人物名の表記に関して、彼ら彼女らは石門心学は実名で、俳諧は基本的には俳号(雅号)で各々の活動を行っているため、同一人物の特定が難しい。そのため、現段階では実名・俳号両方とも判明している人物の中での重なりということになり、実際にはもっと重なりのある可能性が高いことにも留意しておきたい。

さらに「路友先生石碑造立控帳」の末尾にある記述を見ると、「世話人　敷地屋兵助　堺屋弥蔵」とある。先述の雲雀塚建立について記していた敷地屋兵助(雅弘1)と当の弥蔵が「世話人」をしているのである。敷地屋兵助は、石川謙氏によると京都明倫社『年中行事記』の「弘化二年三月改」の記述に根心舎の「都講」に掲げられている三人のうちの一人である[39]。また大久保熊三郎(82、出銀者の一人)と、大倉岩次郎(詳細不明)も都講として名前が挙げられている。すなわち、敷地屋兵助や大久保熊三郎のような半田村における石門心学活動の中心人物と、俳諧活動を行っていた人物には人的な重なりがあるのである。

文化二年の根心舎造立と文化年間初期にできたと言われる半田の俳諧社半田水音分社はほぼ同時期の活動であるが、俳諧については弥蔵の祖父の時代である天明三年(一七八三)の脇町井尻の句集に半田の俳人の名が数人確認できるという[40]。これを踏まえると、半田地域では俳諧を通じた交友を一つの基盤にしながら石門心学活動が展開されていたことが窺える。そして弥蔵は地域における俳諧・石門心学活動の双方とも支えていたのである。

三　寺社参詣と俳諧・石門心学

1　弥蔵の寺社参詣

これまで見てきたように、地域における俳諧・石門心学活動において中心的な役割を果たしてきた弥蔵だが、地域との関係でもう一つ見落とせないのが、先述したように半田村における百味講（弘化三年～）の世話人をつとめたり、安政五年（一八五八）九月二八日の氏神八幡宮の祭礼には「宰領人」をつとめる等、[41] 地域での宗教的な行事にも精力的に関わったことである。このような活動の背景には、弥蔵個人の信心があったと見られるが、この点を弥蔵の行動と記録に注目して確認してみよう。

文政四年（一八二一・弥蔵一四歳）正月に、弥蔵は「拾箇所」（四国霊場一番から一〇番までの遍路である十里十ヶ所遍路のことと思われる）を巡拝した。[42] 文政五年には、檀那寺龍頭山神宮寺（半田口山村）での宝物開帳の様子を「開帳由来書」として残している。[43] これによれば、この開帳の際に、「説法（弘法）大師御一生御伝記」を聞いた。文政六年七月一四日から光明真言を読誦し始める。[44] 光明真言を読誦することは、弥蔵の信仰にとって重要な意味を持ち、旅の最中に読誦していたり、父武助の臨終の際（天保六年）には、「家内病床を放れず…皆光明真言を唱」え、また亡くなってから「忌中一七日の間は、家内者光明真言を唱え」た。[45] 文政九年（一九歳、弥蔵が俳諧を始めた年）には「讃州象頭山参詣覚」を記録し始める。これは、讃岐象頭山金毘羅宮と弘法大師誕生の地と伝えられる讃岐善通寺に参詣した年月日を記録したもので、同年四月から嘉永二年（一八四九）一〇月一一日までを記している（続けて「象頭山五岳山参詣覚帳」〈嘉永三年正月～明治一七年三月二一日〉を作成する）。[46] 文政一三年（二三歳）には伊勢参宮へのおかげ参りへ行き、その記録「天照皇太神宮・豊受皇太神宮御影参り」[47] を記した。同じ年の正月からは弥蔵が参詣した神社仏閣の名前を年月日ごとに箇条書きにした「神社仏閣参詣所覚帳」を記録し始める。[48] 弥蔵は、寺社参詣に行くと、このような「参詣覚」を記すことで、どの寺社・神仏に「参詣」したのかを分かるようにしている。これを見ると、商用で赴いた先で寺社参詣を頻繁に行っているとともに、二～三ヶ月に一度は遠方の寺社参詣の旅に行き、旅の出発と帰村後は、氏神である八幡宮へ参詣に行っていることが分かる。

弥蔵は開帳にも高頻度で訪れており、開帳目録・霊宝録を購入あるいは筆写した。さらに弥蔵は寺社において講釈・説法を聴聞し（嘉永五年半田口山村神宮寺にて法華経講釈、安政三年郡里村願勝寺にて「播州寂明師」による説法、安政四年四月貞光村真光寺にて同人による説法、文久三年半田口山村神宮寺・貞光村真光寺・郡里村願勝寺にて同人による説法、『年行司』巻五～九）、安政三年の説法の内容は「聞書控」として残している。[49]

このような信仰の営為は明治期まで継続し、明治一七年（七七歳）の弘法大師一〇五〇年忌の際も弥蔵は「世話人」として村内で集めた「献備金」を讃岐善通寺へ寺納していたり、明治二〇年（八〇歳）には阿波十里十ヶ所遍路へ妻や孫（養子の子）と行っている。[50]

以上のように、弥蔵が自身の信心を表明する主要な機会が寺社参詣であり、その中で開帳を訪れ、光明真言を読誦し、説法の聴聞を行い、さらにその記録を膨大に作成した。

2　人的交流と信心

注目されるのは、このような寺社参詣の旅が、地域の俳諧を通じた交流の中で見送り合って行われていることである。例えば文政一三年（一八三〇）に雅弘（1）・単友（2）・北斗（3）が「四国行」（四国遍路）に出発する際、弥蔵は「送別の吟」を送り（『雑記』巻一）、天保一一年（一八四〇）に弥蔵が伊勢参宮へ出発する際には孤竹庵（5）に「見送り」の吟を送られている（『雑記』巻一）。彼らはこのような寺社参詣にどのような願いを込めていたのだろうか。

嘉永三年（一八五〇）、弥蔵は端四国《はばしこく》八十八ヶ所（現在のつるぎ町貞光・半田両地区にある写し霊場）を「順拝」した。その理由は「去年季秋より初冬に至りて敷地屋国蔵殿大痢におかされ、已に九死一生に及ひ、此遍礼三度の心願を掛け、程無く平癒し、御礼の為此度順拝する、我等事代参に雇れ参詣」[51]とある。敷地屋国蔵（84）は、石門心学の師＝路友先生の石碑造立の際の出銀者の一人であり、弥蔵の生業上関わりが深い人物であることは先述した通りである。この国蔵が「大痢」にかかり「遍礼」（遍路）を三度するという願を掛けた。その後程無く平癒したので弥蔵は「代参に雇れ」、「御礼の為此度順拝する」こととなったという。文久元年（一八六一）、梅似（22）の病気が平癒した時も「神仏の守護」と思い、弥蔵は句を「捧」げている（『年行司』巻八）。これらの記述から、病気平癒は神仏への信心に込める一つの主要な願いであったのである。

このような信心は寺社参詣の記録である「旅日記」からも分かる。[52]拙稿で述べたように「旅日記」の序文には旅の目的が記されているが、それによれば、「富貴万福を祈るにもあらす、祈らぬにもあらす、この身、息災堅固なる冥加をおもひ」（『見る青葉聞く郭公旅日記』）、「現当二世安楽疑ひなき」（『散る花の雪の旅日記』）、「即身成仏の悟りを聞き極楽浄土に入る」（『旅日記法農桜』）、「迷（冥）土の旅の稽古」（『さくら卯の花旅日記』）を願うものであった(53)。

さらに、これらの「旅日記」は、俳諧を交えた紀行文にも通じるような性格を持つものであった。その一つである『散る花の雪の旅日記』は、弘化四年(一八四七)讃岐善通寺百味講への参加を、俳諧を交えた形式をとって記録したものである。ここには弥蔵が半田村の百味講を組織する発起人となり、「半田村引請」の世話人をつとめた様子や百味講に集う半田村の講員の名前が一二人書かれている。また、その講員は文久四年(一八六四)時点で二三人となっていることが「毎年三月正御影供百味御膳講之記」から分かるが、このうち八人は先に見た路友先生の石碑造立の際の出銀者である(54)。さらにこのような参詣の旅に同行する者の中には、『雑記』・『年行司』に名前が確認され、弥蔵と日常的に俳諧を通じて交友している人物が九人は確認できる(【表1】の右側「旅の同行者」の列に○をつけた人物)。

このように、弥蔵の寺社参詣は、病気平癒等の「現当二世安楽」を求める信心行為であるとともに、俳諧・石門心学の活動・交友をも意識して行われていた。

3　神仏への信心と通俗道徳

弥蔵が信心行為を精力的に行った背景を考える上で注目したいのは、弥蔵が『心学御題控』巻五に書いた次のような父武助の教訓である(／は改行)。

春陽亭梅月翁教訓書写
天之道可守事／神仏信心可致事／親孝行可尽事／正直可致事／殺生可慎事／非道可慎事／強キ人ニ不恐弱人ニ可恐事

右七ヶ条よくよく可相守是専一之人道也
亨和三亥年五月廿八日
堺屋武助謹書

これは、天保九年〜一一年頃の記述である。弥蔵は武助（＝春陽亭梅月）死去の五年後の天保一一年（一八四〇）に、「亡父の石塔」を建立している。[55] 右の記述は、この頃、今一度父の教訓を書き留めておきたいという意識で書かれたものと推定される。これが弥蔵の石門心学活動の記録（『心学御題控』）に書かれていることは、弥蔵が父の教訓を、石門心学の教えと密接に関わっていると意識していることを窺わせる。

さて、この中で特に注目したいのが、孝行・正直といういわゆる通俗道徳とともに、「神仏信心可致事」が挙げられていることである。弥蔵が熱心に取り組んだ石門心学と父の教訓が、弥蔵の神仏への信心行為に正当性を与えるとともに、神仏への信心は通俗道徳的な生活実践の一環として意識されていたのである。

では、このような通俗道徳の実践としての神仏への信心を、日頃どのように意識しているのだろうか。人々とのやりとりの中から検討したい。安政四年（一八五七）、貞光村真光寺で播州寂明の説法を聞いた際に、元女(95)と次のようなやりとりをしている。

…此説法に信心随喜して、狂歌をつらねて予にした丶め呉よと持参して也、直我筆を取出て遣る其狂歌、
説法の教へを厚く重ねきて　心に残す錦成けり
有難や弥陀の浄土の安楽も　寂明さまの御手曳で行
説法の教への綱に取付て　放さぬ様に弥陀の浄土へ

極楽の道は闇かハしらねすじ共　心の鏡有明の月　右四首　元女

右四首の返しに　川源室

綾錦仏の教へ重ね着し　心の衣永く破るな

寂明の手曳で行ハ愚か也　弥陀の教へで極楽へゆけ　春耕園

説法の教への綱ハ放しても　心の駒の手綱赦すな

極楽の明さ暗さハおのづから　真如の月の照り曇り哉（『年行司』巻七）

「元女」（居住地は不明）が「狂歌をつらねて予にした〵め呉よと持参して」四首を詠み、それに対する弥蔵の返歌が記されている。注目されるのは、第一に「弥陀の教へで極楽へゆけ」に見られるように、「寂明の手曳」よりも弥陀の教えへの信心を強く意識していることである。そして第二に「綾錦仏の教へを重ね着しても心の衣永く破るな」や、「説法の教への綱ハ放しても心の駒の手綱赦すな」に見られるように、「心の駒」（激しく働く抑えにくい心）の手綱を赦してはいけない、と言っていることである。「心の駒の手綱」については、安丸良夫氏が「日本の近代化と民衆思想[56]」の中で引用している但馬の地主平尾作太郎の家訓の一つ（＝「引かれなば悪しき道にも入りぬべし　心の駒の手綱ゆるすな」）にもある言葉である。安丸氏は、近代化する日本において、民衆が「心」の変革を求め、真摯な自己変革の努力をしようとしていたことを物語る例として位置づけている。これを踏まえれば、弥蔵の歌には、「弥陀の教へ」を信心の拠り所としつつ「仏の教へ」・「説法の教へ」それ自体よりも自分の「心」（自己変革の努力をしようとしていた「心」にも通じるような）こそ重要であるという意識が窺えるのである[57]。

このように弥蔵は、「現当二世安楽」を求める信心行為としての寺社参詣を、石門心学の教えに正当づけられた通俗道徳実践の一環としても行っていたのである。

おわりに

以上、本章は阿波国美馬郡半田村の商人酒井弥蔵を例に、地域における俳諧・石門心学活動と・信仰の営みがどのような人的交流の中でどのように関わり合いながら行われ、そうした地域文化の営みの中で寺社参詣の旅がいかに行われていたのかを検討してきた。

弥蔵は半田村に居住する人々や生業で結ばれる地域の人々との俳諧を通じた交友関係を築き、蕉風を目指した風雅の取り組みは高く評価されていた。このような俳諧を通じた交友は、石門心学活動の基盤としての役割も果たしており、その交友の中では通俗道徳の実践による人格形成・修養が強く意識されていた。俳諧と石門心学については、美濃派の俳論（例えば各務支考の俳論）が心学的哲理を基盤にしている等、蕉門俳諧と石門心学には共通の性格があることが指摘されているが(58)、哲理の問題にとどまらず、現実の地域における文化活動（俳諧と石門心学活動の人的交流の重なりと、風雅の実践と石門心学の実践の双方を重視するような意識の両面）でも重なり合って行われていたことが如実に見えてくる。また、これまでの在村文化に関する研究(59)で指摘されている在村文人の業雅両立をめざす生活信条と、通俗道徳の実践による人格形成への志向とは一体的なものだったと見ることもできよう。

さらに地域における神仏信仰の営みも、こうした俳諧や石門心学活動を通して築かれた交友関係と不可分の関係にあったことも見落とせない。注目されるのは、俳諧・石門心学活動を行う人物と百味講員等に人的な重なりが見られるばかりでなく、交友の中で俳句によって互いの信仰に関するやりとりをし、寺社参詣の旅立ちを見送り合っていたことである。俳諧を通じた交友の中で信心を確認し合い、俳諧が信心を表現する手段としても機能していたのである。加えて弥蔵が熱心に取り組んだ石門心学の教えが神仏への信心行為に正当性を与えるとともに、神仏への信心が石門心学に代表される通俗道徳実践の一環として意識されていたことも注目されよう。

以上を踏まえると重要なことは、弥蔵の信心行為の中心が寺社参詣であったことである。というのも、「はじめに」で述べたように、近世の寺社参詣の旅は解放感をもたらし行楽・遊山の面も強いと指摘されている一方で、石門心学に代表される通俗道徳についてはこうした行楽とは対照的な自己鍛錬へと駆り立てる生活規律として論じられてきたからである。これらのことから、近世の寺社参詣の旅は、行楽・遊山とは一見相容れない通俗道徳実践の一環という意味合いも持ち合わせて行われていた場合があったといえる(60)。以上、「現当二世安楽」を願って行われた弥蔵の寺社参詣の旅は、俳諧を中心とする風雅の取り組みと、石門心学を中心とする通俗道徳の実践による人格形成を重要視する交友関係・地域文化を背景として、神仏への信心＝通俗道徳実践の一環という意識にも支えられて行われていたのである。

弥蔵がなぜ通俗道徳実践を重視し、信仰を求めたのか、その基盤にある地域社会の変容や弥蔵自身の危機感や意識の変遷については今後の課題となる。この点を考察するにあたって、最後に幕末・維新期について展望しておきたい。

幕末（特にペリー来航以降）になると、俳諧を通じた交友の中での句・狂歌に「世なをり」（『年行司』巻六）・「世上」（『年行司』巻七）に言及したものが出てくる。弥蔵自身も慶応二年（一八六六）の第二次長州戦争の際、「備中表に騒動」があり、それにより「諸物高直（値）」となった、それゆえ世の気風がよくない、だから「乱れたる世を泣く　人や虎が雨」と詠んでいる（虎が雨＝曽我兄弟が討たれた陰暦五月廿八日に十郎祐成と契った大磯の遊女虎御前の涙が雨になったという話がもとになった季語。『年行司』巻十）。このような「世なをり」等の世相に関する話題が交友の中で出てくるようになり、弥蔵自身も「乱れたる世」を認識していく時期と重なる文久二年（一八六二）八月一五日に、弥蔵は『年行司』巻九の序文にこう記している――「神明仏陀聖賢の教へを守り、天下太平を喜び国主の御恩を忘れず、家業怠り無く勤め、其餘力に風流を楽しむに金烏玉兎の巡りの早き事ハ三五の名の夜哉」。

ここには「神明仏陀聖賢の教へ」を守ることを信心の拠り所にし、「天下太平を喜び…家業怠り無く勤め」る等の通俗道徳の実践の「餘力」に、風流（弥蔵の場合、中心は俳諧）に最大限力を発揮して取り組むという（余力風雅論[61]に通じるような）生き方を理想としたことが示されているように思われる。幕末・明治期の弥蔵の意識と地域の人々との交友関係は近世後期の段階からいかなる点で変容し、また変容しないのか、いずれも今後の課題としたい。

〔註〕

（1）　徳島県立文書館『酒井家文書総合調査報告書』（一九九七年）、同館「特別企画展　芭蕉をめざした男―酒井弥蔵の旅日記―」(二〇〇八年)。

(2)　これらの記録は徳島県立文書館寄託酒井家文書一八〇四点(整理番号サカイ00001～01804)と、広島県福山市酒井氏蔵酒井家文書四七〇二点(同サカイ01805～06506)にある。本章で使用する酒井家文書中にある史料はサカイ+番号で示す。

(3)　山本光正「旅日記にみる近世の旅について」(『交通史研究』一三、一九八五年)、桜井邦夫「近世における東北地方からの旅」(『駒沢史学』三四、一九八五年)、小野寺淳「道中日記にみる伊勢参宮ルートの変遷―関東地方からの場合―」(『筑波大学 人文地理学研究』一四、一九九〇年)、岩鼻通明『出羽三山信仰の歴史地理学研究』(名著出版、一九九二年)、田中智彦『聖地を巡る人と道』(岩田書院、二〇〇四年)、高橋陽一「多様化する近世の旅―道中記にみる東北人の上方旅行」(『歴史』九七、二〇〇一年、のち同『近世旅行史の研究―信仰・観光の旅と旅先地域・温泉―』〈清文堂出版、二〇一六年〉に収録)等。これらの研究の進展の背景には新城常三『社寺参詣の社会経済史的研究』・『新稿 同』(塙書房、一九六四・一九八二年)の成果が大きい。

(4)　高橋敏『日本民衆教育史研究』(未来社、一九七八年)、同『近世村落生活文化史序説』(未来社、一九九〇年)、大藤修『近世の村と生活文化』(吉川弘文館、二〇〇一年)等。

(5)　難波信雄「道中記にみる近世奥州民衆の芸能知識と伝承」(『東北文化研究所紀要』二六、一九九四年)、原淳一郎『近世寺社参詣の研究』(思文閣出版、二〇〇七年)、同『江戸の旅と出版文化』(三弥井書店、二〇一三年)、青柳周一「近世における地域の伝説と旅行者」(笹原亮二編『口頭伝承と文字文化―文字の民俗学 声の歴史学―』思文閣出版、二〇〇九年)等。

(6)　鈴木理恵「旅の学び」・同「在京生活と交遊」(同『近世近代移行期の地域文化人』塙書房、二〇一二年所収)。

(7)　青木美智男『日本文化の原型　全集日本の歴史別巻』(小学館、二〇〇九年)。

(8)　安丸良夫「日本の近代化と民衆思想」(上)(下)(『日本史研究』七八・七九、一九六五年)、のち同『日本の近代化と民衆思想』(青木書店、一九七四年)。

(9)　拙稿①「四国遍路の巡礼地域住民に見る旅の文化―阿波商人酒井弥蔵の信心・俳諧を例に―」(『旅の文化研究

所 研究報告』二四、二〇一四年)、拙稿②「近世後期の遍路日記に関する基礎的考察―阿波商人酒井弥蔵の「旅日記」を例に―」(『書物・出版と社会変容』二〇、二〇一六年)。

(10)「阿波国村々御高都帳」(『阿波藩民政資料』〈徳島県物産陳列場、一九一四年〉六二三頁)。

(11)「半田村夫役御改下調帳」(半田町誌出版委員会『半田町誌』上巻〈一九八〇年〉五一〇頁)。

(12)ｷｶｲ 03252「左海屋系図上」。この中に「堺屋先祖早繰系図」が収められている。

(13)真貝宣光「酒井弥蔵の生業について」(前掲註(1)『酒井家文書総合調査報告書』)。

(14)半田町誌出版委員会『半田町誌』下巻(一九八一年)等。

(15)ｷｶｲ 00963～00974「俳諧雑記」巻一～三、「俳諧年行司」巻四～一二。

(16)佐藤義勝「酒井弥蔵の俳諧活動と阿波月並句会」(前掲註(1)『酒井家文書総合調査報告書』)。『俳諧雑記』・『俳諧年行司』については、白井宏「美濃派俳諧資料としての酒井家文書」(前掲註(1)『酒井家文書総合調査報告書』)にも取り上げられている他、白井宏・四国大学大学院「近世文学特論」受講生らによる「酒井農圃『俳諧雑記』翻刻・略注」・「同」(二)～(四)(『凌霄』一一～一四、二〇〇四～二〇〇七年)もある。

(17)米澤恵一『俳蹟阿波半田』(自刊、一九八二年)、前掲註(14)『半田町誌』下巻。また、白井宏「阿波俳人別称索引稿」(『凌霄』二、一九九五年)も参考にした。

(18)木村系・敷地屋系の商人と思われる人物には【表1】に「木村系」「敷地屋系」と記している。その判断は、前掲註(17)米澤書や、前掲註(14)『半田町誌』下巻の記述に従った。

(19)徳島県立文書館「第十一回企画展 酒井家文書総合調査 江戸時代人の楽しみ―旅・俳句・芝居―」(一九九六年)。

(20)前掲註(17)米澤書。

(21)前掲註(11)『半田町誌』上巻四五七頁にある庄屋名一覧表でも確認できる。

(22)ｷｶｲ 01075「安政五年(瀧寺奉燈雲園評抜萃写)」。

(23)ｷｶｲ 00396「三冬発句相撲合」の末尾に「俳諧道統相伝」として載せている。

(24)「年代聞見録」(『半田町誌』別巻〈一九七八年、「兵助日記」として所収〉)。

（25）ｷｶｲ00381「雲雀集全」。

（26）杉仁『近世の地域と在村文化』（吉川弘文館、二〇〇一年）。

（27）この解釈は前掲註（16）白井宏ら「酒井農圃『俳諧雑記』翻刻・略注」を参考にした。

（28）ｷｶｲ00145～00148、ｷｶｲ00038「心学御題控」巻一～五。

（29）ｷｶｲ01463「やしなひ草上」（京都書林、天明四辰年、天保九戌年五月再板）。

（30）『会友大旨』「講義旨趣の一節には「主君へ臣として不忠あれば其本心安からず。これ心徳を欺くゆへなり。父母へ子として不孝あれば其本心安からず。これ心徳を欺くゆへなり。夫婦の間、夫は義和を失ひ、婦は貞順に背けば其本心安からず。是心徳を欺くゆへなり。兄弟の交り、兄友愛にたがひ弟敬宜をわするれば其本心安からず。是心徳を欺くゆへなり。朋友に信実をうしなへば其本心安からず。これ心徳を欺くゆへなり。家業は農工商とも我が物好にて其家へ生れしにあらず。不思議にしてうけ得たる家業なればこれ天命也。然れバ我が家業を少しも麁略にしぬれば則天命に背て大罪也。恐れつゝしむべき大事也。惣じて家業を怠れば渡世乏しく、父母の心安からざるの第一なり。さればをのれ家業うとければ其本心安からず。これ心徳を欺くゆへ也」（傍線は『心学御題控』との一致が確認される部分。柴田実『増補手島堵庵全集』清文堂、一九七三年を使用）。本文引用箇所の直接の典拠となる書物の特定ができなかった。今後の課題としたい。

（31）徳島県立文書館寄託大久保家文書ｵｵｸ01215001「明倫舎規則全」。

（32）ｷｶｲ01463～01464「やしなひ草」上・下、ｷｶｲ01461・01462「やしなひ草二篇」上・下。

（33）ｷｶｲ00882・00883「都鄙問答」（一～四）、ｷｶｲ00880「倹約斉家論」、ｷｶｲ00881「私案なしの説」、ｷｶｲ01756「前訓」、ｷｶｲ00277・00278「かなめぐさ」（新板上・下）、ｷｶｲ00248・00249『道二翁道話』上・下。

（34）敷地屋兵助の「年代聞見録」（前掲註（24）参照）に「寛政七乙卯年正月大吉日」の記述に「庄屋篠原長久郎」とある。

（35）米沢恵一「半田村根心舎の人たち」上下（『ふるさと阿波』九一・九二、一九七七年）、同「半田村における石門心学の盛衰」（一～四、『ふるさと阿波』一四四～一四六・一四八、一九九〇～一九九一年）、名倉佳之「酒井弥蔵と石

門心学」(前掲註(1)『酒井家文書総合調査報告書』)、及び徳島県立文書館寄贈大久保家文書オオク00311「根心舎夜鷲」。
(36) 佐藤義勝『近世阿波俳諧史』(航標俳句会、二〇〇〇年)。
(37) キカイ00150「路友先生石碑造立控帳」。
(38) このうち、三宅熊三郎(歩雪)は、『雑記』・『年行司』では名前が確認できないが、弥蔵の嘉永二年(一八四九)の出雲への旅(キカイ00086『出向ふ雲の花の旅』に記録)に同行していることが確認でき、半田水音分社三世社長であることが指摘されている(前掲註(17)米澤書)。
(39) 石川謙『石門心学史の研究』(岩波書店、一九三八年)九六九頁。
(40) 前掲註(17)米澤書、二頁。
(41) キカイ00007「毎年三月正御影供百味御膳講之記」、キカイ00266「八幡宮祭礼御勇」。
(42) キカイ00140「神社仏閣参詣所覚」。
(43) キカイ00104「開帳由来書」。
(44) 弥蔵が明治一四年(一八八一)に作成した「善光寺因縁御歌」(キカイ00026)によると「光明真言　文政六年癸未七月十四日ゟ始、今年明治十四年辛未十一月九日迄五拾九年を経て数二〇〇万遍にミ(満)てり」とある。弥蔵は明治一五年三月二一日に、慈雲閣(見性寺)境内に「光明真言二百万遍供養塔」を建立した(現存)。
(45) キカイ03257「堺屋武助臨終書」。
(46) キカイ00121「讃州象頭山参詣覚」、キカイ00109「象頭山五岳山参詣覚帳」。
(47) キカイ00039「天照皇太神宮　豊受皇太神宮御影参り」。
(48) キカイ00140「神社佛閣参詣所覚帳」、キカイ00074「神社佛閣参詣覚」、キカイ00133「神社佛閣参詣覚帳」、キカイ00134「神社佛閣参詣覚帳」。
(49) キカイ01591「聞書控」。
(50) キカイ00030「高祖大師一千五十年御忌献備有志帳」。キカイ00763「明治二十年丁亥四月吉日奉納十里拾箇所遍路同行二人」。

（51）キカイ00116「法楽書　完」。

（52）キカイ00081「見る若葉聞く郭公旅日記」、キカイ00082「見る青葉聞く郭公旅日記」、キカイ00083「弘化二年乙巳春中旅日記」、キカイ00084「仏生会卯の花衣旅日記」、キカイ00141「踊見旅日記」、キカイ00085「散る花の雪の旅日記」、キカイ00086「出向ふ雲の花の旅」、キカイ00084「旅日記法農桜」、キカイ00088「極楽花の旅日記」、キカイ00080「梅の花見の旅日記」、キカイ00254「さくら卯の花旅日記」。

（53）前掲註（9）拙稿②。

（54）キカイ00007「毎年三月正御影供百味御膳講之記」。その八人とは、敷地屋国蔵、敷地屋兵助、大坂屋嘉吉、今津屋角蔵、大久保熊三郎、西浦屋吉右衛門（文久四年加入）、敷地屋岩蔵（同）、そして弥蔵である。

（55）その記録はキカイ01673「法書」にある。

（56）前掲註（8）安丸論文。

（57）なお、通俗道徳と真宗信仰の関係についての近年の論考に上野大輔「近世後期における真宗信仰と通俗道徳」（『史学』八二‐一・二、二〇一三年）がある。

（58）堀切実「美濃派俳諧史と心学」（『江戸文学』二六、二〇〇二年）。また田中道雄「立川曽秋と『曽秋随筆』―蕉門俳諧と石門心学の接点として―」（『鹿児島大学教育学部研究紀要』二七、一九七六年）は、近江国甲賀郡和田村の地方俳人立川曾秋（宝暦八～文化一二年）を取り上げ、曾秋の著述には蕉門俳諧と石門心学の共通の性格を見いだせるとし、曾秋がこの二つを矛盾なく両立できたことを指摘している。

（59）前掲註（26）杉書。

（60）このような観点から見ると、『官刻講義録』等に、孝行の一環として親のために寺社へ参詣することが描かれていること（菅野則子『江戸時代の孝行者』〈吉川弘文館、一九九九年〉、鈴木理恵「江戸時代における孝行の具体相―『官刻講義録』の分析―」〈『長崎大学教育学部社会科学叢書』六六、二〇〇五年〉等）や、通俗道徳の実践主体は倹約・正直・勤勉・「信仰厚」い行為を行うとともに読書主体であることが論じられていること（横田冬彦「三都と地方城下町の文化的関係」〈『国立歴史民俗博物館研究報告』一〇三、二〇〇三年〉）は、神仏への信心及びそれを表明する寺社参詣を通俗道徳実践の一環として見出す本章の指摘と深く関わっているように思われる。

(61)　前掲註(26)杉書。

第七章　高野山麓地域の日常生活と信仰・旅—地士中橋英元を事例に—

佐藤　顕

はじめに

紀伊半島の西部に位置する和歌山県には、熊野三山や高野山を中心とする世界遺産「紀伊山地の霊場と参詣道」が存在し、国内外から多くの観光客が訪れている。その歴史を振り返ってみても、院政期に上皇の熊野御幸をきっかけに盛んになった熊野詣や、中世後期から近世にかけて武士・庶民層に広く普及した西国三十三所巡礼(一番から三番札所が県域に存在)、同時期に各地の戦国大名などと宿坊契約を結び、近畿圏に限らず関東や東北、九州など遠方の人々とも檀縁関係を築いた高野山の参詣、近代にリゾート開発された白浜など、旅行先として当該地域は注目されてきたことがわかる。こうした背景により、書籍や博物館での展覧会、講演会などでも和歌山への旅が頻繁に取り上げられ、(1)この地域の歴史を構成する主要な柱となっている。特に、熊野三山は古代末から中世における寺社参詣の中心的存在であり、(2)紀州藩主・徳川家が参詣することもあったため、すでに近世に参詣道沿いの王子の調査、社を失った王子での石碑設置、『紀伊続風土記』や『紀伊国名所図会』など地誌編纂による史蹟の記録によって顕彰されていた。(3)そして、その活動が近代以降の聖蹟調査や「歴史の道」調査事業、世界遺産登録へと繋がっていった。

【図1】　関係地域図
（国土地理院発行25000分の1地形図を用いて作図）

このように旅行先として当該地域に注目するのは、近世史研究においても同様であり、これまでも西国巡礼や高野山参詣の研究が行われている。(4)一九八〇年代以降の交通史研究で、各地の道中日記が集積・分析され、東日本を出発する旅行ルートが解明され、旅行先として西日本の実態が明らかにされたことも、(5)結果としてこうした動向を後押しすることとなった。そのため、逆に和歌山県域を含め西日本の人々がどのように旅をしたのかについては、自治体史などで取り上げられることはあるものの、東日本に比べて研究蓄積は少なく、(6)近世旅行史研究の課題の一つになっている。

また、従来の研究では、近世の旅における日常と異なる「解放」「娯楽」の側面が強調されてきた。現在同様、旅にそうした要素があることは言うまでもないが、近年は観光学や地域文化研究などにより旅の社会的意義がクローズアップされてくる中で、日常生活との繋がりの検討が重視されつつある。これも現在の旅を想定すれば当然であり、みずからの

【写真】　**慈尊院**（正面の階段上が丹生官省符神社）

意思で旅に出る場合、日常の仕事や人づきあい、趣味、興味・関心などと関係なしに旅に出ることはほとんどないからである。旅行史研究で旅をした「人間」への興味が欠けている点が指摘されているが[7]、依然事例の蓄積は少なく、日常生活と旅の関係を具体的事例に即して検討することが必要である。本書第六章では、阿波商人の寺社参詣と地域における俳諧・石門心学の活動との繋がりが検討されているが、本章では寺社参詣と日常での信仰の営みが一人の人物の中でどのように展開していたかを明らかにしたい。旅行史研究では、参詣対象となる村外寺社との関係は精緻に検討する一方で、村内寺社については無視しないまでも充分取り上げることは少なかったため、両者を取り上げてみたい。具体的には、紀伊国伊都郡慈尊院村（現和歌山県九度山町）に居住した地士の中橋英元（一七一八～一七八五）の日常生活と寺社参詣の様相を検討する。

　当該地域の日常生活を検討することは、次の点でも重要である。かつて黒田俊雄は顕密主義の近世における状況について、「顕密主義が完全に消滅したとみることはできないであろう。そのことについては、もちろん詳細な論証を必要とするが、幕藩制封建秩序の教学としての儒学とは別に、とくに庶民の日常の信仰の実態のなかに、濃厚な顕密主義をみてとることは、それほど困難なことではない。各宗派の信仰にもいわゆる俗信仰にも、密教的要素が最も共通の主要なものとして多分にあり、神仏は原則的に分離していない。顕密主義は、権力との関係においての体制ではなくなったといってよいが、依然として宗教思想や信仰の根底に横たわっていた」と指摘した[8]。以後の宗教史研究は、この指摘を意識しながら地域社会における宗教的社会関係を明らかにしてきた[9]。しかし、真宗優勢地域以外での宗教については事例の蓄積が少なく[10]、さらにそれを前提とした個人レベルの分析は不充分である。本章で、真言宗の優勢地域における日常生活を解明することは、こうした宗教史研究の課題にも対応したものと言えよう。

検討に先立って、本章で扱う慈尊院村や中橋家について概観しておきたい[11]。紀ノ川中流の左岸に位置する慈尊院村は、高野山金剛峯寺の学侶方領で、村高は一六〇石(慶長期)、一七四石(享保期)、二一一石(天保期)、二三六石(幕末期)と推移している。近世後期には家数一一七軒、人数三四二人であり、本章が対象とする近世中期(宝暦一三年)では、八歳以上が四六一人、七歳以下が九〇人の合計五五一人であった[12]。村は学侶方の北室院と金剛頂院が支配し、それぞれの下に庄屋・年寄が設けられた。紀ノ川右岸の大和街道からは外れ、村内に主要な街道は通っていないが、西国巡礼者が三番札所・粉河寺から回り道をして高野山へ参詣した場合、四番札所・施福寺へ向かうルートになるため、多い時には一日に約三〇〇〇人が通過することもあった[13]。

村内の慈尊院(慈氏寺)、勝利寺、阿弥陀寺はいずれも古義真言宗で、阿弥陀寺が村民すべての葬祭寺であった。慈尊院は、もともと高野山が山麓に設けた政所で、古代には上皇や貴族の高野登山の基点であり、近世中期には隣村の圓通寺や横庵寺など末寺三一ヶ寺を有した[14](のちに離末)。より広く伊都郡全域をみても、真言宗が他宗派を圧倒しており、別当寺などを含めて四〇六ヶ寺と全寺院の約九七パーセントを占めた[15]。真言宗優勢地域と述べて問題ない地域であろう。また、村内には慈尊院の階段上に官省符荘二一ヶ村の氏神・七社明神(丹生官省符神社)があり、毎年九月晦日には「官省符祭」が行われた。他にも村の氏神・飯炊大明神や、子守大明神、稲荷大明神、金毘羅大権現、愛宕大権現が存在した。

中橋家は、慈尊院村に居住して高野山の地士を務め、慈尊院の俗別当的立場であった。地士とはいわゆる郷士であり、苗字・帯刀は許されたが、身分は百姓であった。『紀伊続風土記』によれば、始祖は空海の従弟にあたる阿刀元忠で、高野山開闢の頃に讃岐から紀伊へ移り、空海の母に従い当地に居住した。「家格猶餘の地士・舊家の及ふ所にあらす、天野總神主と當家は高野山に於て待遇尤異」なり、地士の中で別格の待遇を受け、慈尊院別当職として二石五斗を与えられた。天正期には約一三石を保有し、村内で突出した存在だったが、寛永期には約八石に減少していた。一七世紀後半には、中世的な秩序維持を図る中橋家とその変更を求める官省符荘の紀州藩領域の村々との間で争いとなり、貞享二年(一六八五)と宝永元年(一七〇四)に能の見物桟敷をめぐり争論となった。宝永期には、藩領の村々が絶縁を通告して新たな神社の創設を図ったが、享保四年(一七一九)に和解した。この時期、中橋家の地位はゆらいだが、英元が家を継ぐ一八世紀中頃には争論も起こっておらず、村外の人々との関係も安定した状況になっていた。

中橋家文書には、英元の記した寛保四年(一七四四)から亡くなる天明五年(一七八五)まで四二年間分の日記が現存している。日記を記した期間で大きな事件は、安永五年(一七七六)に起こった一揆くらいで他には特筆すべき歴史的事件はなく、平穏な日常を過ごしている。安永九年(一七八〇)一一月には屋敷が全焼し、亡くなった時には一二貫目の借金があったという。本章では、この日記を主な分析対象として、日常生活と寺社参詣について明らかにしたい。

一　年中行事にみる村の生活

本節では、慈尊院村の人々がどのような日常を過ごし（特に農作業）、その中でどのような共同体的信仰行為を行っていたかを検討したい。日記を見る限り、年による違いは少ないため、どの年を検討してもそれほど差異はないが、英元が四二歳時の宝暦九年（一七五九）を事例とする。[16] 冗長ではあるが、月ごとの行事を概観する。また、各家で共通して行われたと思われる行事も取り上げた。なお、共同体的なものと個人的なものを厳密に区分することは不可能であるため、目安としての区分であることを断っておく。

正月元日は、様々な神仏への拝礼から始まる。英元の父・元弥は、例年通り弥勒講の人々と共に前日から慈尊院の弥勒堂に籠り、堂の火を貰い受けて帰宅し、屋敷で火替した。英元も慈尊院の弥勒堂や阿弥陀堂に参詣し、年玉を献上した。その後、一家（父・母・英元・妻・娘二人・家来四人）で新年を祝い、様々な神仏に一年の無事を祈願した。また、書き初めを行い、「今朝よりハ　人の心も　和らきぬ　天満つ空の　松のうるをい」と和歌を詠んでいる。それから村内の寺社に参詣し、阿闍梨・護摩堂・勝利寺・阿弥陀寺に年始の挨拶に訪れた。翌日は村の集会に出席し、五日・六日は高野山へ登って北室院・金剛頂院などへ年礼に訪れた。なお、安永八年（一七七九）以降は、一二日に高野山年預坊で領内の地士等が集まって年礼の儀式を行うようになり、中橋家は地士の中で最初に呼ばれる待遇を受けた。

正月は、①五日に弥勒堂で修正会、②七日に阿弥陀堂で修正会、田を耕作する人々による池祭り、③一〇日にえびす祭り、④一一日に吉書祈祷（各家での祈祷）、⑤一二日に伊勢講、⑥一四日に阿闍梨や阿弥陀寺・護摩堂の僧ら一四人で日待、⑦一五日に左義長、⑧二一日に村祈祷、大師講が行われた。

①や②の修正会は、一年の吉祥を祈願する法会で、精進供を供えて以後毎月供え物をした。④吉書祈祷は中橋家の私的祈祷で、阿闍梨・勝利寺・阿弥陀寺など六名の僧が大般若経を読誦した。このように複数の僧を呼んで祈祷できるのは、村内でも上層に位置する家のみであろうが、他の村民も家の規模に応じて祈祷を依頼していたと思われる。⑤伊勢講は伊勢神宮を信仰する講で、主に参宮を目的としており、村内の箱(小字)ごとに存在した。七つの伊勢講では、毎月いずれかの講の集会が行われ、講員でなくても参加できたため、中橋家も複数の伊勢講に参加した。父・元弥は六歳から八一歳になるまで参加し続けた。ただし、講の浪費はたびたび領主から問題視され、倹約令の対象となって休止されることもあった。⑧村祈祷は、阿弥陀寺に村民が集まり、住職が大般若経を読誦する行事である。その前日には出席者を限定した「結衆」が阿弥陀寺で御影供を行っていた。祈祷後は皆で酒を飲み、新生児や養子になった者を披露した。寺では昼・夜二度の芝居も催され、村民にとって楽しい行事であったと考えられる。近隣の下古沢村でも、大般若経読誦の後に御札を配る村祈祷が行われており、高野山領での村祈祷は慈尊院村と大差なかったと思われる。[17] 同日の大師講は、空海の月命日(二一日)に行われる講で、空海の影像を祀り、供え物をして般若心経や光明真言などを唱えた。講員は集らず御影供のみ行う月もあった。大師講は現在でもこの地域で行われ続けている。[18]

二月は、①五日に弥勒講、②九日に庚申講、③一一日に仁王会、④一三日に常楽会(涅槃講)、⑤二〇日に御影供が行われた。また、この年は六日から翌日まで、英元が水間寺、牛滝山、長田観音、粉河寺に参詣している。

①弥勒講は慈尊院の本尊・弥勒菩薩を信仰する会で、護摩堂で行われた。②庚申講は詳細不明であるが、現在の講では当番の家で掛軸をかけ、供え物をして宴会を催しており、[19] 近世も近い形式であったと思われる。③仁王会は、阿弥陀寺の僧が中橋家を訪れて仁王経を読誦する行事で、ほぼ毎月行われた。仁王経は、もともと

鎮護国家を目的として読誦されたものだが、ここでの読経は中橋家を対象とする私的祈祷であったと思われる。
④常楽会は、いわゆる涅槃会であり、釈迦入滅の日である二月一五日に行われるのが通例であるが、慈尊院村の常楽会は「結衆」が阿弥陀寺で行った。なお、一五日には同村安賀箱の人々が勝利寺で釈迦講を行っている。
⑤この月は大師講が開かれず、「結衆」が空海の影像を祀り、供え物をして般若心経や光明真言などを読誦した（以後も同じ）。

三月は、一一日に仁王会、二〇日に御影供が行われた。二一日は空海の命日で、高野山壇上伽藍で行われる正御影供に参加した。村で大師講を行う年もあったが、記録上毎年行われているわけではない（定例のため書かれず、実際には行われていた可能性もある）。また、この年は金剛山講の代参に英元が選ばれ、二四日に出立し金剛山（転法輪寺、現奈良県御所市）を参詣した。下旬には綿の種を蒔き、農作業が徐々に本格化する。

四月は、八日に観音講、一〇日に庚申講、一一日に仁王会、二〇日に御影供、二八日に荒神供（三宝荒神を供養）が行われた。観音講は勝利寺で行われ、英元の母と娘など全一五人が参加した。また、一八日には粟を蒔いている。

五月は、一日に伊勢講、五日に御影供、一一日に仁王会、二一日に大師講が行われた。農作業は、三日に茶摘み、八日～一七日に麦の刈り取り・脱穀、一七日～二五日に田植え、二六・二七日に小麦の刈り取り・脱穀と、二毛作の慈尊院村での繁忙期を迎えている。年によってはサトウキビを植える時もあった。

六月は、一一日に仁王会と庚申講、一二日に伊勢講が行われた。この年は二一日に阿闍梨の真良房恵晃が亡くなっている。

七月は、一〇日に護摩堂で施餓鬼、一一日に仁王会、一三・一四日に仏祭り（盆供養）、二一日に大師講が行われた。一日には伊勢講もあったが、真良房恵晃が亡くなって間もないため、英元は参加を見合わせている。

閏七月は、一一日に仁王会、一二日に庚申講、一三・一四日に簡略な仏祭り（盆供養）、一六日に十六夜講、二〇日に御影供が行われた。近隣の三谷村で相撲が興行され、二二日・二六日・二九日に見物した。農作業は、一八日・一九日に早々稲を刈り取った。

この月は田に水を引く機会が多くなり、雨乞い祈祷が始まった。例年は五月に雨乞いすることが多い。五日に水天呪を読誦し、六日に寺社への「七度参り」と水天呪の読誦、一〇日・一二日に火振りを行った。この年は一四日に大雨となったため以後の雨乞いを行っていないが、特に降雨の少ない年には、まず村役人が雨乞いの計画を練り、その上で高野山の火を貰い受けて火振りしたり、村中の者が飯炊明神や七社明神の前で大般若経や般若心経を読誦したりした。

とくに明和八年（一七七一）は雨が少なく、五月から六月まで頻繁に雨乞い祈祷が行われた。村では五月二一日に火振りを行い、二三日に高野山御影堂の火を貰い受け、火振りした[20]。二四日～翌月四日は、ほぼ毎日七社明神の前で般若心経などが読誦され、領主の北室院も祈祷した。村民が寺社へ「七度参り」する際に、両庄屋は阿弥陀寺で、年寄は七社明神でその回数を数えた。村は大般若経を読誦する阿弥陀寺の僧や阿闍梨へ布施米三升、十六善神への御供料米二升を支出した。火振りの際は、村役人が弥勒堂で水天呪を読誦することとなっており[21]、水天呪を読誦し雨乞いする能力も村役人に求められる資質であったことが窺える。

このような天候に関わる祈祷執行は、高野山の他の塔頭も奨励していたと思われる。安政六年（一八五九）行人方の舎那院は領内に次のように申し渡している[22]。

　春来雨中繁々敷作方難渋之由、依之毎度止雨祈祷致之、尚又今度右祈祷執行之上御牘下遣候間、夫々可致常納候

一、明年者辛酉ニ相当り大切之年柄ニ候間、五穀成就・疫難消除之祈祷於　地頭所日々致執行候間、村々

ニおいて茂農業指間ニ不相成様、夜分ニ而も氏神并村寺ニおいて心経等読誦致し祈祷可有之候、為其令回
文候条、住職僧并神主為冥加祈祷精誠可有之候もの也

舎那院は止雨の祈祷を行い、御札を村々へ下付した。また、五穀成就・疫難消除の祈祷を行うので、村々でも農業に差し支えないよう夜分に氏神や村寺で般若心経などを読誦するよう命じている。さらに同年次のようにも命じている(23)。

一、昨年来ゟ風雨不順故歟、諸色何品ニ不寄高直ニ而於地頭所茂深ク配心之事ニ候、就中早春ゟ米穀日々高直ニ相成、是者全自然天命と者乍申、平生奢を不好、麁食を給、我身を慎、仏神を祈、農業専一と出精致し候事なれは、仮令如何様之年柄ニ而茂飢饉之愁有之間敷候、已ニ昨年も三月ゟ五月之末ニ至迄、雨天続ニ而領内一統辛苦之折柄、仏神之御願候哉、土用前ゟ忽快晴打続夏毛等相応ニ熟し候事ニ候、聖言ニ茂天作孽猶可違自作孽不可活と之事感心可致事ニ候条、地士之銘々庄屋役人ヲ始重立候者ゟ常々小前末々之ものニ至迄、右之趣申聞教諭可致候もの也

昨年来、天候不順で米穀などが高値になっているが、自然天命のことであるから、日頃奢侈を好まず、粗食で慎み深く仏神に祈り、農業に精を出していれば、どのような年でも飢饉の憂いはなく、天災は避けることができると『書経』を引用して述べている。地士や庄屋などから小前に至るまで教諭するよう命じており、領主が因果応報観を領民へ説いていたことがわかる。

再び月ごとの行事をみていくと、八月は二〇日の御影供の他に特段行事が行われていないが、例年は大黒講や日待なども行われた。また、中橋家は五日に隣村の入郷村へ操り芝居の見物に赴いている。前月にも三谷村へ相撲見物に赴き、例年七・八月は慈尊院村やその周辺(九度山・椎出・兄井・市原・名倉・学文路など五キロメートル以内の範囲)での浄瑠璃や操り芝居、相撲などに赴いており、農作業で忙しくなる前の息抜きの時期であっ

たと考えられる。寛延四年(一七五一)に中橋家でも操り芝居を企画しているが、領主の承認を得ることができず、実施されなかった。農作業は、一三日に早稲を刈り取り、二一日・二三日・晦日に籾すりを行うなど、下旬には繁忙期を迎えている。

九月は、五日に弥勒講、六日に伊勢講、一一日に仁王会、一三日に庚申講、二〇日に御影供、二一日に大師講、晦日に官省符祭が行われた。官省符祭は七社明神の祭礼で、二一ヶ村の氏神として「貴賤群集」した[24]。農作業は、五日に稲の刈り取り、一一日に籾すりを終えた。八日に茶の種を蒔き、九日から翌月四日まで(連日ではないが)麦を蒔いている。

一〇月は、六日に御影供、一一日に仁王会、一四日に日待、一六日に十六夜講、二四日に金比羅講が行われた。農作業は、茄子や菜種を植え、芋や大豆、大根を収穫している。二三・二四日に年貢を納め、この月で繁忙期を終えている。

一一月は、八日に牛滝講、一一日に仁王会、一二日に伊勢講、一四日に庚申講、二〇日に御影供、二一日に大師講が行われた。牛滝講は、牛の安全を祈って和泉国の大威徳寺を信仰する講である。一二月はほとんど行事もなく、一〇日に仁王会が行われた。

以上、慈尊院村の年中行事について概観してきた。地士の中橋家も生業は農業であり、村民との協力は不可欠で、村の共同体的な信仰行為にも積極的に関与していた。雨乞い祈祷などでは、村民の総意で就任した阿弥陀寺の住職が読経を担った。この地域では、祈願する際に大般若経や般若心経を神前においても読誦しており、様々な場面で仏教が神道よりも重視されていた。真宗優勢地域では、豊作祈願などを阿弥陀信仰で代替できないため神職に頼らざるをえなかったが[25]、この地域では真言宗の僧がいずれにも対応していた。宗教が生活と密接に結びつき、欠かせないものであったことがわかる。

二　中橋英元の教養と自意識

前節では共同体的な場での信仰の様相を確認した。次に中橋英元個人ないし家としてどのような信仰行為を行ったのか検討する必要があろう。本節では、その前提として英元の村内での立場や自己認識について踏まえておきたい。

英元は高野山地士として様々な教養を身につけていた。武術は柔術・剣術・居合・槍術に励んだ。また、村では俳諧も盛んで、英元もよく詠み、点をつけてもらうこともあった。一九歳の時には（延享三年）、何者とも知らない者を槍で追い払った夢を見るなど、自身を武士に近い存在と認識していたと思われる。しかし、四五歳の時に（宝暦一二年）武術の師であった岡本平右衛門が亡くなると、次第に謡など文化的な教養に関心は移っていった。宝暦一一年（一七六一）に妻になった「おわさ」の実家から謡本を借りたり、その父・吉田為右衛門の謡を頻繁に聴いたりしている。五〇歳（明和四年）からは和歌に熱中し、和歌山城下の木村雅教に入門して添削を受け、翌年には粉河寺に和歌を奉納した。

他村との個人的交流は主に同じ地士層の人々と行われた。例えば、東家村の地士・堀江平右衛門やその弟の榎坂五郎左衛門（一六九三〜一七六八）は、父・元弥と同世代であるが、たびたび書簡で五郎左衛門の動静が伝えられている。五郎左衛門は大筒や柔術に優れ、藩に徒士として召し出され、西条藩主の徳川頼淳（のちに紀州藩主となり徳川治貞と改名）の兵法指南として三〇〇石を与えられた人物である。また、安永五年（一七七六）の高野山領の一揆では、鎮圧後に地士同士の連携のなさが問題となり、安永七年正月に調月村で高野山地士（学侶領・修理領）の会合が開かれ、以後信義厚く交流するよう申し合わせるなど、高野山領・紀州藩領を問わず、地士同士の交流が盛んであった。

英元が交流した人物のうち、紀州藩地士の湯橋長泰（一六九一～一七六三）についてはやや詳しく経歴が判明する。[26] 二人は宝暦一一年に出会って、長泰が勝利寺などで作った詩を送られている。長泰は和歌山城近郊の名草郡岩橋村（現和歌山市）に居住し、紀州藩の地士・大庄屋を務めた人物で、『南紀徳川史』には歌人として記され、「累世名草郡湯橋の庄官　歌学有て書を著す　禁忌に触る、事あつて其咎めに遭ひ一生錮せられ家に終」とある。享保期、仕官を目的に藩祖徳川頼宣が領民に下付した「父母状」の注釈書を広めようと藩や幕府に嘆願し続けたことで処罰された。[27] この活動の過程で同家の由緒書を形成し、湯橋家の先祖を南北朝期に活躍した吉良満貞の子の吉良義明と主張した。同家を「南朝吉良」と位置づけ、「（足利）義康朝臣𠔉嫡流第二十世之血脉者、長泰ヶ微身に相当候」と述べていた。

英元が湯橋長泰のように仕官活動をしたり、由緒を強く主張したりすることはなかったが、地士として誇りを持ち、村民とは異なる立場の存在と自覚していたと思われる。同村の者を「村方ノ物ともハ腰ぬけ也」[28]と述べ、庄屋を「かるはずみなる下知笑ふへし」[29]と揶揄することもあった。三七歳の時に「村方留帳」を記し始めており、地士という立場で村政の一翼を担っている意識を持っていたと考えられ、庄屋が交代する際は帳面や書物を一時的に預かったり（宝暦二年）、隣の山崎村との境目争論の記録を庄屋へ渡したりした（明和四年）。

中橋家は多数の蔵書を持ち、日記にも読書や書物の貸借が記されている（【表1】）。二〇～三〇歳代は、『漢楚軍談』『東鑑』『三国志』『義経勲功記』『信長記』『嶋原軍記』『武王軍談』『続太平記』『関ヶ原戦記』などの軍書、もしくは『沙石集』『弘法大師賛議補』『野山名霊集』などの仏書を読書することが多かった（実際にはもっと多く読んでいた可能性もある）。また、その時々の興味で、碁や刀剣に関する書物を購入することもあった（『碁立指南大成』や『新刀銘尽し』）。書物の貸借関係にあるのは、母方の親類である粉河村の桃谷善兵衛や高野山の

【表1】中橋英元の読書、書物の貸借

和暦	西暦	月日	事項
寛保4年	1744	正月16日	粉河の桃谷善兵衛から漢楚軍談を借用
		2月14日	桃谷から東鑑を借用
		10月24日	有馬温泉逗留中、三国志を借用
延享2年	1745	2月4日	桃谷から詩書を借用
		7月2日	萬寶全書を読む
延享4年	1747	正月21日	あんきや文集を正賢院へ返却
		2月10日	義経勲功記を借用し読み始める
		3月23日	沙石集を借用
		10月28日	面影荘子を借用
延享5年	1748	8月14日	阿弥陀寺恵明房から形見として、毫頭四書全部10冊、俗せつ弁、田舎弁ぎ、童もう故事談などを給わる
			同じく伊兵衛へは五経全部11冊、照純房へ法花経新註全部15冊
		12月16日	松山氏（八右衛門）から弘法大師賛議補3冊、太平義臣伝7冊、信長記7冊を借用
寛延2年	1749	正月6日	高野山修禅院から嶋原軍記を借用、正賢院から新古今を借用
		8月10日	京都大和や喜右衛門が来訪し、武王軍談を借用
		8月15日	生霊集を読む
		8月17日	中橋英元所持の難波戦記を北室院へ貸す、清浄心院の所望による
		9月25日	京都大和や喜右衛門から借用した武王軍談を返却、大野村利右衛門へ貸すというので直接送る
		10月26日	北室院から難波戦記戻る、粉河の桃谷から続太平記を借用
寛延3年	1750	4月23日	京都大和や喜右衛門の取次で碁立指南大成6冊を購入（4匁2分）
寛延4年	1751	正月15日	関ヶ原戦記を借用（桃谷善兵衛から？）
宝暦4年	1754	7月20日	勝利寺から名霊集を借用
		10月27日	北室院から三河後風土記を借用
宝暦5年	1755	正月5日	高野治乱記を給わる
		正月14日	日待（18人）、日待衆へ高野治乱記を読み聞かせる
		6月4日	算法重宝記2冊を阿闍梨から給わる
宝暦7年	1757	正月1日	孝経を読む
宝暦8年	1758	正月1日	孝経を読む
		11月7日	百性教訓書を写し終る
宝暦9年	1759	3月5日	勝利寺で大学の講釈
		3月14日	勝利寺で論語の講釈
		3月16日	京都の大和屋喜右衛門から新刀銘尽し全6冊を購入
宝暦10年	1760	8月19日	台湾軍談全5冊を購入（銀5匁2歩）、謡小本47冊は不要のため売却
宝暦12年	1762	4月27日	江戸の土産物として武鑑などをもらう
		12月25日	学文路村の平野主計から俗説弁7冊など戻る
宝暦13年	1763	10月18日	関口流秘書を写し始める
宝暦14年	1764	2月1日	親類の吉田から小原御幸の書物を借用
明和2年	1765	5月11日	勝利寺に滞在している北室院留守居の鑁池院へ軍書を貸す
明和5年	1768	8月6日	教王院へ軍書を貸す
		12月3日	親類の吉田から中将姫山居語を給わる
明和7年	1770	正月19日	天徳院の前官が九度山で越年のため太平記を貸す（末の20巻）
		4月13日	草庵集がくる
安永5年	1776	2月1日	律幢房から歌書を借用
安永8年	1779	5月4日	南院が旅宿し、甲陽軍鑑を貸す

※各年の中橋英元の日記より作成

僧などであり、地域の人々に書物を貸与する「蔵書の家」の役割は果たしていない[30]。高野山の僧とは仏書よりも軍書の貸借が多く、当時高野山の僧には中橋家などを通じて軍書が普及していたと考えられる。なお、四五歳頃からは、日記に英元自身の読書に関する記載はみられなくなっている。

また、天皇の遺髪を高野山へ納める一行が慈尊院村を通過する（町石道を通行）際に、その応対を任された。天皇の納髪は、慶応三年（一八六七）孝明天皇まで続くが、英元の代では寛延三年（一七五〇）桜町天皇、宝暦一二年（一七六二）桃園天皇、安永九年（一七八〇）後桃園天皇の遺髪が納められた。上使への謁見の様子を桃園天皇の遺髪通行時を事例に概観する。なお、英元は桜町天皇の遺髪通行時はほとんど関わらず、九月二六日に道を整備し、一〇月三日の通過時に慈尊院で謁見した程度であった[31]。

桃園天皇崩御の一報は、八月二九日に伝えられた[32]。九月一五日に「禁裡様玉髪御登山」の旨が伝えられ、高野山の奥院も整備され始めた。一九日に登山の詳細が村へ伝えられ、二二日に京都を出立し、二四日に慈尊院村の勝利寺で宿泊、翌日高野山へ登る予定であった。村役人の指導の下で村民が道の普請や掃除を行った。二一日に同村の五郎右衛門が高野山へ召し出され、通行時に同人と英元は勝利寺へ詰めるよう命じられた。日程は延期されたものの、一〇月八日に高屋遠江守を上使とする二六人ほどの一行が村に到着し、勝利寺で宿泊した。慈尊院から勝利寺への道は、葉を取り除き細縄を引いて、赤土を入れて整備した。当日は東家まで迎えの人足を出し、上使は七つ（午後四時頃）前に到着した。夜中に倒れている町石を立てる作業が行われるなど、その場限りの対応も少なくなかった。遺髪を収めた長持は、勝利寺の観音堂へ一時的に納められ、英元は帯刀して堂番を務め、夜は堂内に詰めた。翌日、高野山の心南院は英元が堂番を務めたことや同家の由緒を高屋遠江守へ披露した。高屋遠江守から「一禮御口上等」を受けたため、英元は「難有仕合ニ而候事」と日記に記している。英元が観音堂に詰めている時に、村役人は仁王門に詰めており、より重要な任務を任され誇らしく思ったと考えられる。英元は一五日に高野山へ登り、桃園天皇の廟を拝礼している。

三　中橋英元の信仰

第一節で検討したように、慈尊院村には様々な講が存在した。これらも信仰的要素の強いものだが、英元は個人でも仏教を篤く信仰し、様々な経典を修め実践していった。本節ではその実態を明らかにしたい。

1　二〇～四〇歳代

宝暦七年（一七五七）七月、慈尊院村は晴天が続いていたが、英元らが光明真言を一〇〇〇遍唱えると雨が降った。日記には「法力ノ難有さ申尽かたく候」と記しており、祈祷の功力を信じていたと考えられる。二七歳（寛保四年）で村内の護摩堂の僧から大随求・大仏頂を授かっており、前節の読書の事例を踏まえても、二〇代から仏教への関心は強かったことがわかる。二九歳（延享三年）で法華経、三三歳（寛延三年）で隣村の横庵寺の僧から最勝王経を授かっている。横庵寺ではたびたび説法が行われ、寛延四年（一七五一）には地蔵菩薩本願経の説法も行われた。隣村の入郷村円通寺でもたびたび説法が行われ、宝暦四年には空海が著した『菩提心論』の講義を聴講している。

英元は、経典を教養や倫理としてではなく実践的な教えとして修得しており、例えば三二歳の時には、妻の安産祈願のため大般若経を転読し、三五歳（宝暦二年）の時には家来の惣八が病気となったため最勝王経を読誦して回復祈願した。村内の新池の桶が詰まった時にも、最勝王経を読誦すると詰まりが解消したため、ますます読経の功徳を思い知ったようである。三〇代から四〇代までの英元に最も重視された経典は最勝王経であり、四三歳（宝暦一〇年）の時には書写した最勝王経を弥勒堂に奉納している。村役人に雨乞い祈祷する能力が求められたように、地士にもこの種の能力が必要だったのだろう。

2　五〇歳代以降

五二歳（明和六年）の時に理趣経を修得するなど様々な教えを受け、翌年には中橋家の鎮守として三光大明神を勧請した（陰陽師の小野相模守が勧請）。雨乞い祈祷などでは般若心経を読誦するものの、父・元珎が亡くなった明和八年（五四歳）以降、光明真言へ傾倒していく。光明真言は正式には不空大灌頂光明真言といい、「オンアボキャベイロシャナウマカボダラマニハンドマジンバラハラバリタヤ　ウン」と唱えて、金剛界五仏へ光明を祈願する真言である。六字名号や題目とともに易行化した仏教として民衆に受け入れられていたという。(33)村内には光明真言講もあり、以前から身近ではあったが、この時ほど熱中することはなかった。光明真言に傾倒した理由は、慈尊院村に滞在した武蔵国児玉郡本庄宿出身の律幢房に帰依したためである。律幢房の法華経により、明和七年生まれの息子・伴五郎の病気が回復したことから信仰を強めていった。英元は安永二年（一七七三）に光明真言を伝授された。以後、阿弥陀寺で律幢房の主催する光明真言講が行われ、英元も頻繁に参加した。同年は不作の影響から中橋家の借金が多額になり、北室院から銀二貫を借りるなど経営が安定しない状況であったことも、信仰に向かわせた背景の一つだったかもしれない。阿弥陀寺での律幢房の説法は頻繁に行われ、光明真言を主要な内容としたが、他にも弥勒上経・念珠経・地蔵経などの経典、空海の『三教指帰』、観音霊場巡礼、釈迦の生涯など内容は多岐に渡っていた。

安永四年（一七七五）には伴五郎の容態が悪化したため、五月から妻のおわさが粉河寺へ回復祈願の月参りを始め、翌月には英元も光明真言一〇万遍の読誦を始めた。翌年、英元は伴五郎の病気回復を目的として共に湯崎（和歌山県白浜町）へ湯治に赴くが、その際にも光明真言を頻繁に読誦している。出発の直前には、律幢房から小法華経と七観音咒を授けられている。三月二六日に湯崎に着き、四月二四日まで逗留した。四月一八日までに光明真言一〇万遍を読誦し、小法華経一〇部、薬師如来小咒一〇遍、光明真言一〇遍などを書写し、薬師堂へ願文を奉納し、伴五郎の全快を祈願している。

安永五年には、慈尊院村と対岸の名倉村間の紀ノ川渡船を無料にし、この地を通行する旅人へ便宜を図っている。無銭渡は、翌年に「永代」無銭渡となり、高野山による支配が終了する明治初期まで続けられた。律幢房が旅人への「善根」として発案し、英元もそれに協力した。光明真言講の講員に一ヶ月六文ずつ求めたり（講員は「皆々悦」び、約一四〇人集った）、紀州藩領も含め近郊の村々を訪ねたりして寄進を募った。その結果、集った金三〇〇両は年預坊に預けられ、その利息銀一貫目をもとに無銭渡は経営された。無銭渡は地域全体では旅人獲得をめぐる村々の過度な争いを止揚する意義があったが、英元自身は当時の因果応報観に基づいて旅人への「善根」として協力したと考えられる。その後、天明元年（一七八一）には、村内に旅人を接待する茶所の建設も計画している。

安永六年一二月に、光明真言講は結願成就となり、翌年七月には律幢房が堺の向泉寺へ移転したため、英元も光明真言より般若心経を読誦する機会が多くなった。天明二年（一七八二）正月には病気回復祈願のため一〇〇〇遍読誦しており、翌年律幢房が慈尊院村を訪れた際にも、二月一日から五日まで毎日般若心経を一〇〇〇遍ずつ読誦している（おそらく転読であろう）。

英元がこのように読経に大きく依存した理由は史料上明確ではないが、実際に仏教の力を信じて篤く信仰していたことは間違いなかろう。子どもたちの病気・死や屋敷の焼失、不安定な経営など家の「不幸」な状況を改善しようと祈願を繰り返したと考えられる。四男の兵助は宝暦一三年五月に生まれ、明和三年から病気がちになり、大和や和泉、または橋本村の医者などの診察を受けた。その後、三谷村の小川良意の薬を服用したり、林見正に診察してもらったり手を尽くしたが、明和六年二月七日に亡くなった。英元は同年伊勢参宮の際にも兵助の供養のため、三日間毎日般若心経を一〇〇遍読誦している。また、天明三年に七男の虎吉が亡くなった際には、和歌山で石の地蔵を作り安置しており、その死を深く悲しんだ。英元の後を継いだ明和元年（一七六四）生まれの元昭が後に記した書付には、「英元様ハ正直信心ニして慈悲深く、無此上も人ニ有之候得とも、如何成因縁ニや不幸重り、病人不絶、子共上々ゟ失」ったとある。(34) 英元は七男四女をもうけたが、英元が亡くなる時点で生存していたのは二男二女だけであった。

四　中橋英元の寺社参詣

本節では、英元が前節のような信仰を持つなかで、いかに村外へ寺社参詣したのか検討してみたい。

まず、慈尊院村にどのような村外寺社の宗教者が訪れていたかを確認しておく。村外寺社が参詣を勧誘することが少なくなかったためである。例えば、比較的多い宝暦一〇年（一七六〇）では、一月に天川の水本清太夫、吉野の松室院、五月に伊勢外宮の幸福太夫、六月に内宮の橘太夫、七月に吉野の松室院、一〇月に出雲大社の大輝嘉蔵太夫、熊野本宮の八郎太夫、伊勢外宮の幸福太夫、天川の水本清太夫、十輪寺、一一月に伊勢内宮の橘太夫、吉野の松室院からそれぞれ使者が訪れた。吉野の松室院は年に三回、伊勢内宮・外宮は二回訪れており、他にも天川や十輪寺はほぼ毎年確認できる。その他の寺社は不定期で、日記に記された期間では、近江国多賀別当不動院（宝暦二年）、紀三井寺（宝暦九年）、多賀観音院（明和八年〈一七七一〉）が確認できる程度と少なく、来訪する宗教者の増加が村の財政上大きな負担となり、各地で宗教者への対応を定めた議定が作られる状況(35)とは異なっていた。また、陰陽師や座頭（地神経読み）も毎年訪れていた。

日記をみる限り、村外寺社はその距離から概ね三つに分類できる。1近郊の村にあり日帰りで参詣できる寺社、2往復で二、三日かかる距離の寺社、3さらに遠隔地の寺社である。【表2】に二、三日以上の旅を示した。

1　日帰りの旅

近郊への日帰りの旅は日常的であり、頻繁に高野山、天野（丹生都比売神社）、粉河寺、長田観音、蟻通明神、鎌八幡宮（三谷酒殿明神の境内社）、塔尾弁財天などに参詣している。おおよそ二〇キロメートル以内である。ただし、六〇代になると回数は少なくなった。高野山は地士の用務で登山した時に、粉河寺は親類のいる粉河村に所用で立ち寄った時に、ついでに参詣することもあった。天野は毎年年始に前年の月参の礼をしており、少なくとも月に一度は参詣していたと考えられる。他にも、毎年初午の日に参詣する長田観音や疱瘡の回復祈願のため参詣した塔尾弁財天などがある。渋田村の蟻通明神や兄井村の鎌八幡宮は、具体的な祈願を目的として参詣し、例えば明和六年には妻のおわさが病気になったため鎌八幡宮へ祈願したところ、すぐに回復している。その前年には鎌八幡宮で雨乞い祈願しており、共同体・個人の両方で祈願対象となった。中橋家の女性たちも蟻通明神や鎌八幡宮、田和地蔵尊へ頻繁に参詣した。

また、近隣村の寺社境内での開帳や芝居、富くじなど様々な催しの見物や、結縁灌頂に訪れている。宝暦二年・宝暦一〇年は下兵庫の護国寺、安永六年は中飯降村の東光寺で結縁灌頂が行われていた。

2　往復二、三日の旅

往復二、三日かかる距離の寺社は、吉野・大峯山・金剛山・和歌山城周辺・水間寺・牛滝山・伊都郡観音

【表2】往復2、3日以上の旅

年齢	和暦	西暦	月日	事項
27	寛保4年	1744	2月9日	滝不動、水間寺、長田観音（～10日）
			4月16日	和歌祭見物、紀三井寺、嘉家作、直川観音、根来寺、粉河寺（～18日）
			10月21日	恩賀氏と有馬温泉で湯治（～11月8日）
31	延享5年	1748	4月2日	伊勢参宮（～15日）
32	寛延2年	1749	8月26日	伊勢参宮（～9月5日）
			12月4日	和歌山へ赴く。鍛治町有田屋で宿泊
34	寛延4年	1751	10月10日	金剛山講出立、大宿坊に宿泊（～11日）
35	宝暦2年	1752	3月23日	伊勢参宮（～4月6日）
36	宝暦3年	1753	4月7日	熊野詣、道成寺、紀三井寺、和歌浦、加太、粉河寺（～19日）
			4月21日	大坂へ赴く、三津寺、高津の宮など参詣（～4月25日）
40	宝暦7年	1757	2月11日	大坂へ赴く、住吉社参詣
41	宝暦8年	1758	正月30日	牛滝山、水間寺、犬鳴山、長田観音、粉河寺（～2月1日）
			2月3日	大坂へ赴く、城下・芝居などを見物（～6日）
			8月13日	牛滝山、槙尾山、光ノ滝（～14日）
42	宝暦9年	1759	2月6日	水間寺、牛滝山、長田観音、粉河寺（～7日）
			3月24日	金剛山（～25日）
43	宝暦10年	1760	2月6日	牛滝山、水間寺、犬鳴山、長田観音、粉河寺（～7日）
45	宝暦12年	1762	2月5日	牛滝山、水間寺、長田観音、粉河寺（～6日）
			閏4月5日	伊都郡観音三十三所巡礼、同行8人（～7日）
46	宝暦13年	1763	2月1日	伊勢参宮（～14日）
			3月29日	金剛山（27人）、五条（～30日）、英元は十輪寺で宿泊
50	明和4年	1767	3月14日	金剛山（22人）、酒飲みすぎたため五条に泊（～16日）
			4月11日	愛宕山参詣、途中奈良、京都、大坂見物（～20日）
51	明和5年	1768	4月1日	堺、槙尾山（～2日）
			8月9日	堺、信太明神、大鳥明神
52	明和6年	1769	3月29日	伊勢参宮（～4月10日）
54	明和8年	1771	正月26日	伊勢参宮（～2月5日）
57	安永3年	1774	8月4日	吉野、洞川、龍泉寺、天ノ川、金剛山（～8日）
58	安永4年	1775	8月4日	高野山、野川弁才天、天ノ川、洞川、吉野（～7日）
59	安永5年	1776	3月23日	伴五郎と湯崎で湯治（～4月27日）
61	安永7年	1778	6月14日	和歌山へ赴く、刀を売却、九頭明神祭、長田観音、粉河寺（～16日）
64	安永10年	1781	3月29日	吉野（～4月1日）
65	天明2年	1782	正月27日	伊勢参宮（～2月7日）
66	天明3年	1783	4月5日	伊太祁曽宮、鎌八幡宮（～6日）

※各年の中橋英元の日記より作成

三十三所順礼などである。安永三年（一七七四）と翌年の吉野参詣は、天川や金剛山にも参詣したため四、五日かかっているが、それ以外はすべて三日以内である。また、これらより期間は長いが、距離としては大坂も同様の場所と位置づけられる。これらの寺社は和歌山や大坂のような都市周辺を除いて、それぞれ講による参詣が行われた。例えば、宝暦九年には牛滝講で二月六・七日に大威徳寺、水間寺を参詣し、帰りに長田観音、粉河寺を参詣している。これらの寺社は複数回参詣しており、講員（村民）との交流が主目的であったと思われる。明和四年の金剛山参詣では、酒を飲み過ぎた者がいて帰宅を一日延期している。

特に頻繁に参詣したのは、村から三五キロメートルほど離れた吉野である。もともと吉野は伊勢参宮の途中で参詣することが多かったが、安永五年以降は吉野講員の意向で別々に参詣するよう取り決めている。英元も伊勢参宮の際に立ち寄り、安永期には金剛山や天川などとともに参詣した。例えば、安永一〇年は吉野講二五人から代参三人が選ばれ、英元は三月二九日に出立し、四月一日に帰宅している。しかし、塔頭との関係は常に良好ではなく、明和二年（一七六五）に吉野松室院で宿泊者への対応が悪かったため、吉野講を一時的に休止した。松室院の使者が村を訪れて謝罪したものの許されなかった。明和六年八月に松室院が再度詫びを申し入れ、英元を通じて庄屋へ伝えられた。村民には松室院の差し入れた酒がふるまわれ、翌年には英元も村民へ口添えしたため再開されている。両者の関係は、信仰を媒介とすると言うより、「旅館と客」の関係に近いものとなっていた。

3　遠隔地への旅

最後に、遠隔地への寺社参詣について検討する。基本的に伊勢講や愛宕講など講の代参であったが、英元はそれらとは別に個人的な旅をすることもあり、二七歳の時に有馬温泉へ湯治で訪れた。

寺社で最も多く目的地となったのは伊勢神宮である。日記が残存している二七歳以降でも、①三一歳、②三二歳、③三五歳、④四六歳、⑤五二歳、⑥五四歳、⑦六五歳と、少なくとも七回は参宮している。この間に中橋家からは、父親や子どもたちも参宮しているので、中橋家全体でみた場合にはさらに頻繁に参宮していた。関東や東北に比べれば、日数もかからないため、複数回訪れることも可能であったと思われる。当該地域を出立する伊勢参宮の行程を検討した先行研究がないため、やや煩雑ではあるが、以下それぞれの行程を確認しておきたい。

①は延享五年（一七四八）四月二日～一五日である。伊勢講の代参で二日に出立し、初日は堺大寺に参詣した。翌日藤井寺、住吉、天王寺、生玉社に参詣し、大坂から夜船に乗った。四日は伏見に船が着き、稲荷社、東福寺、三十三間堂、六波羅蜜寺、清水寺、八坂、祇園、知恩院など京都見物をして、大津で宿泊した。五日は高観音堂（近松寺）、三井寺、石山寺に参詣し、石部に宿泊。六日は椋本に宿泊、七日は高田一身田（専修寺）に参詣し津に宿泊。八日は津観音堂（恵日山観音寺）に参詣して阿弥陀仏を拝み、櫛田村に宿泊。九日は宮川を渡った先の中島において、別ルートで参宮する村民が揃うまで待ち、翌日七つの講員一一人で外宮御師幸福太夫の屋敷へ到着した。村内のほとんどの家から参宮者が出ていたことになる。屋敷では銀子などを奉納し、その後外宮・内宮とその末社を参詣した。一一日伊勢を出立し粥見で宿泊。一二日は田引で昼食、波瀬で宿泊。一三日は鷲家で昼食、吉野松室院で宿泊した。七講のうち三講（六〇人）が吉野へ訪れ、他の講員はそのまま帰路を急いだ。英元も吉野へ向かい、桜木宮（桜木神社）では息子の疱瘡快復を祈願した。一四日は蔵王堂に参詣し、吉水院で後醍醐天皇の像を見物した後、五条で宿泊した。一五日は、橋本から船に乗り帰宅した。

②は寛延二年（一七四九）八月二六日～九月五日である。七月に伊勢外宮の御師幸福太夫から式年遷宮の案内状を受け取っていた。英元は二六日に出立し、大和の長谷寺、大野弥勒尊（大野寺）を参詣しながら伊勢へ向かい、

九月一日・二日に内宮の遷宮を見物した。外宮の遷宮をみることなく、二日に伊勢を立ち、四日に吉野へ宿泊し、翌日帰宅した。この旅は内宮の遷宮見物のみを目的としていた。

③は宝暦二年（一七五二）三月二三日〜四月六日である。この旅も伊勢講ではなく個人的な旅で、英元と妻、家来、下女の四人の一行だった。そのため具体的な行程が記されておらず、三月晦日に中島で慈尊院村の伊勢講と合流し、御師の屋敷へ着いたことがわかる程度である。個人的な旅でも、御師屋敷での宿泊は講と一緒であった。帰路の行程も不明だが、四日に吉野松室院に訪れて、六日に帰宅した。

宝暦三年（一七五三）は、伊勢参宮ではないが、四月七日〜同月一九日で熊野三山へ赴いている。七日に出立し、高野山から小辺路を通って、九日に本宮、一〇日に新宮、一一日に那智山を参詣した。翌日は湯峰温泉で宿泊し、その後は中辺路を通過し南部で宿泊した。紀伊路では道成寺や紀三井寺に参詣し、一七日に和歌山城下を通り、加太で宿泊した。一八日に粉河寺に参詣し、翌日帰宅した。粉河寺では西国巡礼者のように納札しており、日頃とは異なった形で参詣している。

④は宝暦一三年（一七六三）二月一日〜一四日である。同行四名で出立し、初日は吉野の蔵王堂へ参詣して上市で宿泊した。二日は高見を越えて七日市場で宿泊。三日は大雪が降り丹生で宿泊。四日は内宮御師橘太夫の屋敷に着き、両宮を参詣した。日記には「両宮を拝し信を弥増て」、「幾千代を　経てもあらたに　おもほゆる和光の恵ミ　信に通フして」と歌を詠んでおり、篤い信仰を寄せている様子が窺える。五日に同行の人々と別れて、松坂の岡寺を参詣した後に、津で宿泊した。翌日も逗留し、津観音堂の阿弥陀仏を拝んでおり、①よりも真摯に信仰する様子がわかる。七日は近江の土山に宿泊。八日は愛知川に宿泊。九日は多賀大社に参詣し、草津に宿泊。一〇日は三井寺を参詣し京都に宿泊した。領主の北室院が利用している旅籠に宿泊し「御祈祷ニ参宮」したことを報告している。翌日は、六角堂、誓願寺、錦ノ天神（錦天満宮）、清水寺、大仏殿、三十三間

堂など京都見物をして、夜に伏見から船に乗っている。一二日は大坂の親類のもとに逗留し、翌日は住吉大明神を参詣し堺に宿泊して、一四日に帰宅した。

明和四年（一七六七）四月一一日〜二〇日には、愛宕講で愛宕山参詣の旅に出ている。一一日は和泉今北で宿泊。一二日は当麻寺、信貴山、龍田で宿泊。一三日は法隆寺、薬師寺、西大寺、奈良を巡り木津で宿泊。一四日は船に乗って木津川を進み、八幡、向日明神を参詣。一五日は松尾、法輪寺、嵯峨、愛宕山、御室、北野を巡り三条で宿泊。一六日は誓願寺、六角、錦天神、祇園、知恩院、八坂、清水寺、六波羅、大仏、三十三間堂、六条を巡り、夜に伏見から船に乗った。一七日朝大坂に着き、人形浄瑠璃を見物し親類のもとを訪ね、翌日も逗留した。一九日に大坂を立ち、生玉宮、天王寺、庚申、住吉を巡り三日市に宿泊。二〇日に帰宅した。

⑤は明和六年（一七六九）三月二九日〜四月一〇日である。息子の兵助が二月一七日に亡くなってから間もないため、四月一日〜三日は「兵助願開」のため毎日般若心経を一〇〇遍ずつ読誦している。一日は橘寺・岡寺・安倍文殊・長谷寺を参詣して榛原で宿泊。二日は伊勢本街道を通り菅野で宿泊。三日は大石に宿泊。四日は天照皇大神宮法楽（三重県度会郡度会町の蓮華寺か）へ参詣し、般若心経一〇〇遍読誦している。その日は中島で宿泊。五日に外宮御師幸福太夫の屋敷に到着し、外宮・内宮とその末社を参詣して、その後に芝居を見物している。六日は御師のもとを出立し丹生で宿泊。七日は波瀬で宿泊。八日は大雨のためほとんど進めず、九日に吉野で蔵王堂や吉水院を参詣し、五条に宿泊。一〇日に帰宅した。

⑥は明和八年（一七七一）一月二六日〜二月五日である。二六日は五条で昼食、吉野で宿泊。二七日は蔵王堂などを参詣し、鷲家で昼食、波瀬で宿泊。二八日は田川で昼食、丹生で宿泊。二九日は中島で昼食、外宮・内宮を参詣し、内宮御師の橘太夫の屋敷へ到着した。二月一日は内宮で神事を見物して帰路につき、松坂で昼食、津で宿泊。二日は津観音堂（恵日山観音寺）を訪れて本堂の阿弥陀仏を拝礼している。これは阿弥陀仏が「天照

皇太神宮御本地仏」との認識からであった。その後、福満寺で法華経一部八巻を貰い、伊賀山田で宿泊。三日は大川原で昼食、奈良で宿泊して二月堂の修二会を見物した。修二会とは二月に行われる法会で、東大寺の修二会は現在でも「お水取り」の通称で知られている。四日は奈良の神社を巡り、二階堂で昼食、戸毛で宿泊。翌日は橋本で昼食、その後帰宅した。

⑦は天明二年(一七八二)一月二七日～二月七日である。三人で出立し五条で昼食、吉野で宿泊。二八日は鷲家で昼食、波瀬で宿泊。二九日は宮前(松阪市)で昼食、丹生で宿泊。晦日は外宮・天岩戸・内宮に参詣し、内宮御師の橘太夫の屋敷に到着した。一日に内宮・外宮を参詣して帰路につき、小俣で昼食、松坂で宿泊。二日は松坂岡寺観音堂を参詣し、津観音堂で阿弥陀仏を拝み、津で宿泊。三日は長野で昼食、伊賀山田で宿泊。四日は大河原で昼食、笠置山を越え、加茂で宿泊。五日は奈良の東大寺、二月堂、法華堂、春日社、若宮社、興福寺を参詣し、猿沢池付近で昼食を取り、西ノ京花ノ会(薬師寺の修二会)を見物し、郡山、小泉、法隆寺を経て龍田で宿泊。六日は達磨寺、当麻寺を参詣し、途中馬に乗り五条で宿泊。七日に帰宅した。

以上のように、英元は七回伊勢参宮に赴き、他に熊野や愛宕山など遠隔地へも旅していた。神宮での宿泊先は、①②⑤が外宮、④⑥⑦が内宮で(③は不明)、両者との関係を大切にしていることがわかる。東日本の伊勢参宮と比べて頻度は高いが、旅の日数は一〇日～一四日であり、東日本でしばしば見られる二ヶ月以上にも及ぶ長期の旅をすることはなかった。父・元弥は宝暦八年四月五日～八月二八日で「秩父・坂東・湯殿山」を巡礼しており、この地域の人々が長期の旅をしなかったわけではないが、英元は家の経営が不安定になったためか、そのような旅をすることはなかった。旅の時期はほとんど一定しないが、式年遷宮を見物した②以外は一月末から四月までの時期でいずれも本格的に農作業が始まる前であった。

旅の行程は多岐にわたっており、往復に他の寺社に立ち寄らず伊勢参宮のみということはなく、全く同じ行程で旅をすることはなかった。②③以外の伊勢講での参詣をみると、①は往路に大坂・京都、④は帰路に京都、⑤は都市に立ち寄ることはなく往復し、⑥⑦は帰路に奈良に立ち寄っている。愛宕山への参詣でも、大坂・京都に立ち寄っており、これら遠隔地への旅が東日本からの伊勢参宮同様に都市に立ち寄ることを目的の一つとしていることがわかる。また、都市は複数回訪れているため、同じ寺社に複数回訪れることもあった。⑥や⑦では、二月堂や薬師寺の修二会を見物しており、あらかじめ日程調整して旅に出た可能性もある。所々で芝居を見物するなど娯楽的な要素もみられるが、伊勢神宮において④のように「信を弥増て」いたり、参宮前後に津観音堂（恵日山観音寺）を訪れて阿弥陀仏を拝んだり、天照皇大神宮法楽を参詣し般若心経一〇〇遍読誦したりなど、真摯に信仰する面もみられる。少なくとも寺社においては信仰心もって参詣していたと思われる。

おわりに

本章では、慈尊院村の中橋英元を事例に、高野山麓地域の日常生活と信仰・旅の様相を検討してきた。当該地域では、信仰行為が日常生活で欠かせないものであったことが確認でき、中世的な顕密主義が比較的強く残っていた地域と考えられる。真宗優勢以外の地域を対象に、個人の信仰生活を明らかにしえたことにも一定の意義があろう。最後に、年中行事における共同体的信仰や英元個人の教養・信仰・寺社参詣と、それぞれ個別に検討してきた事項を、英元の年代ごとに整理してみたい。

二〇代から三〇代中頃（三六歳まで）は、武士に近い存在として自身を意識し、軍書の読書や武術に多くの時間を費やした。「村方ノ物ともハ腰ぬけ也」と述べたのも、二九歳の時である。仏教へも関心をみせるが、日常的に読経することは少なく、雨乞い祈祷や病気治しなど地士層が身につけておくべき実践可能な能力として関心を寄せていたと思われる。この時期は、遠隔地へ講や個人でも頻繁に旅している。旅の途中、様々な寺社へ参詣するものの病気回復祈願をする程度で、熱心に信仰する姿は日記の記述からはほとんど窺えない。

三〇代後半から四〇代も、日常生活に大きな変化はないが、宝暦期以降、村政の一翼を担っていく中で、伊勢神宮など遠隔地へ旅することはほとんどなく、参宮は一度だけである。一方、往復二、三日の牛滝講の参詣には頻繁に参加し、村民との親睦を図った。前半は武術にも熱心に励んだが、四五歳の時に武術の師が亡くなると、次第に謡や和歌など文化的教養に興味は移っていった。同時期に読書の記述もなくなっており、軍書を読むことも少なくなったと考えられる。四六歳の伊勢参宮では、「両宮を拝し信を弥増」たり、阿弥陀仏を熱心に拝礼するなど、それ以前とは異なる参詣をしている。

五〇代以降は、理趣経や光明真言、般若心経に傾倒し、仏教へ強い関心を寄せている。その背景として子どもの病気・死や屋敷の焼失など、英元の「不幸」な状況があったと考えられる。この時期の旅の参詣先は二〇代・三〇代と大差なく、芝居見物など娯楽的要素もあるが、参詣先で般若心経の読誦や阿弥陀仏への熱心な拝礼など真摯な信仰の姿を見せるのが大きな違いである。

以上のように、英元は年を経るごとに信仰へと傾倒していき、それに伴って日常生活も変化していった。旅ルートにその影響は確認できないが、個々の寺社での参詣の仕方や心情は変化していたと考えられる。ただし、日常生活と旅のいずれも娯楽の要素が完全になくなることはなく、一人の人物の中で信仰と娯楽は両立しうるものであった。旅は日常の講の活動や個人の信仰行為（祈願や供養）の影響を受けており、その意味で日常の延長に位置づけられるものであったと言えよう。個々の講の活動実態についてはさらなる検討が必要であり、今後の課題としたい。

［註］

（1）新城常三『社寺参詣の社会経済史的研究』（塙書房、一九六四年）、同『新稿社寺参詣の社会経済史的研究』（塙書房、一九八二年）、小山靖憲『中世寺社と荘園制』（塙書房、一九九八年）、同『熊野古道』（岩波書店、二〇〇〇年）、和歌山県立博物館特別展「熊野速玉大社の名宝―新宮の歴史とともに―」（二〇〇五年）、「熊野・那智山の歴史と文化―那智大滝と信仰のかたち―」（二〇〇六年）、「熊野本宮大社と熊野古道」（二〇〇七年）、「熊野三山の至宝―熊野信仰の祈りのかたち―」（二〇〇九年）、「熊野―聖地への旅―」（二〇一四年）、「弘法大師と高野参詣」（二〇一五年）など。

（2）前掲新城論稿。

（3）拙稿「江戸時代、紀伊の寺社めぐり」（和歌山市立博物館編『江戸時代を観光しよう―城下町和歌山と寺社参詣―』、二〇一四年）。

（4）前掲新城論稿、笠原正夫『近世熊野の民衆と地域社会』（清文堂出版、二〇一五年）、拙稿「近世後期における高野山参詣の様相と変容―相模国からの高室院参詣を中心に―」（『地方史研究』三三九、二〇〇九年）など。また、紀州を訪れた旅人を分析した代表的成果として、柴田純「近世のパスポート体制―紀州藩田辺領を中心に―」（『史窓』六一、二〇〇四年）、『江戸のパスポート』（吉川弘文館、二〇一六年）が挙げられる。

（5）小松芳郎「道中日記からみた伊勢への道のり」（『長野』八四・三、一九八四年）同「道中記にみる伊勢参詣―近世後期から明治期を通して―」（『信濃』三八・一〇、一九八六年）、山本光正「旅日記にみる近世の旅について」（『交通史研究』一三、一九八五年）、桜井邦夫「近世における東北地方からの旅」（『駒沢史学』三四、一九八六年）、小野寺淳「道中日記にみる伊勢参宮ルートの変遷―関東地方からの場合―」（『人文地理学研究』一四、一九九〇年）、高橋陽一「多様化する近世の旅―道中記にみる東北人の上方旅行―」（『歴史』九七、二〇〇一年。のち同『近世旅行史の研究―信仰・観光の旅と旅先地域・温泉―』〈清文堂出版、二〇一六年〉に収録）など。

（6）近畿圏からの旅について扱った数少ない論稿の一つとして、小野寺淳「東播磨における近世の伊勢参宮」（『交通史研究』三五、一九九五年）が挙げられる。

（7）原淳一郎『近世寺社参詣の研究』（思文閣出版、二〇〇七年）序章。
（8）黒田俊雄『日本中世の国家と宗教』（岩波書店、一九七五年）。
（9）澤博勝『近世の宗教組織と地域社会』（吉川弘文館、一九九九年）、同『近世宗教社会論』（吉川弘文館、二〇〇八年）など。
（10）真言宗地域を扱った研究として、豊島修『熊野信仰史研究と庶民信仰史論』（清文堂出版、二〇〇五年）が挙げられる。
（11）本章で検討する史料の多くは、国文学研究資料館所蔵の中橋家文書である。文書番号は、『史料館所蔵史料目録』第四六集に記されたものである。慈尊院村と中橋家の概要は、注記のない限り、同書の解題および『紀伊続風土記』の慈尊院村の項目による。また、本章中の中橋英元の行動に関しては、それぞれの年次の日記による（中橋家文書一～四二）。
（12）宝暦一三年「癸未日次」（中橋家文書二〇）。
（13）拙稿「近世後期における西国巡礼と「善根」―紀ノ川の無銭渡を事例に―」（『アジア民衆史研究』一五、二〇一〇年）。
（14）享保一一年「万年山慈尊院慈氏寺末寺帳」（中橋家文書一〇八二）。
（15）『和歌山県史』近世、三五八頁。
（16）宝暦九年「己卯日次」（中橋家文書一六）。
（17）『九度山町史』民俗・文化財編、一三〇二頁。
（18）『九度山町史』民俗・文化財編、一二七一頁。
（19）『九度山町史』民俗・文化財編、一二九四頁。
（20）明和八年「辛卯日次」（中橋家文書二八）。
（21）寛政四年「慈尊院村定例役人年中行事新役為心得大形留記仕ル者也」（『改訂九度山町史』史料編）。
（22）『和歌山県史』近世史料四、四九三頁。

(23)『和歌山県史』近世史料四、五〇一頁。
(24)「紀伊国名所図会」巻之四(『紀伊国名所図会』二、歴史図書社、一九七〇年)。
(25)引野亨輔『近世宗教世界における普遍と特殊』(法蔵館、二〇〇七年)第五章(初出二〇〇三年)。
(26)拙稿「享保改革期における紀州藩地士の身上り運動と由緒」(『和歌山市立博物館研究紀要』二七、二〇一三年)、「近世中期における紀州藩地士の信仰―湯橋長泰を事例に―」(『和歌山地方史研究』六四、二〇一三年)など。
(27)紀州藩の地士は元和五年(一六一九)徳川頼宣が紀州入国の際に編成された。正保二年(一六四五)に俸禄を取り上げられたが、格式はそのまま認められた。身分としては「百姓」である。志村洋「藩領国下の地域社会」(渡辺尚志編『新しい近世史』四、新人物往来社、一九九六年)参照。
(28)延享三年四月九日条。
(29)安永九年七月二八日条。
(30)蔵書の家については、小林文雄「近世後期における「蔵書の家」の社会的機能について」(『歴史』七六、一九九一年)参照。
(31)寛延三年「日次」(中橋家文書七)。
(32)宝暦一二年「壬午日次」(中橋家文書一九)。
(33)『新アジア仏教史13日本Ⅲ　民衆仏教の定着』(佼成出版社、二〇一〇年)第二章近世国家と仏教(曽根原理著)九四頁。
(34)「元昭存念書附」(中橋家文書八四七)。
(35)藪田貫『国訴と百姓一揆の研究』(校倉書房、一九九二年〈二〇一六年、清文堂出版より新版刊行〉)、久留島浩「百姓と村の変質」(『岩波講座日本通史』第一五巻近世五、岩波書店、一九九五年)。

(付記)
本稿は、ＪＳＰＳ科研費(二六九〇四〇〇五)による成果の一部である。

第八章　宮島の名所化と平清盛伝説

鈴木理恵

はじめに

宮島（広島県廿日市市宮島町）は、古くから日本三景あるいは日本三弁財天のひとつとして知られ、平成八年（一九九六）には、厳島神社とその背後にそびえる弥山の原始林が世界文化遺産に登録された。周囲約三〇キロメートルに及ぶ島の北東部に、厳島神社を初めとする諸寺社と、土産物店・飲食店・旅館などの観光客を対象にした施設が密集する。近年は毎年四〇〇万人前後の観光客を集め、外国人客も増加している。

現在は観光地として賑わう宮島だが、もともとは神の島として崇められ、清浄保持のために禁忌が存在した。宮島は、いつ、なぜ観光客を受け入れるようになったのか、禁忌による旧慣保持と観光客の受け入れをどのように併存させてきたのだろうか。

厳島神社に限らず各地の有力寺社は、中世後期から近世初期にかけて、領主層からの支援を失い、参詣者や檀家への経済的依存を強めた。その過程で寺社の宗教的権威は後退し、名所化が進行した。名所とは、青柳周一氏によれば「前代までの宗教的・歴史的・文化的伝統を継承しつつ、大量の参詣者・見物客を実際に招き寄せるだけの魅力と能力を備えた場所(1)」である。とりわけ、『平家物語』に登場する場所や人物は文芸や芸能を

【図1】　瀬戸内海の地名および平清盛ゆかりの名所

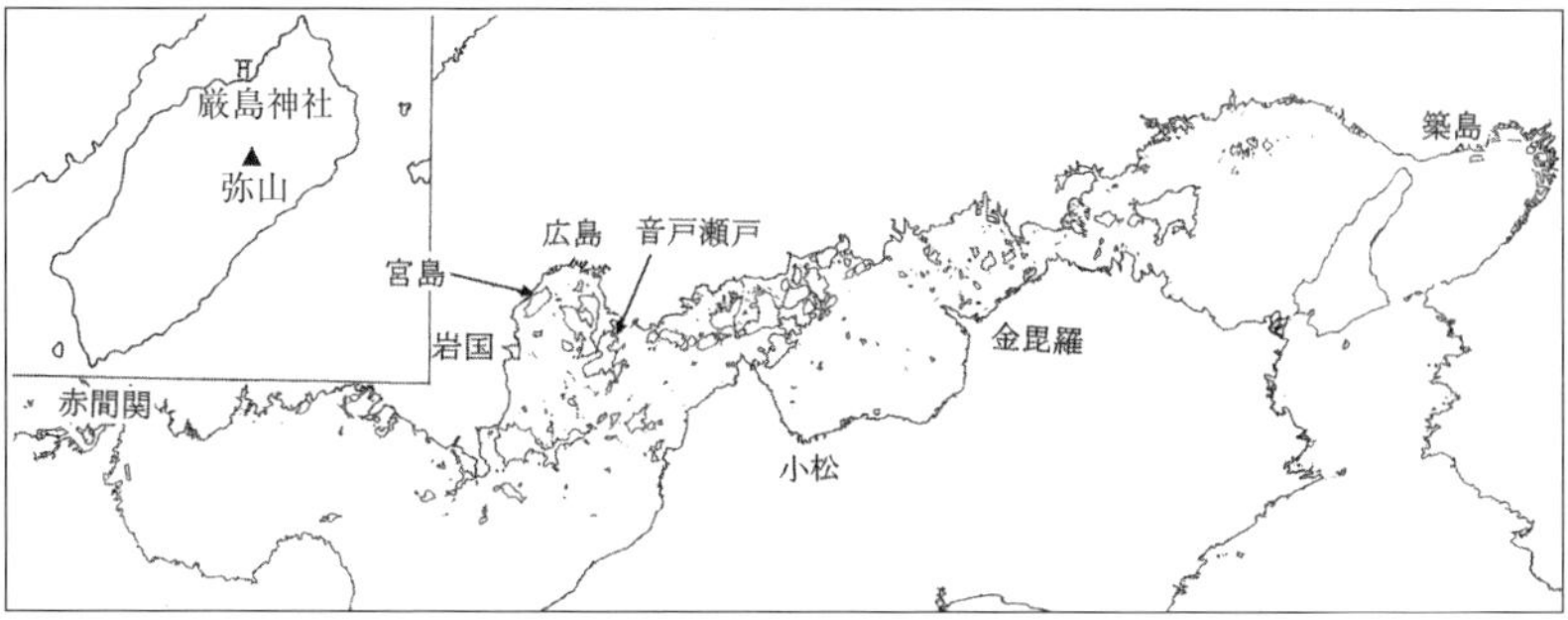

通じて人口に膾炙し、伝説に沿った名所や名物が形成された。厳島神社は『平家物語』への登場回数が多く[2]、平清盛は厳島神社に因縁が深いから、宮島の名所化過程で清盛伝説が利用されたことが予想される。

本章は、江戸時代から明治初期にかけて宮島を訪れた人びとの旅日記や紀行文（【表1】）を主たる史料として、宮島の名所化経緯や旅人の行動について明らかにするものである。旅や名所の研究は、東日本中心におこなわれ、西日本に関しては低調である。また、宮島の研究は、厳島神社を主たる対象として、中世に視座が置かれてきた[3]。そのようななか、近世宮島の観光に注目した研究として、佃雅文氏の「江戸期の宮島参詣」、中山富広氏の「近世厳島研究序説」や、西本寮子氏が歌文集『石風呂入治記』を紹介したものがある[4]。本章もこれらの成果に負っているが、宮島の性格については先行研究の見解は必ずしも一致していない。中山氏は近世に信仰の島から観光の島へと次第に変化したととらえるが、西本氏は近世後期に信仰の島としての聖なる面と遊興の地という俗なる面を併せ持つようになったと指摘する[5]。本章では、平清盛伝説という新たな視点を取り入れることで、近世宮島の性格について考察してみたい。

一　宮島の名所化

1　名所化の経緯

厳島神社の名が高まったのは周知のように平安時代末期のことであった。有力豪族佐伯氏が厳島神社の祭祀権を掌握し、中央の新興勢力平氏、とりわけ清盛が厳島を篤く信仰した。皇族や貴族が厳島神社に参詣したことから、厳島神社は中央の寺社に劣らぬ繁栄を来した。佐伯氏は私力を傾けて大規模な造営をおこない、厳島神社は清盛の権威を背景に広大な荘園を所領として得ることができた(6)。

中世には、古代以来常住していた内侍に加えて、社家・供僧の島内居住が進んだ。中世後期の宮島は東アジア的規模で展開した流通経済の拠点の位置にあったことから、港湾都市として栄えた。厳島四季法会の参詣人も集め、市が開かれた。こうした経済活動を通じて商人が定住し始め、門前町が形成された。門前町は、厳島神社周辺に内侍・社家・供僧の居住域が広がる西町と、町人が居住する東町からなった(7)。

中世の大内氏や毛利氏の支配下にあった時期、厳島神社はそれらの庇護を受けた。毛利氏時代の社領高は四三九四石余で、そこから物成米二九二三石を収納していた。近世に入ると、宮島は広島藩の町奉行の支配下に置かれた。福島正則時代には社領高を没収して蔵米一三五〇石を支給するようになり、浅野時代には一〇六六石余へと減少していった(8)。

寛永二年（一六二五）、広島藩は広島城下にあった遊廓を宮島の小浦に移した(9)。『諸国色里案内』（貞享五年〈一六八八〉板）に、「十六七年も以前まではかうら《（小浦）》といふにありしか市の時分人ぐんじゅ《（群集）》をなし物いひ度々有し故御法度あり」[10]とあって、小浦の遊廓が市の時に賑わっていたようすがうかがえる。東町は近世初期に遠浅の海面を埋め立てて整備されたが、その際に作られた新町に延宝初年（一六七三〜七四）遊廓が移され、以後新町が遊女の町として定着した（後掲【図2】の「遊女町」）。江戸幕府は風俗取締対策として歌舞伎と遊里を一定の場所に囲い込む措置をとったので、江戸や諸国では散在していた遊女町を集中移転させて、元和・寛永期に公許の遊廓が設置された。[11]宮島への移転もこの趨勢に沿った措置であろう。

遊廓が小浦に移されて間もない寛永五年（一六二八）三月、良恕法親王は宮島を訪れ、三日間滞在した。到着したときのようすを次のように記す（【表1】①三三九頁）[12]。

蓬莱島ハミすとも、不死の薬はとらすとも、波上の遊興は一生の観会也（歓カ）、是延年の術にあらすや、誠に七浦の躰、岩松そはたつて峻嶮ゑにもうつしかたし、寄レ渚浪響、過レ梢風声、きゝしにこえたる島なり、

傍線部は中世紀行文『海道記』からとられている。さらに二重線部は『和漢朗詠集』の、舟の中で遊女と契りをかわす喜びを表現した歌の一部であることから、良恕法親王は宮島の遊郭を意識して右のように書いたのだろう。到着翌日は、案内人を同行して神社をめぐり、弥山に登り、下山後は天神拝殿で宿の主人が持ってきた酒を飲みながら音曲を聞いた。滞在三日めも案内人を頼んで宝物を見物し、荒神社の景色のよい場所で酒宴を催した。

中世の紀行文で弥山に登った例はみられない[13]。近世に入ると三五例が確認できる（【表1】）。女性でも、旅人（②㉑(51)(71)）であろうが「新町の妓ども」（㉝五二九頁）であろうが登っている。霊峰弥山（標高五三五メートル）は峻険で、登山経路がわかりにくいため、案内人に先導されないと登れなかった（㊱七一頁、(73)八三頁）。すでに寛永年間に宿や案内人といった参詣者を受け入れる施設や態勢が整えられていたことが注目される。

ところで、右の史料の傍線部では厳島が蓬莱山に見立てられていた。成澤勝嗣氏は、厳島に蓬莱山のイメー

出立地	宮島の行動（諸社参詣以外）	出典・所蔵
京都	弥山、天神拝殿で酒をのみ音曲、天神縁日で看経、霊宝見物、酒宴	神道大系編纂会編・新城常三校注『神道大系文学編5参詣記』（財団法人神道大系編纂会、1984年）
小倉	弥山、町をめぐる	『神宮献上本吉見蓮子自筆影印版　筑紫帯―附翻刻と解説―』（吉見四朗、1981年）
大坂ヵ	弥山	国書刊行会編『続々群書類従第9地理部』（続群書類従完成会、1988年）
不明		大橋乙羽校訂『日本紀行文集成第2巻』（日本図書センター、1979年）
筑前		板坂耀子・宗政五十緒校注『新日本古典文学大系98』（岩波書店、1991年）
安芸	地の御前から祭礼見物	弘川寺・土橋真吉編『としなみ草』（全国書房、1943年）
安芸	弥山、光明院で和尚と閑談、浦まわり	
肥後		松本政信編『伊勢参宮道中記』（佐賀関古文書に親しむ会、2006年）
大坂	祭礼、芝居	国立国会図書館蔵
越中	断食籠宮、弥山、棚守元弥と歌を詠み酒を酌み交わす	岡村日南子解読『内山逸峰紀行文集』（桂書房、1984年）
常陸	弥山	柳田国男校訂『日本紀行文集成第1巻』（日本図書センター、1979年）
伊予	神楽を奏す、弥山、管絃祭、歌舞伎、紅葉谷で納涼、西蓮町見物	星加宗一「木村可菊厳島紀行」（『愛媛の文化』4、1966年）
武蔵		前田淑編『近世地方女流文芸拾遺』（弦書房、2005年）
備中	石風呂見物	宮本常一・谷川健一・原口虎雄編『日本庶民生活史料集成第2巻　探検・紀行・地誌　西国篇』（三一書房、1969年）
備後	管絃祭、演劇	広島県編『広島県史近世資料編Ⅵ』（広島県、1976年）
武蔵		宮本常一・谷川健一・原口虎雄編『日本庶民生活史料集成第2巻　探検・紀行・地誌　西国篇』（三一書房、1969年）
武蔵		中村幸彦・日野龍夫編『新編稀書複製會叢書第43巻』（臨川書店、1991年）
京		日本随筆大成編輯部編『日本随筆大成第2期12』（吉川弘文館、1974年）
筑紫		古谷知新編『江戸時代女流文学全集第3巻』（日本図書センター、2002年）
肥前	出船後船から七浦七戎の磯辺を眺める	前山博『伊万里地方史研究史料第2輯　伊勢参宮并西國三十三所順禮道中記』（1995年）
駿河	弥山	前田淑編『近世女人の旅日記集』（葦書房、2001年）
備前	弥山	渡邊頼母編『吉備文庫第1輯』（山陽新報社印刷部、1929年）
京	弥山	豊橋市立図書館蔵
周防	弥山	河崎家文書：山口県文書舘蔵
筑後		八女郷土史研究会事務局編『伊勢参宮道中記』（八女郷土史研究会、1975年）
備後	弥山	西島孜哉・羽生紀子編『近世上方狂歌叢書25』（近世上方狂歌研究会、1998年）
武蔵	千畳敷で酒肴を喫す	銭超塵解説『伊沢蘭軒全集7』（オリエント出版、1998年）
周防	祭礼、もみじや茶屋など一見	安部家文書：山口県文書舘蔵
長崎		吉川弘文館編『新百家説林蜀山人全集巻1』（吉川弘文館、1907年）
尾張	燈明を献る、弥山	柳田国男校訂『日本紀行文集成第1巻』（日本図書センター、1979年）
不明		谷川健一（編集委員代表）『日本庶民生活史料集成第16巻奇談・紀聞』（三一書房、1970年）
武蔵	弥山	保垣孝幸「伊勢参宮と「道中日記」―その史料的性格の検討を中心に―」（『文化財研究紀要』7、1994年）
周防	弥山、明蔵大人のもとに赴き酒肴と歌詠み、15～20日は広島	佐々木信綱編『続日本歌学全書第10編』（博文堂、1899年）
安芸	石風呂、大聖院・西方院訪問、町内歩行、紅葉茶屋、弥山	広島大学中央図書館蔵。中山富広「近世厳島研究序説―その経済的基盤と観光産業―」（『厳島研究』4，2008年）
佐渡		佐藤利夫編『海陸道順達日記』（法政大学出版局、1991年）

【表1】宮島を訪れた旅人とその行動

番号	史料名	著者			来島時期		滞在日数
		名	身分職業	年齢	和暦(西暦)	月日	
①	厳嶋参詣道記	良恕法親王	僧侶	55	寛永5(1628)	3月23～25日	3日
②	筑紫帯	吉見蓮子	武家	20頃	寛文初(1660代)	7月ヵ	不明
③	あまの子のすさび	岡西惟中	俳人	44	天和2(1682)	7月3～5日	3日
④	日本行脚文集	大淀三千風	俳人		貞享1(1684)	6月5ヵ～8日	不明
⑤	東路記	貝原益軒	儒学者		貞享2(1685)	不明	不明
⑥	年並草	似雲	僧・歌人	53	享保10(1725)	6月17日頃	1日
⑦						7月26～28日	3日
⑧	伊勢参宮上下道中日記	吉助			享保19(1734)	2月4日	1日
⑨	紀行津々はたち	猶貫	俳人		宝暦5(1755)	6月17日頃	不明
⑩	西国道紀	内山治右衛門	長百姓	65	明和2(1765)	9月26～28日 10月2～4日	6日
⑪	長崎行役日記	長久保赤水	地理学者		明和4(1767)	11月7日	1日
⑫	木村可菊厳島紀行	可菊	俳人		天明2(1782)	6月15～22日	8日
⑬	海辺の秋色	細川軌子	宇土細川藩主興里正室	58	天明2(1782)	9月22～23日	2日
⑭	西遊雑記	古河古松軒	薬種業・医師	58ヵ	天明3(1783)	4月16～19日	4日
⑮	遊芸日記	菅茶山	儒学者		天明8(1788)	6月17～19日	3日
⑯	江漢西遊日記	司馬江漢	画家	42	天明8(1788)	9月17～19日	3日
⑰	西遊日簿	春木南湖	南画家		天明8(1788)	9月17～18日	2日
⑱	笈埃随筆	百井塘雨	商人・俳人		安永～天明 (18世紀後期)	不明	不明
⑲	藻屑	藪氏母			享和2以前 (18世紀後期)	7月8～9日	2日
⑳	伊勢参宮并西國三十三所順禮道中記	前川善太郎	陶商	27	寛政1(1789)	5月29日	1日
㉑	春埜道久佐	山梨志賀子	酒造家	55	寛政4(1792)	3月22～23日	2日
㉒	厳島紀行	武元君立	儒学者		寛政10(1798)	5月24～25日	2日
㉓	月のやとり	東走			享和2(1802)	6月16～19日	4日
㉔	上京雑記(落葉の上洛)	清雫		23	享和2(1802)	8月29日	1日
㉕	伊勢参宮道中記	鶴作右衛門			文化1(1804)	2月10日	1日
㉖	狂歌西都紀行	含笑舎抱臍			文化1(1804)	4月	1日
㉗	長崎紀行	伊澤蘭軒			文化1(1804)	6月21日	1日
㉘	恋じくるまかひ道	不明			文化2(1805)	6月17～18日	2日
㉙	小春紀行	大田南畝	狂歌師	57	文化2(1805)	10月22日	1日
㉚	筑紫紀行	菱屋平七	商人		文化3(1806)	4月9～11日	3日
㉛	金谷上人御一代記	横井金谷	僧侶・画人	50	文化7(1810)	不明	不明
㉜	伊勢道中日記扣	冨田佐兵衛	村役人		文化8(1811)	2月晦日～3月3日	4日＊
㉝	厳島日記	熊谷直好	国学者・歌人		文化8(1811)	5月14～15日 20日～22日	5日
㉞	石風呂入治日記	今中権六	広島藩目付		文化10(1813)	4月25日～5月11日	16日
㉟	海陸道順達日記	笹井秀山	商人	39	文化10(1813)	7月26～27日	2日

日向	弥山	宮本常一・谷川健一・原口虎雄編『日本庶民生活史料集成第２巻　探検・紀行・地誌 西国篇』(三一書房、1969 年)
武蔵	新町郭を一見	国立国会図書館蔵
安芸	桜狩、舞楽見物、神能見物、知友来訪、弥山、陸奥国人と歓談、西方院庭見物と座主と雅談、棚守屋敷で古筆鑑賞	広島県立文書館蔵。菅原範夫・西本寮子「翻刻「享和元辛酉十月宮島石風呂入治百首」「石風呂入治記」」(『県立広島大学人間文化学部紀要』 3、2008 年)、西本寮子「広島県立文書館蔵保田忠昌『石風呂入治記』を読む」(『学生参加による世界遺産宮島の活性化最終報告書』2009 年)
安芸	浦まわり、石風呂、水精寺庭見物	
安芸	弥山、西方院訪問、試楽、奉納舞楽見物	
上野		金井方平編『金井忠兵衛旅日記』(金井方平、1991 年)
武蔵		国立国会図書館蔵
大坂	宝庫で神宝拝観、灯明献上	宮本常一・谷川健一・原口虎雄編『日本庶民生活史料集成第２巻　探検・紀行・地誌 西国篇』(三一書房、1969 年)
伊予		広島県編『広島県史近世資料編Ⅵ』(広島県、1976 年)
武蔵	宝物をみる	日本随筆大成編輯部編『日本随筆大成第３期７』(吉川弘文館、1977 年)
筑前		福岡県朝倉町教育委員会編『伊勢参宮道中日記帳』(朝倉町町史資料第４集)(朝倉町教育委員会、1972 年)
豊前	神楽	日本随筆大成編輯部編『日本随筆大成第２期３』(吉川弘文館、1974 年)
安芸	石風呂、島めぐり、棚守屋敷見物、宝庫拝観	井上家文書：広島県山県郡井上家蔵
肥後		宮崎平左衛門「伊勢参宮道中記」(クギヤ印刷所、1986 年)
筑前		前田淑編『近世福岡地方女流文芸集』(葦書房、2001 年)
筑前	巫女の神楽をみる、弥山	
筑前	神楽	前田淑編『近世女人の旅日記集』(葦書房、2001 年)
筑後	弥山	(久留米市)文化観光部文化財保護課編『伊勢広島紀行―天保一二年吉山藤兵衛の旅日記―』(久留米市、2006 年)
相模	弥山	西和夫編『伊勢道中日記　旅する大工棟梁』(平凡社、1999 年)
飛騨		国府町史刊行委員会編・発行『国府町史史料編Ⅰ』(2008 年)
下総	浦まわり(途中から岩国へ行く)	松戸市誌編さん委員会編『松戸市史史料編 1』(松戸市役所、1971 年)
駿河		大藤修「史料紹介農民の旅日記―天保十三年・天野文左衛門「西国四国所々泊扣帳参詣所并其外日記扣帳」」(『小山町の歴史』 3、1989 年)
筑後	弥山	八女郷土史研究会事務局編『伊勢参宮道中記』(福岡県：八女郷土史研究会、1975 年)
武蔵	弥山、遊女屋見物、浦まわり	宮内庁書陵部蔵(江戸末期写)
長門		下関市市史編修委員会編『下関市史資料編Ⅴ』(下関市、1999 年)
武蔵	弥山	東京都世田谷区教育委員会編『伊勢道中記史料』(東京都世田谷区教育委員会、1984 年)
肥前	遊女町、新町、揚屋見物、芸子遊び、弥山	長崎県立歴史文化博物館蔵
阿波	弥山	徳島県立文書館編集・発行『酒井家文書総合調査報告書(徳島県立文書館学術調査報告第１集)』(1997 年)
長門		山口県教育会編『吉田松陰全集第９巻』(大和書房、2012 年)
武蔵	弥山、料理茶屋	千代田区教育委員会・千代田区立四番町歴史民俗資料館編集・発行『ある商家の軌跡―紀伊国屋三谷家資料調査報告―』(2006 年)
武蔵	宝物拝観	藤井貞文・川田貞夫校注『長崎日記・下田日記』(平凡社、1983 年 /1978 年第一刷)
武蔵		岩槻市教育委員会市史編さん室編『岩槻市史　近世史料編Ⅳ地方史料(下)』(埼玉県：岩槻市役所、1982 年)
周防		(柳井津)小田家文書：山口県文書館蔵
出羽	弥山	小山松勝一郎校注『西遊草』(岩波書店、1993 年)
讃岐	弥山	別所家文書：香川県立文書館蔵
筑前	弥山	前田淑編『近世地方女流文芸拾遺』(弦書房、2005 年)
三河		渡辺和敏監修『近世豊橋の旅人たち―旅日記の世界―』(豊橋市二川宿本陣資料館、2002 年)

㊱	日本九峰修行日記	野田泉光院	修験僧	59	文化11(1814)	3月6～7日	2日
㊲	旅日記	不明			文化13(1816)	5月10日	1日
㊳	石風呂入治記	保田忠昌	商人	60	文政1(1818)	3月10日過ぎ～4月6日	20日余
㊴				61	文政2(1819)	閏4月23日～5月3日	9日
㊵				62	文政3(1820)	4月16日～5月2日	12日
㊶	伊勢参宮並大社拝礼記行	金井忠兵衛			文政5(1822)	2月16～17日	2日
㊷	伊勢まうでのにつき	中村いと			文政8(1825)	5月1～3日	3日
㊸	薩陽往返記事	高木善助	商人	44	文政12(1829)	10月28日	1日
㊹	芸陽遊学日記	近藤平格	心学者		天保1(1830)	3月2～4日	3日＊
㊺	後松日記	松岡行義	有職故実家	40	天保4(1833)	9月10日	1日
㊻	伊勢参宮道中日記帳	古賀新五郎重吉	庄屋役		天保6(1835)	2月5～6日	2日
㊼	筱舎漫筆	西田直養	小倉藩士	43	天保6(1835)	8月20日	1日
㊽	年中行事社納米銀覚帳	井上頼定	神職		天保10(1839)	5月17～晦日	14日
㊾	道中記	宮崎平左衛門	商人	50	天保11(1840)	2月晦日	1日
㊿	伊勢詣日記	阿部峯子	薬種商家	48	天保11(1840)	3月4～5日ヵ	2日
51	二荒詣日記	桑原久子	商家	51	天保12(1841)	2月3～8日	6日＊
52	東路日記	小田宅子	商家	53	天保12(1841)	2月4～8日	5日
53	伊勢広島記行	吉山藤兵衛	商人		天保12(1841)	2月9日	1日
54	伊勢道中日記	手中敏景	大工棟梁		天保12(1841)	2月9～11日	3日
55	道路日用記	杉下忠右衛門			天保12(1841)	2月15～16日	2日
56	道中日記帳	大熊与市		21	天保12(1841)	2月16～18日	3日
57	西国四国所々泊扣帳　参詣所并其外日記扣帳	天野文左衛門	組頭役	21	天保13(1842)	4月19日	1日
58	伊勢参宮道中記	清九郎			天保14(1843)	3月6日	1日
59	上方行道中日記	清左衛門			天保14(1843)	8月15～18日(16～17日は岩国)	4日
60	参宮一件諸控	伊田十三郎	庄屋役		弘化1(1844)	2月15～19日	5日＊
61	伊勢参宮覚	田中国三郎	年寄役	24	弘化2(1845)	3月7～8日	2日
62	上刕草津入湯道中日記其外諸書留	志賀九郎助			嘉永1(1848)	3月22～23日	2日
63	出向ふ雲の花の旅	酒井弥蔵	商人		嘉永2(1849)	3月16～17日	2日
64	東遊日記	吉田松陰	武士		嘉永4(1851)	3月10日	1日
65	道中日記	紀伊国屋長三郎	商人	23	嘉永4(1851)	9月2～5日	4日
66	長崎日記	川路聖謨	幕政家	53	嘉永6(1853)	11月27日	1日
67	四国八拾八ヶ所日記帳	清水和吉			安政1(1854)	正月晦日～2月1日	2日
68	参宮并有馬入湯道中控	不明			安政1(1854)	6月26日	1日
69	西遊草	清河八郎	武士		安政2(1855)	5月19～21日	3日
70	名所見物心おぼえ帳	別所某	庄屋役		安政4(1857)	6月3～5日	3日
71	厳嶋日記	黒山須磨子	神官の妻	67	安政6(1859)	4月21～23日	3日
72	旅中安全	田村桂治	商人	23	安政6(1859)	4月24～25日	2日

越後	弥山	安藤英男校注『塵壺—河井継之助日記』(平凡社、1974年)
周防	神楽、芝居・羽二重人形・軽業見物、町中見物、買物、紅葉谷で納涼	小田家文書：山口県文書舘蔵
日向		前田博仁「日向国における庶民信仰」(『宮崎県史研究』13、1999年)
肥後		豊野村史編纂協議会編『豊野村史』(熊本県下益城郡：豊野町、1991年)
筑前	弥山、紅葉楼	緒方家文書：福岡県立図書館蔵
出雲		島根県立図書館蔵(複写物)
出雲	宿屋で酒肴、紅葉谷茶屋で喫茶・詩歌・酒宴	桃裕行編『桃節山歿後百年記念　西遊日記・肥後見聞録』(桃裕行、1976年)
讃岐	祭礼、弥山	大久保諶一編『大久保諶之丞道中日記』(多度津町文化財保護協会、1978年)
筑後	弥山	松田資之編『伊勢参宮名所記』(福岡県浮羽郡：浮羽町公民館、1964年)

註1）大田区立郷土博物館編『弥次さん喜多さん旅をする—旅人100人に聞く江戸時代の旅—』（大田区立郷土博物館、1997年、8～12頁)、西田正憲『瀬戸内海の発見』（中央公論新社、1999年、116～117頁)、佃雅文「江戸期の宮島参詣」（野坂元良編『厳島信仰事典』戎光祥出版株式会社、2002年、157頁)、中山富広「近世厳島研究序説—その経済的基盤と観光産業—」（『厳島研究』４、2008年、９頁）などに掲載されたもののほかに、筆者が収集したものを加えて作成した。㊸は西聡子氏から情報提供を受けた。

ジが仮託され、その参詣行楽を蓬莱山渡航の疑似体験として愛でる風潮が、厳島図の名所風俗図としての成立基盤となったことを指摘した[14]。知念理氏によれば、厳島は寛永年間頃に障屏画の対象として脚光を浴びるようになったといい、厳島図(屏風・襖)五二点が同氏によって確認されている[15]。

厳島図のなかで松本山雪の筆による屏風に人形芝居が描かれていることから、寛文年間(一六六一~七三)の市立にはすでに芝居が興行されていたといわれる[16]。天和二年(一六八二)七月に来島した俳人岡西惟中は、市の賑わいや芝居の喧騒を次のように記した(③七二七頁)。

市店すがりけれ共悉むしろをおほい近国の商賈袖をつらね康衢の旅客群をなせり、傍に芝居をかまへつゞみをうち笛をふく、其中をおしわけおしわけゆく人の沓のしりへをふみ、名だゝる回廊にいたり(後略)

近国からやってきた商人たちが商品を並べ、四方から集まった旅客が群れをなす。かたわらで芝居が開かれ、鼓・笛の音が鳴り響く。その喧騒のなか、人混みを掻き分けて神社までたどりつくようすを彷彿させる。

松島・宮島・天橋立を「三処奇観」としたのは『日本国事跡考』(寛

⑦③	塵壺	河井継之助	越後長岡藩士・儒学者		安政6(1859)	9月25日	1日
⑦④	いつくしま日記	小田六左衛門	商人		万延1(1860)	6月26～29日	4日
⑦⑤	道中付帳	甲斐源吉	和紙生産者		文久1(1861)	正月24日	1日
⑦⑥	伊勢参宮記	綿屋安右衛門			文久1(1861)	8月3日	1日
⑦⑦	道中日記	緒方善七			文久2(1862)	2月6～8日	3日
⑦⑧	伊勢参宮道中日記	浜本屋政吉ヵ			文久2(1862)	7月6日	1日
⑦⑨	西遊日記	桃節山	儒学者		慶応1(1865)	8月2～7日	6日＊
⑧⓪	宮嶋参詣(諸入用覚)	大久保謙之丞	大地主	21	明治2(1869)	6月17～18日	2日
⑧①	伊勢参宮道中名所日記	吉瀬武平			明治6(1873)	3月14日	1日

2) 滞在日数とは、宮島に上陸した日から出船した日までの足掛け日数を示す。滞在日数1日は、同日内に上陸し出船したことを意味する。滞在日数欄の＊は雨や風のために逗留を余儀なくされたことを示す。ただし⑦⑨の場合、長門と小倉の確執のため厳島～小倉間停泊地なく、容易に船を出せなかったことが理由である。

永二〇年〈一六四三〉成立)だが、日本三景が定着したのは元禄期(一六八八～一七〇四)とされる。[17] 元禄一〇年に『厳島道芝記』が成立したのも、名所としての厳島が定着していたからであろう。

当時の厳島を描いた図として有名なのは貝原益軒の「安芸国厳島勝景図幷記事」(元禄二年)であるが、【図2】には、正徳四年(一七一四)刊『絵本故事談』に日本三景のひとつとして掲載された挿絵を掲げた。大田南畝(一七四九～一八二三)は文化二年(一八〇五)に宮島を訪れた時に、「むかし我十一二歳の頃橘守国の画る絵本故事談といふものをみしに、厳島の図ありて、弥山といへる山の名をもおぼへし」(㉙二三二頁)と記している。南畝が『絵本故事談』で弥山を知ったのとほぼ同じ頃、宝暦五年(一七五五)に来島した俳人猶貫は、「宮島ハ日本三景の其一ツにして昔より画図ありて世人能く知れる所なれとも画にも及さるは佳境絶景、聞しより見るに増るといふに、増るハ此所成るへし、日本三景と称するも宜へなり」(⑨)と記している。[18] これらの記述から、厳島の画図が当時流布し、厳島に関する知識を提供し、旅人を参詣にいざなう役割を果たしていたことがうかがえる。[19]

名所として知られるようになっていたとはいえ、日常的に多くの参詣人があったわけではないらしい。安永四年(一七七五)当時、年

【図２―１】 厳島の西町（『絵本故事談』芸州厳島風景）

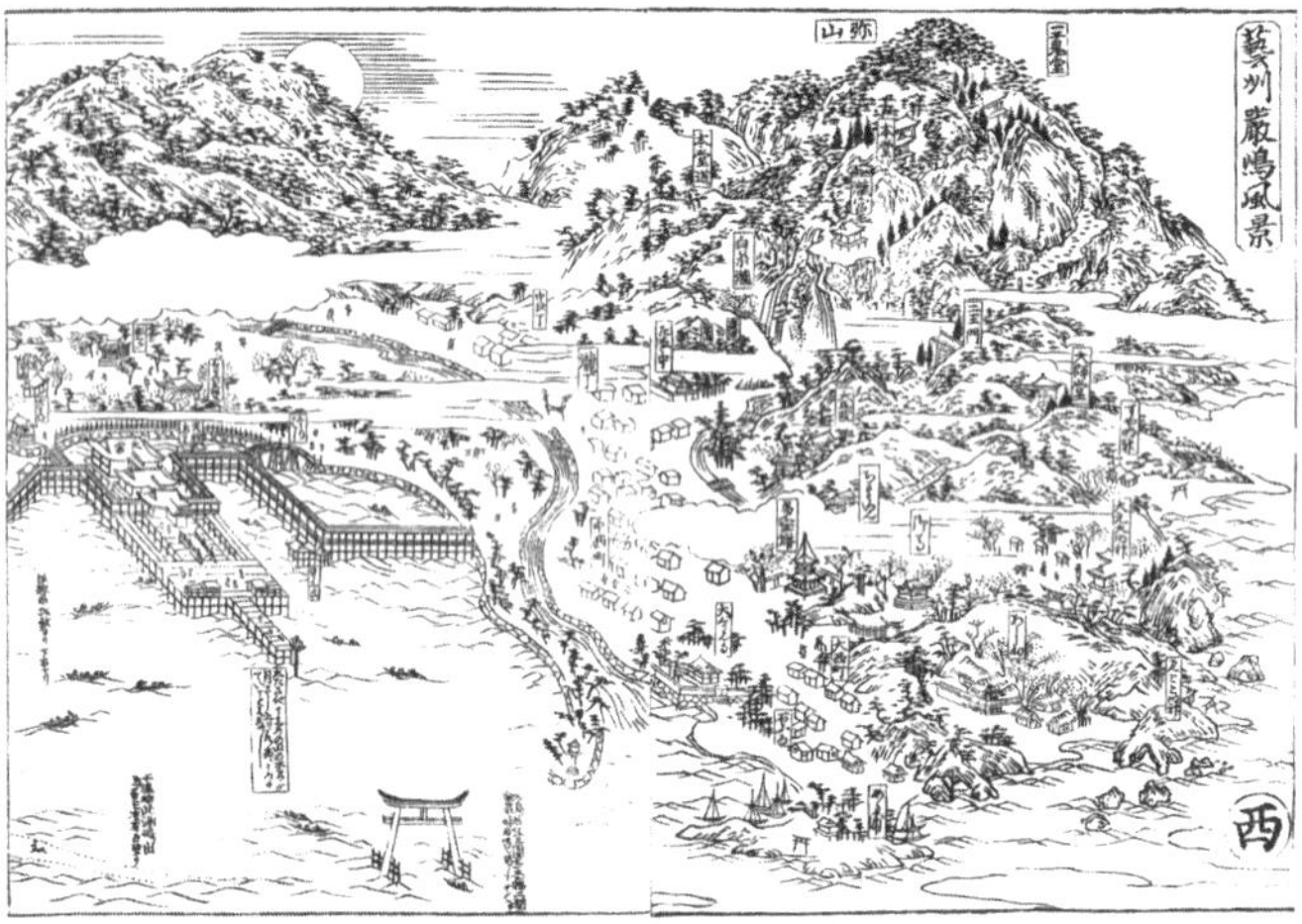

【図３―１】 厳島西町の寺社・地名

註１）【図２】は、神谷勝広編『和製類書集』（国書刊行会、2001年）572頁より転載（原図は山本序周編・橘有税画『絵本故事談巻一』五丁ウ～七丁オ）。

２）【図３】は、【図２】をもとに筆者がトレースしたものである。地名や寺社名は【図２】をもとにしているが、現在通用の漢字に改めた。

【図２―２】　厳島の東町（『絵本故事談』芸州厳島風景）

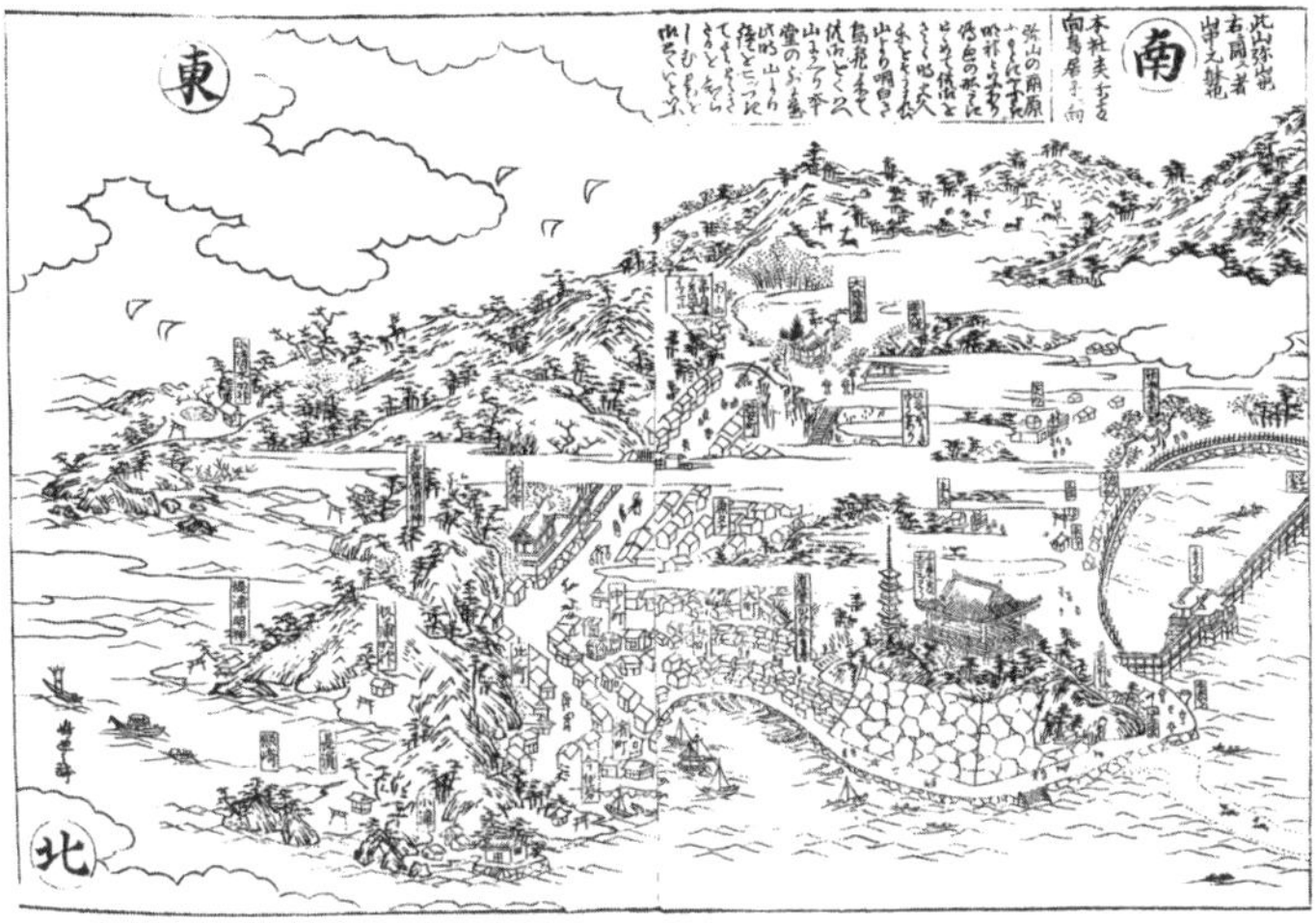

【図３―２】　厳島東町の寺社・地名

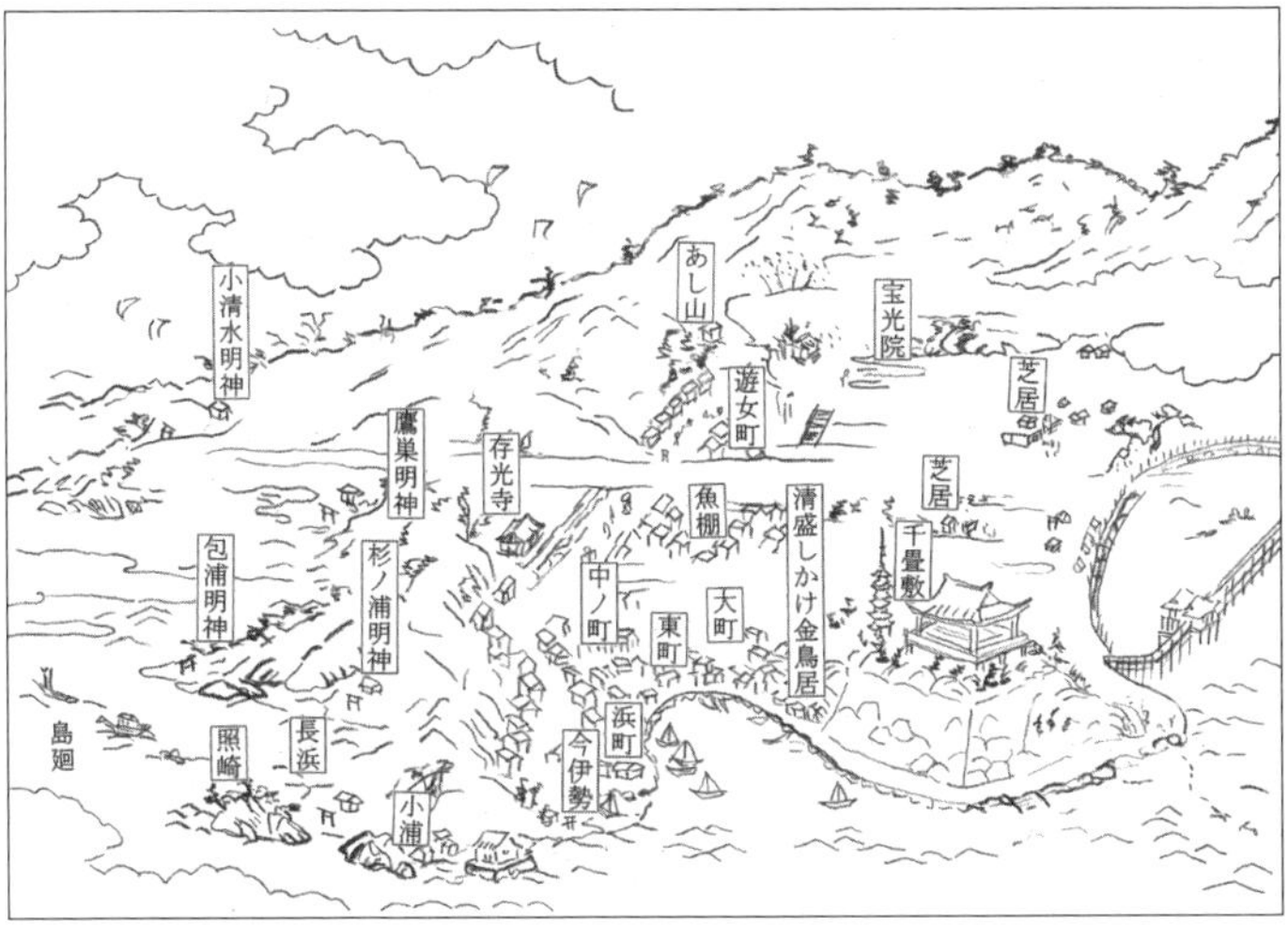

四回の祭礼のうち、秋と冬には広島城下からの参詣人があるばかりであった。春と夏の祭礼で一年分の収益を集めたという。その際に名高い役者を招いて芝居を興行すれば諸国から客を呼び込め、島内の宿屋・問屋・諸商人などは潤った。だから、もし芝居興行で損失が生じた場合には、町中へ割り当てて費用を補填することができた[20]。

先述の猶貫は六月の市立時に訪れて「当十五日より市入とて売買交易のため諸国より入来る船数千艘あり、尤参詣の諸人群集する事夥敷、誠に此地乃繁栄此時ならんかし」(⑨)と記している。長久保赤水・古川古松軒・武元君立は、伝聞などをもとに六月市の賑わいを記し、「宮島の人は年中の生計をこの祭礼に得るといふ」(⑪二五一頁)、「此市の時に売買の口銭或は地代或は宿屋または自己の商にて数多の利を得る事也」(⑭三三三頁)、「島中居民、仰㆓此時㆒而為㆓生計㆒」(㉒一三頁)などと特記している。一八世紀後半の宮島の人びとが、春夏市立期間の収益で生計を立てていたようすがうかがえる。

一八～一九世紀の宮島の戸数は一〇〇〇軒前後、人口は三五〇〇～三七〇〇で推移し、飽和状態にあったなかで、近世後期になると東町から西町への町人の流入がみられた[21]。天明・寛政期には明泉寺誓真により町内各所に井戸が整備されたといわれる[22]。中山富広氏は、この一八世紀末もしくは月一会の富くじ興行が実現した一九世紀初頭を、宮島における本格的な観光産業の成立期とみなした[23]。確かに、厳島絵図・楊枝・力餅などの土産物や名物が旅人の日記のなかにみられるようになるのもこの頃である。富くじによる利益は、芝居興行の資金に充てられるだけでなく、「厳島神社に関する事物、即ち坐主(大聖院)棚守、大願寺、其外附属の神祠仏閣の修理、神官僧侶の給与等、同島に係る各種の経費は皆此金に依らざる所なし」[24]という状況だった。富くじは領内の住民には禁止されていたが、実際は黙認されていた[25]。ただし、このような名所の享楽化傾向は宮島に限った現象ではなかった[26]。

2　遠隔地からの参詣と近隣遊客

中世の来島者の多くは、京・堺・博多あるいは近隣諸国の商人や、中国地方山間部・四国伊予からの参詣者であった[27]。天正年間（一五七三〜九二）を中心とする一六世紀後半は、安芸中心に中国地方、筑前・豊前といった九州北東部や、四国伊予から来ていた[28]。

参詣者が西日本に集中する傾向は、近世になっても変わらなかった。【表1】で出立地が明らかな七九例を、近畿（五例）を境に分類すると、西日本四八、東日本二六となる。西日本については、安芸七、周防・長門・備中・備後など中国地方が一四、伊予・讃岐など四国が五、筑前・筑後・肥後などの九州が一二である。東日本では、出羽を北限として、江戸とその周辺が最も多く、ほかは駿河・越中・越後などである。実際は、西日本からの来島者数がはるかに多かっただろう。特に伊予小松藩からは、【表2】に示したように寛保二年（一七四二）から一八世紀末にかけて、六・七月の祭礼・市立の期間に、伊勢参詣や四国遍路を越える人数が宮島に参詣した[29]。

一八世紀末以降は東日本からの参詣者が増えた。小野寺淳氏は、関東地方からの伊勢参宮の旅を「伊勢＋西国巡礼ルート」と「伊勢参宮モデルルート」に分け、一八〇〇年前後を画期として、これらに金毘羅参詣を加えた普及型や、さらに四国巡礼や宮島、岩国錦帯橋へと足をのばす拡張型がみられるようになったと指摘している[30]。【表3】は、東日本を出発した旅人の行き先をまとめたものであるが、宮島への参詣例が微増したことが確認できる。

九州地方からの旅人に対しても、宮島経由ルートが整備された。天保六年（一八三五）二月、古賀新五郎重吉[46]の一行一七人は、筑前を出発して下関から陸路をたどった後、周防国宮市から船で播磨国室津を目指した。宮市で船頭から渡された定書には、岩国・宮島・広島・讃岐（金毘羅）・備前瑜伽山で上陸したあと室津まで行く

【表2】 小松藩民の寺社参詣者数の経年変化

	四国遍路	西国三三ヶ所	宮島	金比羅	伊勢	合計
寛保2(1742)	2/18		0/60		2/39	121
明和2(1765)	13/27		1/41		10/63	155
寛政6(1794)	22/25	4/0	0/69	6/0	10/23	159
安政6(1859)	42/34	11/0	3/3	8/1	61/1	164

註1）小松町誌編さん委員会編『小松町誌』（小松町、1992年）630頁表73をもとに作成。
2）小松藩の領内戸数は3,067、農民人口は13,648。
3）数字は、1月以後田植前の期間／田植終了後5～7月頃。

【表3】 東日本出発100人の旅先　単位：%

	伊勢	奈良	京都	大坂	姫路・室津	金毘羅	岡山	宮島
18世紀(13例)	100.0	76.9	76.9	84.6	38.5	23.1	7.7	0.0
19世紀前半(58例)	100.0	93.1	91.4	93.1	32.8	74.1	20.7	5.2
19世紀後半1864年迄(29例)	100.0	100.0	96.6	89.7	13.8	62.1	34.5	3.4
合計(100例)	100.0	93.0	91.0	91.0	28.0	64.0	23.0	4.0

註）大田区立郷土博物館編『弥次さん喜多さん旅をする―旅人100人に聞く江戸時代の旅―』（大田区立郷土博物館、1997年）8～12頁、山田由香里「江戸時代の伊勢参宮」（西和夫編『伊勢道中日記』平凡社、1999年）209～210頁をもとに作成。

こと、運賃一両三歩三朱のうち一両を前金として、残りを室津で払うこと、食費として一人八〇文（一日分）を払うこと、などが記されていた。瀬戸内海の名所をたどりながら伊勢へと向かったのである。

遠隔地と近隣地からの来島者の違いを、来島時期、滞在日数、島での行動の三点から検討してみたい。まず、中国・四国地方などの近隣地からみると、安芸四人七例は三～七月に訪れ、今中権六・保田忠昌・井上頼定は長期滞在して石風呂を利用した[34][38]～[40][48]。石風呂入治を目的に来島した今中・井上が西町に宿泊していること、保田・井上が浦まわりもしくは島めぐりをしている点は、遠隔地からの旅人にはほとんどみられない特徴である。

石風呂には数々の効能があったらしく、『厳島道芝記』[31]に「近国他邦より来れる人絶ゆる事なし」と近国の客を集めたことが記されている。【表1】でも安芸三例のみであることから、石風呂を目的に来島するのは近隣地からの客に限られていたとみられる。浦まわりとは、浦々の勝地を船でまわることである。島めぐりというのは、浦々にある厳島神社の末社七社を船でめぐる神事である。島めぐりのなかで最も重要とされる儀式が、青海苔神社参拝のあと、茅の輪をくぐって、養父崎神社沖の海上でおこなわれる御鳥喰式である。これは、神饌の粢を海にうかべて、山に生息する神烏に供するというものであった。【表1】⑦の似雲は若い頃にたびたび島めぐりをしたと記している（⑦一八四頁）が、それ以外に島めぐりに関する記述例はない。島めぐりも近隣地からの参詣者に限られた行動だったようである。

保田忠昌の『石風呂入治記』や小田六左衛門の『いつくしま日記』は、富裕商人の遊客ぶりを示すものとして注目される（㊳～㊵㊹）。保田は文政元年（一八一八）三月に二〇日余り滞在して、桜狩や舞楽、神能などを楽しみ、陸奥の旅人三人から仙台領や南部領の話を詳しく聞く経験もしている。小田は、万延元年（一八六〇）六月市立時に四日間滞在した。初日は本社で神楽をあげ、大元社に参詣し、夜は芝居見物に出た。二六日は、羽二重人形を見物し、夜は芝居見物に出た。二七日は、町中を見物したあと、紅葉谷へ行き、たまたま来合わせた知人たちや遊女と楽しんだ。紅葉谷は、『芸州厳島図会』によれば「幽邃清閑」の勝地であった。二八日は、町で買物をし、芝居や軽業を見物し、夜は紅葉谷へ涼みに行ったあと再び町を見物した。夜の町見物というのは、新町の遊女見物かもしれない。

安芸以外の中国地方一四例は、六月の四例をピークに二～八月に分散する。六月の祭礼や市立期間の来島は、安芸・伊予・備後・周防・讃岐（⑥⑫⑮㉘㊹⑳）など近国が多い。享和二年（一八〇二）に京都から来た例では、大坂の船乗り場について「此頃いつき島の神事のちかけれは乗る人多くきそふ」（㉓六月八日条）と記されており、当時、近畿地方からも六月祭礼時の参詣者が多かったことがうかがえる。

市に集った人びとは贅沢を楽しんだようである。天保元年（一八三〇）六月に広島藩の村々に出された書付は、当市芝居に上方から名高い役者が来るが、役者へ贈物をしたり「百姓共之分限制禁之美服」を着用したりしないようにと戒めていた。島外民にとって宮島は「制外土地」とみなされていたのである[32]。

近隣地と遠隔地からの来島にかかわらず、新町の遊廓で遊んだという記述は、【表1】所載の史料には現れない。嘉永元年（一八四八）に肥前から来た志賀九郎助は、「新町遊女屋三軒揚屋拾軒斗リ見物」したあと、船宿で芸子三人と酒肴を楽しんだが、その後は船に戻って寝ている（62）。文久二年（一八六二）筑前から来た緒方善七が夕方に大坂町に行ったと記しているのは新町のことと思われる（77）。ほかは、新町を見物したことを記す程度である。天明二年（一七八二）六月、伊予の俳人可菊は西蓮町の廓を見物して次のように記している（12）八五頁）。

西蓮とかいへるあたりは、妓家軒をならべ、夜にいれば燈火を照らし、紅顔をならべ、唇を動かして、絃歌するさまいとなまめかし。狂遊の客魂を飛し、市をなしてきそひ見る。夕暮のこゝろいられ、暁の別れ路すべてこの廓の艶情思ひすてがたくこそ。

市立期間は島外からも遊女が来た[33]というからそれだけの需要があったのだろうが、平生の遊廓の主たる客は広島城下を中心とする近隣地の人びとだったのではないだろうか。天明三年（一七八三）四月に古河古松軒は「倡家町もありて、広島の城下遠からざれば遊客は絶へず」（⑭三三三頁）と記し、寛政二年（一七九〇）九月に町奉行が出した教諭書では、広島城下の町役人・商人・手代らがたびたび宮島で茶屋遊びに耽っていることを戒めていた[34]。

東日本からの来島時期は九月が七例で最も多く、二月の五例が続くが、一〇月を除いて一月から一一月に比較的分散している。九州からは二月の八例が最も多く、三月の五例が続く。四国・中国地方が三～八月に集中する傾向があるのに対して、遠隔地は二月が多い。近隣地からは宮島を目的地として短期間で訪れることが可能だったのに対し、遠隔地からは、農閑期を利用しての、伊勢参詣を目的とした旅の途中あるいは延長で来島する場合が多かったためであろう。

したがって、遠隔地からの来島者は、滞在期間も短い傾向にある。一日のうちに島を去ってしまう場合が、東日本の旅人では八例、九州出発者では一一例に及ぶ。ただし、長旅の末に宮島にたどり着いた東日本の旅人は二～三日間滞在する傾向がある。それに対して、伊勢への途次に立ち寄った九州の旅人は宮島参詣を済ませ次第、次の目的地に向かったために滞在期間が短いのであろう。一日滞在者の多くが、西町の本社を初めとする寺社参詣と、東西両町中間地帯の千畳敷・五重塔を巡るのみであった。弥山登山は五例にとどまる。

ただ、東日本の旅人でも、わずかな例ながら、近隣地からの来島者に近い行動がみられる。天保一二・一四年に東日本から訪れて三・四日間滞在した二例（(56)(59)）は、浦まわりから岩国に船を向け、錦帯橋を見物したのち宮島に戻っている。特に天保一四年（一八四三）『上方行道中日記』（(59)八月一五日条）の次の記述は、宮島滞在を満喫するようすがうかがえて注目される（ルビを一部省略）。

今宵ハ所からの名月なれハ夕刻より本宮へ参詣、千畳敷の山上に月さし出、廻廊の下へしほさし入水たゝへて、遊魚月影に浮ひ、百八の燈籠ハ白く光りて宮居を荘厳《かゝやか》し、所の遊客ハ所々ニむれ集り、敷ものゝうへに酒盃《さかつき》を並べ、或ハ野風呂をあふぎ立て煎茶《にばな》を楽しミ、謡曲をうたふあれバ哥唄ふも有りて夥敷詣人なり、

二　名所と清盛像

1　功績者としての清盛像

『平家物語』で描かれた、悪行の限りを尽くした清盛像は、中世後期の謡曲やお伽草子においても引き継がれた。近世の歌舞伎や浄瑠璃でも、清盛のおごりや悪行の否定的イメージは拡大していったとされる。(35) しかし、清盛にゆかりのある地域では、江戸時代初期から清盛像のとらえ直しが始まっていた。

広島藩の儒学者黒川道祐は、寛文三年（一六六三）に成った『芸備国郡志』で平清盛を取り上げている。清盛が厳島にたびたび参詣するのに、海路の迂遠を厭って音戸瀬戸を開削したことを記し、「其外事蹟多々不レ遑二枚挙一矣」としている。(36) 天明元年（一七八一）に広島藩の儒官となった香川南浜は、『秋長夜話』で「平相国清盛公世に暴悪の名を残されしかども、兵庫の築島は万世甚利に頼る事あり、殊に此国には隠戸《オント》の迫門《セト》をきりぬかれし事其功一かたならず（中略）公此国の国司として、厳島の神を崇め民に功徳を施されしかば、六百年の久しき民尚忘れず(37)」と記した。安芸国山県郡大福寺の圓信は、天明元年、『兵庫築島伝』で「築島成就の由来を中心に据え」て清盛の生涯を記した。清盛についての考証では、「厳島ヲ信ジテ再建シ。宮楼ヲ厳重ニ造営シ。無双ノ絶景ヲアラハス。マタ芸陽ノ隠戸ノ瀬戸ヲ切ヌキ。船ノ往来ヲ助ケラル。」と書き、特に音戸瀬戸の開削については「是清盛ノ功績。千万世ノ庇功豈大ヒナラズヤ(38)」と最大限の讃辞を添えている。

右のように、清盛像のとらえ直しが、兵庫築島・音戸瀬戸・厳島での事績と関連づけながら進んだ。そこで、兵庫築島と音戸瀬戸の名所化と清盛伝説との関連について検討してみたい。

兵庫築島は、『平家物語』六「築島」に登場する。応保元年（一一六一）島を築き始めたが、風波で崩れ去ってしまった。公卿たちは人柱を立てることを評議したが、清盛は反対し、経文を書いた石で島を築いた。幸若舞曲「築島」では、逆に清盛が三〇人を人柱に立てて築島成就に固執する話に変化するが、結局、ひとりの少年の自己犠牲的な申し出を受け入れて三〇人を解放することになる。これを樋口大祐氏は「悪逆無道の独裁者でありながら、どこか憎めない天真さ」を持つ「清盛イメージの新たな展開」ととらえている。(39)

築島来迎寺とその近くの十三石塔は、一七〇〇年前後から『福原鬢鏡』『摂陽群談』『兵庫名所記』などに、清盛ゆかりの名所として登場する。そこでは、幸若舞曲「築島」の伝説が踏襲された。宝永七年（一七一〇）の『兵庫名所記』では次のように記される。清盛は兵庫の浦を上下往来する船の風波の難をなくすために島を築こうとしたが難航した。旅人を捕縛して人柱に立てようとしたところ、清盛の一七歳になる家童松王がひとりで海内に入った。おかげで島は成就し、「国家の宝、末代の規模」となった。清盛は築島寺（来迎寺）を草創して、自ら作った松王の木像を安置した。「清盛石塔」は、清盛の遺骨を円実法眼がここに納めてから一〇〇年余り経った弘安九年（一二八六）に北条貞時が石塔を建てたものである。(40) 寛政八年（一七九六）の『摂津名所図会』では、清盛の動機が「遷都の下心」とされ、「畿内の課役五万人」を動員して着工したが、難航したため、「三箇月にして三十人」の人柱を集めたところ、「讃州香川城主大井民部の嫡子松王小児」がひとりで沈んだと、(41) 記述が具体的になった。

清盛伝説との結合は築島だけの現象ではない。大国正美氏は、兵庫津近辺を取り上げた名所記が、近世の間に平家伝承の項目数を増やすとともに、清盛との関連性を強めて質的にも増殖したと指摘する。平家伝承へ強い志向性を持った人びとの心性に支えられて、兵庫津は「平家伝承の町」としての地位を確立したととらえている。(42)

音戸瀬戸は『平家物語』には登場しない。下向井龍彦氏によれば、清盛開削伝説は、室町戦国時代から安芸地域や厳島信仰圏ではよく知られていたという[43]。それは日招き伝説と結びついていた。清盛は、厳島の女神に音頭瀬戸を一日で切り開くと約束し、沈む太陽を扇で招き返して開削を成し遂げたというものである。日招き伝説は、歌舞伎や豪傑錦絵の題材となって流布したが、その舞台は音戸瀬戸ではなく、兵庫築島か厳島であった[44]。それでも、例えば、一勇斎国芳が描いた「厳島清盛入日返招図」（宮島歴史民俗資料館蔵）に、「摂津国兵庫に一ツの嶋を築く（中略）是より海上の船舶風波の難その利を後世に遺す、これひとへに清盛公の功績なり」と記されているから、功績者としての清盛の宣伝にはなっただろう。

音戸瀬戸には遅くとも天正一六年（一五八八）に「清盛ノ石塔」[45]が建立されていたことが明らかである。江戸時代以降になると【表1】中の二〇例が、「清盛ノ塚」あるいは「清盛墓」を書きとめている。江戸末期の「芸州隠渡瀬戸細見図」には「清盛塚」や「日招石」が描かれている[46]。名所化していたことは確かだが、幸若舞曲「築島」を通じてよく知られた兵庫築島に比べて、音戸瀬戸は知名度が低かったようである。一八世紀の終わり頃に橘南谿が音戸瀬戸を通った際、誰が切り通したのかと尋ねると、土地の人は次のように説明したという[47]。

むかし平清盛安芸守にて此国に居給ひし時、舟にて毎度往来に此所に至り、出崎の山にさへられて、遙の南の方へ廻りて、十里余も海路遠くなれば、此所を通り給ふ度毎にいかりて、此出崎の山を切通し舟を真直に遣るべしと下知し給ふ、人皆此事を人力の及ぶ所にあらざるべしと恐れしかども、清盛の下知やみがたくて、数万人の力を以て、終に陸地に連る所を断切て、舟の通ふ海を造りなせり、其後は数百年の後も其恩をかふむりて、上り下りの舟路近く行事を得るなりとぞ、

音戸瀬戸は、芸能や印刷物を通じて広く知られるというより、旅人が通行の機会に船人や住民から由来を聞い

て初めて認知するような場所だったといえよう。

2　旅人による功績者清盛像の受容

兵庫築島や音戸瀬戸を訪れた旅人は、それぞれの名所をどのように記しているだろうか。早い例では、宝永三年（一七〇六）七月の『西国道中記』に、「平相国清森《(盛)》」や「三十人の身代リニ立し人」「松□《(王)》小児」が記されている[48]。以来江戸時代を通じて、生田や須磨といった周辺の名所を訪れる旅人の多くが築島に立ち寄ったことが、残された日記からうかがえる[49]。音戸瀬戸についても、早い例では元禄一三年（一七〇〇）一二月に、保科いちが京都から久留米藩家老の家に嫁ぐ旅の途中で、「古へ清盛のひらきしおんどがせとといふもかすかにみゆ」[50]と記している。

ほとんどの旅人は、単に兵庫築島や音戸瀬戸を訪れたことを記すにとどまるが、清盛を功績者として評価する記述が散見される。天明二年（一七八二）伊予の俳人可菊は、清盛が船の往来をよくするために開削したことを聞いて「見るもおそれみたうとみ侍る」（⑫八四頁）と記し、一八世紀末ごろに音戸瀬戸を訪れた『藻屑』の著者は、「海路の難儀」を救った人物として清盛をとらえている（⑲三〇一頁）。

橘南谿は先述したように音戸で清盛の事績を聞いたが、その後の記述に「余兵庫に遊びし時築島を見て、清盛の志の大にして豪邁なる事を感じ驚きしが、又此事を聞て一世に威をふるひ給ひしも、其故なきにあらざりしと、其世の事までを思ひやりし」とある。また、南谿がかつて芸州を陸路で通った際にみた、大きく真っ直ぐに作られた道を思い出し、それも清盛の所為だろうと確信を深めている。南谿にあっては、「一世に威をふるい「豪雄の気象の人」としての清盛のイメージが、伝説の受容に効果的に働いている[51]。兵庫築島も音戸瀬戸開削も人力の及ばぬ難工事であるだけに、清盛なら成し得たと思わせたのではないか。

熊谷直好の『舟路日記』は文化年間の旅と思われるが、音戸について次のように記す[52]。

此入道をバ、悪しき人のやうに物にハいへれども、かばかりの事をしも、しおき給ひけむ心の有難さよ。されバ入道の塔婆をも、こゝにたておきて、幾人かみ魂をかゞふるらむ。今の代とても、富栄えてあらむ人ハ、必思ふべき事なり。御堂高く作りて、黄金色の仏を、大きくゑりすゑたらむもあしからねど、同じくハ道をひらき、橋をかけたるなどこそ、久しき世に伝へて、千万人を助けて、功徳もすぐれなめ。

直好のなかでは、栄華を極めた清盛のイメージが、その富を以て開削事業を成し遂げた「功徳」のイメージへと効果的に転換している。

文化一三年（一八一六）五月、『旅日記』の著者は兵庫築島を経由して音戸瀬戸に至った。清盛の功績について、築島とあわせ「後世衆人のたすけを思へ、ケ程の大事を成就し給へしこと忝き公の御恵ミならずや」(37)五月九日条）と記している。安政二年（一八五五）五月に音戸瀬戸を訪れた清河八郎は、「清盛は元より驕奢の大将、且悪行かぎりなき人にて、後世よりも憎まれけれども、此辺は清盛のきりひらきしために、船の往来至てちかく、これ等のよき事はわするべからぬ事なり」(69)一八八頁）と、従来の悪人ではなく善行の清盛を評価している。

兵庫築島や音戸瀬戸の現場を目の当たりにした旅人にとって、清盛が難工事を遂行したという伝説は、清盛の豪胆なイメージと相俟って、リアルにとらえられたのではないだろうか。清盛が海上交通の利便をはかったことによって、なにより自分たちがその恩恵を受けて旅をできていることへの感謝の念が、善行の清盛像を受容させたといえるだろう。

三　信仰と遊興の表裏一体性

1　来島者の清盛知識

『平家物語』三「大塔建立」によれば、平清盛は、安芸守だった久寿二年（一一五五）頃高野山大塔を完成させた。その供養の夜、夢に老僧が現れて、荒れ果てた厳島神社を修理したなら昇進するだろうと予告した。清盛は神社を修造し、篤く信仰したとされる。清盛が一〇回以上厳島を訪れたことは史実としても確認され、「平家納経」は現在に伝えられる。

この清盛造営伝説を宮島では踏襲してきた。天正八年（一五八〇）に棚守房顕が書いた回顧録『房顕覚書』では清盛が弟の頼盛を奉行として社殿や鳥居を建て替えさせたことになっており、『厳島道芝記』や『芸州厳島図会』（天保八年〈一八三七〉成立）などの名所案内記にも清盛が修造したことが記されている。(53)

『平家物語』と結びつきの深い土地では、ゆかりのある人物が名所化に貢献した。摂津国須磨寺では平敦盛の名が広まると、「青葉の笛」等の「遺物」を徐々に具備した。須磨を訪れた旅人の多くがそれらの宝物を観たことを日記に記している。(54)赤間関阿弥陀寺では、壇ノ浦で滅びた平家一門や安徳天皇の肖像画を並べ、その顛末を参詣者に絵解きした。(55)

清盛造営伝説が、先述したような兵庫築島や音戸瀬戸の伝説と結びつけば、宮島でも清盛は顕彰されて不思議ではない。下向井龍彦氏は、厳島神社社官たちが音戸瀬戸の日招き開削伝説を創作して参詣者に清盛の恩恵を説いて聞かせたと推測している。(56)ところが、江戸時代において、功績者としての清盛像が参詣者に対して喧伝されたようすはない[57]。

そもそも、【表1】中の史料でなんらかの形で清盛に触れたものは一九例に過ぎない。そのなかで清盛造営伝説に言及したものは一一例（⑭⑯㉛㉟㊼(58)(59)(61)(66)(75)(79)）に限られる。造営以外に清盛の名が現れるのは、鳥居額の筆者（⑪）、大願寺の「清盛公釜」（(60)(69)(81)）、金鳥居建立（(54)）、「清盛石塔」[58]（㊲）、千畳敷建立（㉑㉚）などに関する記述である。『厳島道芝記』『芸州厳島図会』では、鳥居の額は後奈良院が書いたとされ、千畳敷は豊臣秀吉が建立したと記されている。

宮島を訪れた旅人の、清盛関連スポットに関する記述が分散し、なかには誤った情報が記されているのはなぜだろうか。その原因として、まず参詣者のあいだで清盛に関する予備知識が不十分だったことが考えられる。旅人は軍記物語に関する知識を芸能から得ることが多かった[59]が、中世から江戸時代にかけて清盛を題材にした芸能が特に流行したわけではない。宮島の芝居興行においても、清盛関連の演目で参詣者を呼び込めたわけではない[60]。他の原因として、宮島において統一された清盛像が形成されていなかったことが考えられる。参詣者に対する案内人の説明が一様であれば、旅人の記述も画一的になったはずである。そうなっていないのは、案内人のほうに、ことさら清盛を喧伝しようという意図がなかったこと、したがって案内人でさえ清盛関連スポットに関する情報が不確かであったことを示唆している。

2　信仰に基づく参詣行動

野地秀俊氏のいうように、名所である寺社に対して参詣者が求めるものが、宗教性ではなく、文芸や芸能を通して広まった歴史性や物語性[61]だとすれば、宮島が清盛喧伝に消極的だったことは不可解である。しかし、宮島は、全国から集客を目指す名所ではなく、富くじや、春夏の祭礼・市立の期間にやってくる近隣諸国の遊客からの収益に経済的存立基盤を置いていた。だから、清盛を利用して歴史や物語を創出する必要がなかったと考えられる。また、宮島にとって宗教性を失うわけにいかなかったし、参詣者にも信仰に基づく参詣・祈祷行動がみられた。内山治右衛門は断食して宮にこもった⑩。神社への参詣前に行水①や入浴⑳㊲㊸㊾といった作法を守る人もいた。

神楽や絵馬を奉納する人びともいた。厳島神社に掲げられた夥しい数の絵馬は、『厳島絵馬鑑』によれば、古くは中世に堺商人が奉納したことが知られ、江戸時代になると「大名旗本」から町人に及ぶまで諸国から奉納されたものであった。【表1】中の一八世紀末以降の参詣者二三名が「何れも見事ニして、目を驚かしたる者也」(㉟四九六頁)、「珍らしき名図数多有」(㊼一二一頁)などと絵馬について日記に記しており、天保元年(一八三〇)には『厳島絵馬鑑』が刊行されているから、絵馬はよく知られていたのだろう。天保一四年(一八四三)に来島した清左衛門は、「絵馬額献し候節ハ拝殿ニても廻廊にても望之場所へ、畳壱枚斗の大サニても金百疋ニても弐百疋ニても願主の志次第ニて宜候由、打釘取添差下し候へハ、社家之内掛り役有之、無相違掛調申事也」と絵馬奉納について説明を受けている。厳島神社の絵馬が一八世記の間に充実した背景として、絵馬を奉献する人びとが絶えなかったことがうかがえる。同じく清左衛門は宿に貼り出されていた、次の札を写し取っている(㊾八月一五日条)。

御祈祷料物扣

一七浦御島廻り　　金五両以上

一本社御湯祭り　　百八匁

一御神楽　　銀弐拾四匁

一廻廊百八燈　　同弐拾四匁

一松原燈明　　同弐拾四匁
一惣燈明　　金壱両

右のなかで、島めぐりについては先述したが、ほかに、神楽を奏し、燈明を献ずる参詣者もいた(12)(30)(43)(47)(52)(74)。文化三年(一八〇六)四月、尾張商人菱屋平七は献燈したときに感じた「神慮」を次のように記す(30)六一四頁、ルビは省略)。他の旅人もその幻想的な景をみることができた。

今夜燈明を献る。宿のあるじをして社司に通ぜしむ。社司とり調へて御洗米をつゝみもたせおこして、ともしそろへたるよしをしらす。即参りて拝見するに、御本社の内陣に百八燈。おなじき廻廊に百八燈。またかの東西の松間に百八燈。皆整々とともしつらねて熒煌たるありさま、心もすゞしくおぼえて、神慮もすゞしみたまはむとおぼえ奉る。

参詣者が弥山に登るのも山中の諸社諸堂をめぐることが目的であった。一般的に、霊山は、中世まで修験道場として俗人が近づくことはできなかったが、江戸時代になると参詣者に開放されたという[62]。旅人が踏み込めるようになったことは、弥山の観光地化と宗教性の稀薄化を示すともいえる。いっぽう【表1】で、峻険な弥山に登った事例が三五にのぼることは、宮島が来島者にとって単なる行楽地ではなかったことを示唆している。

浄域であった宮島に、中世以降、参詣者、商人や常住者が増えると、島内の清浄を保つため禁忌が定められた。江戸時代にも服忌令が出された[63]。不浄を避けるため肥糞が使えず、農作物を栽培できなかった。死人が出ると対岸に送り、送った者も島外に出て、一定期間が過ぎれば「あし山」(【図2】)と呼ばれる島の忌屋に戻った。あし山には産穢や月経の女性もこもった。文化八年(一八一一)の史料によれば、遊女も「血忌」の時には対岸に渡った[64]。

禁忌は旅人の島内での行動をも制約した。例えば、弥山では飲酒、午後の登山、傘(笠)使用が禁じられていた(①⑦㉑㉚㉟㊹㊾㊿⑥⑨)。享保一〇年(一七二五)の『年並草』によれば、参詣人はこの禁忌に背けば神罰が下ると恐れていたという(⑦一八三頁)。弥山登山の案内人が旅人に対して禁忌を犯さぬように厳しく戒めていた(㉟四九五頁)。また、宿屋に死人が出れば、長期にわたり営業ができなかった。天保一四年(一八四三)八月に来島した清左衛門は、宿泊した中屋新助が何かにつけて行き届かなかった不満を記しているが、それは同家が中陰のために島外に出ており、同家親類が宿の業務を取りはからっていたためであった(㊾八月一八日条)。

旅人の行動に制約を与え、旅人に不便を与えるような側面があっても、宮島では旧慣を保持した。禁忌は島内の清浄保持にとって不可欠であり、旅人に迎合・譲歩して遺棄することなどできなかった。参詣者のほうでも後述するように、禁忌を受け入れ、理解を示すだけの理由があった。

おわりに

来島者の視点からみると、宮島の信仰と遊興の二面性がみえた。近隣地からの来島者は、祭礼や市の期間を中心に三～八月に比較的長期間滞在して、遊興・行楽の傾向がみられた。遠隔地からの旅人は、伊勢参詣の途中で立ち寄り参詣を済ませて去るか、伊勢参詣の延長の旅として二～三日間滞在して参詣や弥山登山をしており、総じて信仰に根ざした参詣目的からの来島といえる。しかし、志賀九郎助が酒肴や芸子遊びを楽しんだ翌日に霊山弥山に登って宮めぐりをした(㊿)ように、ひとりの内でも、遊興と信仰は矛盾なく併存し得た。

禁忌が存在する聖なる島へ、江戸初期に遊廓が移されたことは、宮島の性格を決定づけたといえよう。宮島はその時から、信仰と遊興を併存させることを余儀なくされた。いっぽうで、他の寺社が名所化のためにしたような歴史や物語を創出する努力は免除され、とりたてて平清盛を喧伝する必要もなかった。

松江藩の儒学者である桃節山は、幕末の宮島を次のように記している(79九頁)。

遊興之地となりて、士人誠之游惰之風なり。明神様之御告なりなと、称して、米穀ハ不及申、菜壹本も不レ作、木綿壹ツも引不申。只来客のみを当テにして暮し候地之趣、広島より代官を以被治候得共、自然別郭ニ而制外之地之由。

宮島の人びとは、来客を頼りに暮らす以外に渡世の途がなかった。禁忌の存続は神の島であることを固持することにつながり、島民から耕作や紡績などの生業を奪うことを意味した。だから、島外からみれば、島民は「游惰」な生活をしているとみえた。しかし、それゆえに宮島では非日常的な空間を演出することができた。それは、島外民にとっても「遊興之地」「制外之地」として魅力的に映ったはずである。このような意味において、宮島においては、遊興と信仰はまさに表裏一体の関係にあった。共存してこそ意味があったのである。

［註］

（1）青柳周一「近世における寺社の名所化と存立構造―地域の交流関係の展開と維持―」(『日本史研究』五四八、二〇〇八年)七〇頁。

（2）浅野日出男氏は覚一本を中心として諸本における厳島神社登場場面を一三ヶ所あげている(「厳島神社」『国文学』四七―一二、二〇〇二年)。

（3）中司健一・西別府元日「厳島関係文献目録」(『世界遺産・厳島の総合的研究―伝承性の再検討―』、平成一七年度～平成一九年度科学研究費補助金(基盤研究(B))研究成果報告書、二〇〇八年)を参照。

（4）佃雅文「江戸期の宮島参詣」(野坂元良編『厳島信仰事典』戎光祥出版、二〇〇二年)、中山富広「近世厳島研究序説―その経済的基盤と観光産業―」(『厳島研究』四、二〇〇八年)、西本寮子「広島県立文書館蔵保田忠昌『石風呂入治記』を読む」(県立広島大学人間文化学部編集・発行『「学生参加による世界遺産宮島の活性化」最終報告書』、二〇〇九年)。

（5）中山前掲註（4）一七頁。西本前掲註（4）一七二頁。
（6）古代・中世の厳島については、松岡久人『安芸厳島社』（法藏館、一九八六年）、松岡久人・後藤陽一「厳島信仰の歴史」（野坂前掲註（4）編書）、鈴木敦子「地域市場としての厳島門前町と流通」（『日本中世社会の流通構造』校倉書房、二〇〇〇年）などを参照。
（7）池田道人「厳島門前町の形成と展開」（野坂前掲註（4）編書）。
（8）中山富広「近世厳島神社の財政について」（『内海文化研究紀要』三九、二〇一一年）一～二頁。
（9）角田一郎「宮島の芝居小屋」（薄田太郎・薄田純一郎『宮島歌舞伎年代記』国書刊行会、一九七五年）二九五頁。
（10）中村幸彦・朝倉治彦編『未刊文芸資料第三期』（古典文庫、一九五三年）六〇頁。
（11）守屋毅『近世芸能興行史の研究』（弘文堂、一九八五年）、宮本由紀子「遊里の成立と大衆化」（竹内誠編『日本の近世第一四巻　文化の大衆化』中央公論社、一九九三年）。
（12）本章で【表1】中の史料を引用する場合には、（　）内に各史料番号と引用頁等を表記する。
（13）『鹿苑院西国下向記』『道ゆきぶり』『中書家久公御上京日記』『九州道の記』『九州の道の記』『九州下向記』など。
（14）成澤勝嗣「近世初期風俗画の変貌」（辻惟雄・河野元昭・矢部良明編『日本美術全集一五永徳と障屏画―桃山の絵画・工芸Ⅱ』講談社、一九九一年）。
（15）知念理「厳島図の振幅―広島県立美術館本の位置づけをめぐって―」（『広島県立美術館研究紀要』四、二〇〇〇年）一九頁。知念理「〔厳島図障屏画一覧〕補遺」（『広島県立美術館研究紀要』八、二〇〇五年）。
（16）角田前掲註（9）。松本山雪筆「厳島図屏風」は東京国立博物館所蔵。
（17）長谷川成一「日本三景―概念の形成と名所景観の保存―」（『日本三景展』実行委員会編・発行『日本三景展』二〇〇五年）一六頁。
（18）【表1】で猶貫以外に「日本三景」に触れたものは八例（⑬⑭⑱㊹66 69 77 79）がある。
（19）書籍や印刷物が、名所に関する知識を提供して人々を旅へといざなう役割を果たしたことは、青柳周一

「十七・十八世紀における近江八景の展開―近世の名所の成立をめぐって―」（青柳・高埜利彦・西田かほる編『近世の宗教と社会1　地域のひろがりと宗教』吉川弘文館、二〇〇八年）や原淳一郎『江戸の旅と出版文化　寺社参詣史の新視角』（三弥井書店、二〇一三年）などによって指摘されている。

(20)「三島市改革案及び新地開発経過」（愛媛県史編さん委員会編『愛媛県史資料編近世下』愛媛県、一九八八年）八九五～八九七頁。

(21) 後藤陽一「歴史環境」（広島県教育委員会編・発行『厳島民俗資料緊急調査報告書』、一九七二年）二四頁。

(22) 廿日市市教育委員会編・発行『厳島神社門前町』（二〇〇七年）一六二～一六三頁。

(23) 中山前掲註（4）一九頁。

(24) 小鷹狩元凱「広島雑多集」（『元凱十著』弘洲雨屋、一九三〇年）一九頁。小鷹狩元凱（一八四六～一九三四）は、生父が文久三年（一八六三）から慶応三年（一八六七）まで宮島町奉行を勤めていたことから、厳島神社の神楽や宮島の富・大芝居などについて後年に記している。元凱によれば、大坂の名優を招来できた主たる要因は、宮島の芝居請元が俳優一行に約束金を渡すことができたためであった。請元は大坂に登る際に、あらかじめどの階級の俳優を招来するか計画を立て、予算を計上したうえで、その金額の幾分かの借用を島の奉行所に願い出た。それが許可されれば、大坂で俳優に金を交付して来演の約束を取り付けることができた。宮島での芝居が始まると、請元は観覧入場者から集めた金額を日々役所に届け出て、閉場日に決算のうえ借用金を返納した。収入総額が借用額を下回り、不足が生じた場合、役所は欠損のままで返納させ追徴金は課さなかった。役所から請元への貸与金は、富によって得られた利益が財源となっていた。掛け金として富座に集まる総額の二〇分の一は役所に納められることになっており、この蓄積金から貸与された。

(25) 広島市役所編・発行『新修広島市史第三巻』（一九五九年）二五二頁。

(26) 門前町金毘羅についても、文化・文政から天保期にかけて、享楽を望む参詣者に迎合するかのように、遊女の公認、富くじ興行、三季会式芝居の集中化へと大きく転換したことが指摘されている（琴平町史編集委員会編『町史ことひら3近世・近代・現代通史編』〈琴平町、一九九八年〉一六七頁）。

(27) 後藤前掲註(21)二三頁。財団法人神道大系編纂会編・河合正治校注『神道大系神社編四十　厳島』(財団法人神道大系編纂会、一九八七年)二八頁。

(28) 宮島町編・発行『宮島町史特論編・建築』(一九九七年)二一九頁。池田道人「厳島町の構成—特に東町と有浦を中心として—」(『山陽学園短期大学紀要』二九、一九九八年)五頁。

(29) 新城常三氏も、江戸時代中期から後期にかけての四〇年間に、小松藩一万石一六ヶ村の住民一八四五人(年平均四六人)が管絃祭に参加したと指摘する(『新稿社寺参詣の社会経済史的研究』(塙書房、二〇〇六年/一九八二年)九七〇頁)。

(30) 小野寺淳「道中日記にみる東海道の景観イメージ—関東地方農村部からの伊勢参宮—」(『交通史研究』四九、二〇〇二年)一〇頁。

(31) 『厳島道芝記』(宮島町、一九七一年)一四八頁。

(32) 「宮島六月市立の芝居興行等につき参拝者を戒める書付」(隅屋文庫「組合村々万覚書」広島県編・発行『広島県史近世資料編Ⅳ』一九七五年)四〇一~四〇二頁。

(33) 宮島奉行所は市終了後に「渡りの遊女類」を島外に追い出すように命じていた(中山前掲註(4)一二頁)。安永四年(一七七五)の史料によれば、市の時には「遊女三四百人」も来島したという(前掲註(20)八九七頁)。平生の新町の遊廓については、天明八年(一七八八)『江漢西遊日記』に「倡家三軒あり、夜ル見世付あり。揚代十七匁、雑用共。亦昼の間旅館へ呼ふ時は六匁なり。妓子も同だん」(二八八頁)とある。天保一四年(一八四三)『上方行道中日記』には「揚家ハ住吉屋・堺屋・ゑひす屋・大黒屋等四五軒にて、子供屋とて女郎置家槌家・瓶子《へいじ》屋・和泉屋なと大店也」と記され、費用について太夫は一夜一七匁、芸子は同六匁で、女郎には上中下の差があったという(59八月一七日条)。『上方行道中日記』の記述は、前掲註(22)『厳島神社門前町』五九頁に掲載された、慶応二年(一八六六)の「記憶地図」とほぼ一致する。

(34) 広島市役所編・発行『広島市史二』(一九二二年)四五五~四五七頁。宮島遊廓に関しては、布川弘「宮島の遊廓」(『日本研究』一、二〇〇一年)を参照。

（35）樋口大祐『変貌する清盛　『平家物語』を書きかえる』（吉川弘文館、二〇一一年）。清盛像については、梶原正昭「平清盛」（『国文学解釈と教材の研究』一二（四）、一九六七年）や上杉和彦「平清盛悪人説の検証」（『学士会会報』八九七、二〇一二年）などもある。
（36）国書刊行会編『続々群書類従　第九地理部』（続群書類従完成会、一九六九年）三六二頁。
（37）広島県編・発行『広島県史近世資料編Ⅵ』（一九七六年）三九八頁。
（38）森田雅也・高瀬万人「翻刻『兵庫築島伝』その五」（『日本文藝研究』五八―二、二〇〇六年）三五、三八頁。なお、史料中のルビを省略した。
（39）樋口前掲註（35）一三七頁。
（40）西島孜哉編『兵庫名所記』（武庫川女子大学大学院文学研究科日本語日本文学専攻、二〇〇六年）一九～二一頁、八一頁。
（41）原田幹校訂『摂津名所図会下巻』（大日本名所図会刊行会、一九一九年）三三七～三三八頁。
（42）大国正美「名所記にみる平家伝承の定着」（歴史資料ネットワーク編『歴史のなかの神戸と平家』神戸新聞総合出版センター、一九九九年）二一四～二一七頁。
（43）下向井龍彦「平清盛音戸瀬戸「日招き」開削伝説の形成と浸透」（『芸備地方史研究』二八二・二八三合併号、二〇一二年）。開削伝説関連史料については、中邨末吉『音戸瀬戸開削の謎　伝説の中の清盛』（呉郷土史研究会、一九七七年）に詳しい。なお、清盛による開削が伝説に過ぎないことは下向井氏によって実証されている。
（44）下向井前掲註（43）六九頁。
（45）『輝元公御上洛日記』（広島県編・発行『広島県史　古代中世資料編Ⅵ』一九七四年）。
（46）下向井龍彦「「警固屋」考―平清盛の内海航路掌握政策―」（『館報入船山』八、一九九六年）八～九頁。なお、【表1】で音戸瀬戸の清盛の石塔（墓）に触れているのは、⑨⑪⑳㉑㉕㉘㊷㊸㊿52 56 58 59 61 62 65 69 76 80 81の二〇例である。
（47）『西遊記続編』（大橋乙羽校訂『日本紀行文集成第二巻』日本図書センター、一九七九年）三一二～三一三頁、なお、ルビは省略した。

(48) 川名登「―史料紹介―海上町に残る『西国道中記』」(『海上町史研究』二五、一九八六年)五四～五五頁。
(49) 鈴木理恵「旅の学び」(『近世近代移行期の地域文化人』塙書房、二〇一二年)一四二～一四三頁。
(50) 『庚辰乃紀行』(前田淑編『近世福岡地方女流文芸集』葦書房、二〇〇一年)一四頁。
(51) 前掲註(47)に同じ。
(52) 『舟路日記』(佐々木信綱編『続日本歌学全書第十編』博文堂、一九〇三年)四七八頁。
(53) 『房顕覚書』『厳島道芝記』『芸州厳島図会』の記述のいずれも、宮島町編・発行『宮島町史　資料編・地誌紀行I』(一九九二年)に収められている。
(54) 鈴木前掲註(49)。
(55) 鈴木理恵「近世後期の旅の学び―阿弥陀寺と壇ノ浦合戦―」(『教育学研究紀要』(CD-ROM版)五八―一、二〇一二年)。
(56) 下向井前掲註(43)六四～六五頁。
(57) 『芸州厳島図会』巻一「西八條殿にて内侍清盛公に対面の図」や巻一〇「重盛公父相国を諫めたまふ図」で清盛を描いた藤原可為(画院生徒)(佃雅文「『芸州厳島図会』の画図と詩歌」『宮島の歴史と民俗』八、一九九一年)は、一般的に「眼をいからし、髭をおほくし、肥太りたる貌」(宮島町編前掲註(53)五九七頁)に描かれているのは真の姿ではないと批判し、柔和な表情の清盛を描いている。このように、悪人としての清盛像を批判的に見るみかたは宮島でも現れた。
(58) 『芸州厳島図会』巻三に「経の尾」とあるのがこれにあたる。平清盛が小石に法華経を書写して納めた場所として石塔が設けられていた。
(59) 難波信雄「道中記にみる近世奥州民衆の芸能知識と伝承」(『東北学院大学東北文化研究所紀要』二六、一九九四年)、鈴木前掲註(49)。
(60) 宮島で興行された芝居については、薄田太郎・薄田純一郎前掲註(9)を参照。
(61) 野地秀俊「中世後期京都における参詣の場と人」(『新しい歴史学のために』二八二、二〇一三年)二九頁。

(62)　新城前掲註(29)九七四頁。
(63)　財団法人神道大系編纂会編前掲註(27)の法度篇。
(64)　「宮島遊女血忌につき地御前にて忌明しの注進書」(「御紙面写帳」〈廿日市町編・発行『廿日市町史資料編Ⅲ』一九七七年、二五三頁〉)。

第八章　宮島の名所化と平清盛伝説

岩淵　令治
東京大学大学院人文社会研究科博士課程修了
現在　学習院女子大学国際文化交流学部教授

＜主要著書・論文＞
『「江戸」の発見と商品化－大正期における三越の流行創出と消費文化』（編著、岩田書院、2014 年）
『史跡で読む日本の歴史　第 9 巻』（編著、吉川弘文館、2010 年）
『江戸武家地の研究』（塙書房、2004 年）

西　聡子
一橋大学大学院社会学研究科博士後期課程修了　博士（社会学）
現在　日本銀行金融研究所アーカイブ　アーキビスト

＜主要著書・論文＞
「近世後期の遍路日記に関する基礎的考察―阿波商人酒井弥蔵の「旅日記」を例に―」
（『書物・出版と社会変容』20、2016 年）
「四国遍路の巡礼地域住民に見る旅の文化―阿波商人酒井弥蔵の信心・俳諧を例に―」
（『旅の文化研究所 研究報告』24、2014 年）
「行き倒れ人関係史料にみえる遍路―近世後期阿波を事例に―」（『西郊民俗』229、2014 年）

佐藤　顕《あきら》
明治大学大学院文学研究科博士後期課程修了　博士（史学）
現在　和歌山市立博物館学芸員

＜主要著書・論文＞
「紀州藩の寺社序列と教団組織―天台宗を事例に―」（『和歌山市立博物館研究紀要』30、2016 年）
「延享期の寺院本末改と教団組織編成―曹洞宗を事例に―（『日本歴史』759、2011 年）
「近世後期における高野山参詣の様相と変容―相模国からの高室院参詣を中心に」
（『地方史研究』59-3、2009 年）

鈴木　理恵
広島大学大学院教育学研究科博士課程後期単位取得退学　博士（文学）
現在　広島大学大学院教育学研究科教授

＜主要著書・論文＞
『近世近代移行期の地域文化人』（塙書房、2012 年）
「『遠思楼詩鈔』初編の出版経緯」（『書物・出版と社会変容』20、2016 年）
「「一文不通」の平安貴族」（大戸安弘・八鍬友広編『識字と学びの社会史』思文閣出版、2014 年）

著者紹介（掲載順）

平川　新
東北大学大学院文学研究科修士課程修了　博士（文学）
現在　宮城学院女子大学学長・東北大学名誉教授
＜主要著書・論文＞
『江戸時代の政治と地域社会』全２巻（編著、清文堂出版、2015 年）
『通説を見直す　16 ～ 19 世紀の日本』（編著、清文堂出版、2015 年）
『講座　東北の歴史第２巻　都市と村』（共編著、清文堂出版、2014 年）
「文政・天保期の幕政」（『岩波講座日本歴史 14　近世 5』岩波書店、2015 年）

原　淳一郎
慶應義塾大学大学院文学研究科後期博士課程修了　博士（史学）
現在　山形県立米沢女子短期大学日本史学科准教授
＜主要著書・論文＞
『江戸の旅と出版文化―寺社参詣史の新視角―』（三弥井書店、2013 年）
『江戸の寺社めぐり―鎌倉・江ノ島・お伊勢さん―』（吉川弘文館、2011 年）
『近世寺社参詣の研究』（思文閣出版、2007 年）

菅原　美咲
東北大学大学院文学研究科博士前期課程修了　修士（文学）
現在　仙台市博物館学芸員
＜主要著書・論文＞
「入組支配地域の犯罪・紛争処理と地域社会―近世後期信濃国佐久郡を事例に―」
（平川新編『江戸時代の政治と地域社会第２巻　地域社会と文化』清文堂出版、2015 年）
「藩境の街道と荷継ぎ争論―仙台藩の境目を事例に」（『交通史研究』73、2011 年）
「近世後期宿場社会の犯罪と内済―奥州郡山宿を事例に」（『歴史』111、2008 年）

武林　弘恵
首都大学東京大学院人文科学研究科博士後期課程単位取得退学　修士（文学）
＜主要著書・論文＞
「宿場における売買春存立の一考察―奥州郡山宿の判元見届人・見廻り分析から―」
（『歴史』120、2013 年）
「郡山宿の旅籠屋」
（佐賀朝・吉田伸之編『シリーズ遊廓社会１　三都と地方都市』吉川弘文館、2013 年）
「飯盛下女奉公人請状の形態と機能―二本松藩領郡山宿・本宮宿の事例から―」
（『古文書研究』65、2008 年）

編著者

高橋　陽一
1977年生　東北大学大学院文学研究科博士後期課程修了　博士（文学）
現在　東北大学東北アジア研究センター助教
<主要著書・論文>
『近世旅行史の研究―信仰・観光の旅と旅先地域・温泉―』（清文堂出版、2016年）
『よみがえるふるさとの歴史4　湯けむり復興計画―江戸時代の飢饉を乗り越える―』（蕃山房、2014年）
「天保飢饉における村の負担―仙台藩領村落を事例に―」
（平川新編『江戸時代の政治と地域社会第1巻　藩政と幕末政局』清文堂出版、2015年）

旅と交流にみる近世社会

2017年3月30日発行

編著者　高橋陽一
発行者　前田博雄
発行所　清文堂出版株式会社
〒542-0082　大阪市中央区島之内2-8-5
電話 06-6211-6265　FAX 06-6211-6492
ホームページ= http://www.seibundo-pb.co.jp
メール= seibundo@triton.ocn.ne.jp
振替 00950-6-6238

組版：トビアス　印刷：朝陽堂印刷　製本：免手製本

ISBN978-4-7924-1065-0　C3021

講座　東北の歴史　全六巻　入間田宣夫　監修

争いと人の移動、都市と村、境界と自他の認識、交流と環境、信仰と芸能、生と死等の各巻のさまざまな視点から東北史像の再構築に挑む。

揃二八六〇〇円

近世旅行史の研究
―信仰・観光の旅と旅先地域・温泉―
高橋　陽一

旅を封建的抑圧からの解放とする定型的解釈を脱して史料から信仰心を含む余暇活動と考え、片や歴史学的温泉論から旅行史と観光論を結合させる。

九八〇〇円

近世北日本の生活世界
―北に向かう人々―
菊池　勇夫

鷹、津波、神仏と義経伝説、南部屋と旧主飛驒屋、通詞としての漂流民の子孫、『模地数里』、松浦武四郎、場所引継文書等多彩な側面から北方問題に迫る。

七八〇〇円

東方正教の地域的展開と移行期の人間像
―北東北における時代変容意識―
山下須美礼

晴耕雨読に勤しむ東北の給人たちが藩の崩壊に直面した矢先、改革期ロシアの申し子ニコライと出会い、新たな指針を得るに至る道程を描出する。

七八〇〇円

近世藩領の地域社会と行政
籠橋　俊光

水戸藩の大山守・山横目、仙台藩の大肝入等を例に、戦国期の旧土豪の「隠密」「内済」活動が地域に不可欠であった実情を活写する。

八八〇〇円

価格は税別

清　文　堂
URL＝http://seibundo-pb.co.jp　E-MAIL＝seibundo@triton.ocn.ne.jp